广州商学院法学文库

我国内地跨境民商事审判中域外证据的获取与采纳

于泽 ◎ 著

華中科技大學出版社
http://press.hust.edu.cn
中国 · 武汉

内容简介

本书分为三编。第一编为国际取证及文书证明，包括我国内地关于国际取证及文书证明的一般规定、《海牙取证公约》及其在我国内地的实施、《海牙取消认证公约》以及我国内地的加入。第二编为我国区际取证及文书证明，包括我国关于区际取证及文书证明的一般规定、我国区际取证的实践、我国涉港澳文书证明程序的实践。第三编为完善内地法院域外取证、文书证明程序的建议，包括制定全面的域外证据获取与采纳司法解释、关于域外取证、国际取证与文书证明、区际取证及文书证明。

本书在探讨《海牙取证公约》与《海牙取消认证公约》中的具体规则，以及相关规则是否可以在中国内地本土化和如何本土化等理论和实际问题的同时，重点分析了我国区际取证与文书证明，内地与香港、内地与澳门的取证安排，涉港澳证据特别证明程序以及委托公证人等相关制度。上述内容对粤港澳大湾区法治建设，促进大湾区内部规则衔接、机制对接、融合发展，在解决中国区际法律冲突问题时体现"区际特色"及"一带一路"发展等方面都有着积极的作用。

图书在版编目(CIP)数据

我国内地跨境民商事审判中域外证据的获取与采纳/于泽著.—武汉：华中科技大学出版社，2024.4
ISBN 978-7-5772-0616-5

Ⅰ.①我…　Ⅱ.①于…　Ⅲ.①民事诉讼-证据-研究-中国　Ⅳ.①D925.113.4

中国国家版本馆 CIP 数据核字(2024)第 071862 号

我国内地跨境民商事审判中域外证据的获取与采纳　　于泽　著
Woguo Neidi Kuajing Minshangshi Shenpan Zhong Yuwai Zhengju de Huoqu yu Caina

策划编辑：彭中军
责任编辑：李曜男
封面设计：孢　子
责任校对：刘小雨
责任监印：朱　玢
出版发行：华中科技大学出版社(中国·武汉)　电话：(027)81321913
武汉市东湖新技术开发区华工科技园　邮编：430223
录　　排：武汉创易图文工作室
印　　刷：武汉科源印刷设计有限公司
开　　本：787mm×1092mm　1/16
印　　张：12.5
字　　数：309 千字
版　　次：2024 年 4 月第 1 版第 1 次印刷
定　　价：59.00 元

华中出版

本书若有印装质量问题，请向出版社营销中心调换
全国免费服务热线：400-6679-118　竭诚为您服务

XU YAN

序言

广州商学院法学院前身为华南师范大学增城学院法律系、广州商学院法律系，于2002年开始与华南师范大学联合招收法学专业本科生，于2005年开始独立招生，华南师范大学增城学院于2014年转设为广州商学院，于2016年5月撤销法律系、设立法学院，任命本人为院长。

法学院现有法学、信用风险管理与法律防控和国际经贸规则三个专业，有在校生近3000人，有在职教师及教辅人员130多人。专任教师有110多人，有教授9人、副教授18人、讲师52人；博士有32人，硕士有86人。学院下设教研室9个、校内实验室2个、实训楼1栋、校外实习基地30多个。

法学院的办学特色是“一中心、两结合、三融三通”。“一中心”指建立一个中心平台，即广州商学院社会法律服务中心，通过中心平台培养高素质应用型法治人才。“两结合”：一是教师将课堂教学与服务社会相结合，成为双师、双能型教师；二是学生将理论知识与法律实务相结合。“三融三通”指构建“三融三通”的特色办学模式，实施高校与地方深度合作、协同育人。

近年来，法学院办学取得一系列可喜成果。2018年5月，“社会法律服务中心‘三融三通’培养模式的构建与探索”获得了第八届广东省教育教学成果二等奖；2019年9月，法学专业获广东省教育厅“省级特色专业”结项；2019年12月，社会法律服务中心获“省级实验教学示范中心”立项；2020年11月，法学专业获评教育部双万计划“省级一流本科专业建设点”；2021年以来，法学院教工党支部先后获评广东省教育系统“样板支部”和全国教育系统“样板支部”建设单位。

2021年4月，广州商学院顺利通过教育部本科教学合格评估。2021年7月，广州商学院获广东省教育厅批准为硕士学位授予立项建设单位，加大了对科研工作的管理和投入力度，加强了对博士和高层次人才的引进工作。法学院现设科研机构7个，给高级职称教师和博士提供了较为广阔的科研平台。学院大力激发专任教师的科研潜力，鼓励和支持教师参加全国性、区域性及省内各种法学学术及教学研讨会，申报国家级、省级纵向课题及横向课题，活跃校内科研气氛，组织各类学术讲座和沙龙。

为进一步加强教学和科研工作并使二者有机结合、互相促进，目前我院组织开展了广州商学院法学文库出版工作，支持教师出版学术专著，激励教师的科研热情。

我殷切期待法学院有更多优秀学术成果问世。

2023年10月于中新广州知识城

MU LU
目录

引　言

一、研究背景

（一）域外取证难

域外，即法域之外。在本书中，域外泛指我国内地以外的其他国家，以及我国香港、澳门特别行政区，台湾地区。[①] 广义上讲，域外证据的获取（域外取证）是指在涉外民事诉讼过程中，受诉法院以及所在法域的有关机构和人员，在本法域外调取与案件有关的证据的活动，是国际民商事诉讼中不可或缺的重要环节。[②] 根据海牙国际私法会议网站提供的资料，从2009 年到 2013 年，我国内地根据《关于从国外调取民事或商事证据的公约》（以下简称《海牙取证公约》）总共发出的请求书数量仅为 7 封，低于大多数提供资料的缔约国。[③]《海牙取证公约》在我国内地实施的情况不理想。上述情况是内地法院在涉外民商事审判中取证难、效率低的关键原因。此外，虽然我国内地与香港特别行政区于 2016 年 12 月达成了《内地与香港取证安排》，但从安排的制定过程和内容上看，《内地与香港取证安排》仍然存在不少问题，实施的效果如何仍是一个疑问。

（二）域外文书证明程序不统一

域外证据的采纳，在本书中是指我国内地法院的审查对象，在国外或者香港、澳门特别行政区形成的证据，是否具备法定的证据能力或证据资格，能否作为与案件有关联的证据获准进入庭审程序。以下是我国内地法院涉及域外证据采纳的案例。

案例一：河南省高级人民法院（2015）豫法民三终字第 00179 号。[④]

"本院认为……用于证明中阿塑胶公司认可尤景与康润公司之间本案《加工定做承揽合同》及《返款合同》所涉中阿塑胶公司的权利义务均由尤景享有、承担的《认可书》系在中华人民共和国领域外形成，应当经阿尔及利亚民主人民共和国公证机关予以证明，并经我国驻该

---

① 但是，因为台湾地区的特殊性，本书对台湾地区证据的获取与采纳不做讨论。

② 参见王克玉：《域外取证法律适用问题研究》，中国政法大学 2007 年博士学位论文。

③ See 〈https://assets. hcch. net/docs/2bdf80df-bde5-48c9-935f-55e82db4bc1c. pdf〉. 2014 年到 2018 年，我国未在问卷中给出相关资料。See 〈https://assets. hcch. net/docs/b516a899-5e9e-4011-848f-e8e1827a8ff3. pdf〉.

④ 参见河南省高级人民法院. 宁波康润机械科技有限公司、尤景承揽合同纠纷二审民事裁定书[OL].（2015-12-02）[2020-03-02]. http://wenshu. court. gov. cn/website/wenshu/181107ANFZ0BXSK4/index. html? docId=huIWvFi20HexJdhxTYw0sWIjYOaBZDdwtu+cf97g6G8CL+JqV4KzX/UKq3u+IEo4uKDn7GAA7pJFD+hox5zh0drqmt8ozw3kLTPeR0lDS0GwK17jcX3N9ynPNRmW0tWl. 采取相似做法的案例还包括但不限于（2017）云民终 473 号、（2018）鄂 72 民初 725 号、（2018）晋 01 民初 921 号、（2019）京 01 民终 11046 号、（2019）川 01 民终 9565 号、（2019）苏 8602 民初 85 号。

国使领馆予以认证。该证据未经我国驻该国使领馆认证不能采信。"

案例二:天津海事法院(2015)津海法商初字第 882 号。[①]

本案中,裕廊公司为证明其损失,提交了付款凭证、发票、市政府缴税文件、收据等证明付款的证据,但除第一批、第二批吊机费用外,绝大多数凭证均未经过公证、认证等证明手续,法院并未简单以此为由否定其证明力,仍组织当事人进行了质证,并结合其他证据对相关事实予以综合审核认定。

根据《最高人民法院关于民事诉讼证据的若干规定》(法释〔2001〕33 号)(以下简称《2001 证据规定》)第十一条的规定,域外形成的证据应当经所在国公证机关证明,并经中华人民共和国驻该国使领馆认证,或者履行中华人民共和国与该所在国订立的有关条约中规定的证明手续。随后,在 2005 年,最高人民法院发布《第二次全国涉外商事海事审判工作会议纪要》(以下简称《商事海事会议纪要》),除重申了《2001 证据规定》第十一条的做法,还对某些方面做了进一步细化。[②] 但是,或许是《商事海事会议纪要》自身效力层级不高,上述案例一在实践中往往不容易被法官注意到,导致该案的法官仅机械地选择用《2001 证据规定》第十一条,对未经过公证、认证的证据予以排除。反观案例二,虽然该案中绝大多数凭证均未经过公证、认证等证明手续,但法院根据《商事海事会议纪要》第三十九条,对于非主体资格证据,并未简单以未经公证、认证为由否定其证明力,仍组织质证,并结合其他证据综合认定。从案例一与案例二可以看到,我国内地法院在域外证据特别证明程序上未能形成较统一的适用意见,以至于在实际的审判中,对于如何适用这一制度,法官往往有着不同的做法,因而导致该程序的不统一。

2019 年,《最高人民法院关于民事诉讼证据的若干规定》(以下简称《2019 证据规定》)进行了修正,规定我国针对不同性质的域外证据,做出不同的公证、认证要求。域外形成的证据是公文书证据,须经所在国公证机关证明;域外形成的涉及身份关系的证据,须经所在国公证机关证明并经我国驻该国使领馆认证;对于其他情形的证据,不做公证、认证手续上的要求。[③] 虽然本次对《2019 证据规定》的修改确认了《商事海事会议纪要》的做法,简化了部分文书的认证程序,在一定程度上减轻了文书使用者和认证部门的负担,但是,仍然不统一的证据特别证明程序可能会对该类证据的采纳带来新的混乱,进而给当事人以及法院带来更多不利的影响,仍有待观察。

认证,是指一国的外交、领事机关及其授权机构在公证文书或其他官方文书上确认公证

---

① 参见阿克鲁斯裕廊船务有限公司与大丽船务有限公司海上、通海水域货物运输合同纠纷一审民事判决书[OL].(2018-08-23)[2020-10-15]. https://wenshu. court. gov. cn/website/wenshu/181107ANFZ0BXSK4/index. html? docId = hVmS6czW3waQ9XrBPm/kmtCJ4+YH2mDfYOswVPZeXeBbxuOCusRkMfUKq3u+IEo4uKDn7GAA7pJFD+hox5zh0drqmt8ozw3kLTPeR0lDS0GwK17jcX3N9w4D+sM+pK+A.

② 参见《商事海事会议纪要》第三十九条规定,对当事人提供的在我国境外形成的证据,人民法院应根据不同情况分别做如下处理:①对证明诉讼主体资格的证据,应履行相关的公证、认证或者其他证明手续;②对其他证据,由提供证据的一方当事人选择是否办理相关的公证、认证或者其他证明手续,但人民法院认为确需办理的除外。对在我国境外形成的证据,不论是否已办理公证、认证或者其他证明手续,人民法院均应组织当事人进行质证,并结合当事人的质证意见进行审核认定。"

③ 参见人民法院报,关于新《民事证据规定》理解和适用的若干问题,http://rmfyb. chinacourt. org/paper/html/2020-03/26/content_166547. htm? div=-1。

机关、"相应机关"或者认证机关的最后一个签名或印章属实的行为。其中,"相应机关"出具的某些官方文书,如主管当局或司法机关签发的文件、政府部门的行政文书等,通常被视同公证文书,通常由一国的外交或领事机关直接进行认证。① 认证的目的是使已由本国签发的公文书能被他国所承认,或者使已由他国签发的公文书能在本国使用。我国内地已于 2023 年 3 月加入《取消外国公文书认证要求的公约》(以下简称《海牙取消认证公约》),并于同年 11 月正式生效。在此之前,域外证据特别证明程序呈现出不统一的状态。同时,对于域外形成的涉及身份关系的证据,我国仍然沿用传统的连锁认证,烦琐的程序增加了内地法院采纳相关证据的障碍。

二、研究目的

探究域外证据的获取与采纳机制,为制定全面的域外证据获取与采纳司法解释提供可行性建议,既是本书的出发点,也是本书的落脚点,是本书研究的目的。1970 年 3 月 18 日,第十一届海牙国际私法会议正式通过了《海牙取证公约》;1972 年 10 月 7 日,公约正式生效。截至 2023 年 1 月,《海牙取证公约》共有 65 个缔约国。我国于 1997 年 12 月 8 日批准《海牙取证公约》,该公约已于 1998 年 2 月 6 日对我国生效。截至 2023 年,《海牙取证公约》对我国生效已经 25 周年。该公约是迄今为止涉及司法协助方面内容最为完善的多边公约,也是在域外取证国际合作方面影响最广的多边公约。②《海牙取消认证公约》是取消领事认证的普遍性国际公约,该公约适用于在一缔约国(文书签发国)领土内制成而需在另一缔约国(文书接收国)领土内出示的公文书,并以文书签发国主管机关对该公文书签发附加证明书(apostille)替代文书签发国和文书接收国的领事认证手续。该公约于 1965 年生效,截至 2023 年 3 月,已有 124 个缔约国。世界银行在其 2010 年《跨国投资报告》中把是否适用附加证明书制度作为衡量在一国开办企业便利程度的指标之一,国际商会也于 2012 年敦促各国政府批准该公约以便利跨境货物贸易。③ 随着越来越多国家和地区的批准、加入,《海牙取证公约》和《海牙取消认证公约》在国际上的重要性日益凸显,影响也越来越广泛。因此,内地也迫切需要考察如何更加充分利用《海牙取证公约》,以及加入《海牙取消认证公约》后的适用,并制定完善的域外证据获取与采纳司法解释。由于内地与香港民商事案件的跨域取证相对复杂,所以在研究域外取证时,考察刚刚达成的《内地与香港取证安排》显得格外必要。《内地与香港取证安排》的达成不仅结束了两地自 2006 年 7 月签订《相互认可和执行当事人协定管辖的民商事案件判决的安排》以来司法合作进程中长达十年之久的"停滞期",而且成为 2016 年 3 月内地最高人民法院和香港律政司签署进一步加强两地民商事司法协助《会谈纪要》后,落实"三步走"目标所取得的第一个成果,也是香港回归 20 周年前夕两地司法合作重新获得动力的标志。④《内地与香港取证安排》的出台有着比其自身更为重要的意义——

---

① 参见孙劲:《免除认证问题研究》,载《中国国际私法与比较法年刊》,1998 年卷,第 64 页。

② 参见乔雄兵:《〈海牙取证公约〉在我国的实施分析》,载《政法论丛》,2010 年第 4 期。

③ 参见杜涛、杨育文:《中国批准〈取消认证公约〉的法律问题及对策——以国际贸易行业为重点》,载《武大国际法评论》,2017 年第 6 期。

④ 参见袁国强:《内地与香港民商事司法协助二十周年回顾与展望》,载《人民法院报》,2017 年。"三步走"的目标是指 2016 年底前签署相互委托取证安排、2017 年 6 月底前签署相互认可和执行婚姻家庭案件判决安排和 2017 年底前签署相互认可和执行非协议管辖民商事案件判决的安排。

为更好地建设粤港澳大湾区提供法律支持。因此,《内地与香港取证安排》也是本书需要研究的内容之一。

三、本书结构

研究域外证据的获取与采纳,需要结合我国内地关于国际取证及文书证明的一般规定,深入研究《海牙取证公约》和《海牙取消认证公约》,分别考察《海牙取证公约》项下的请求书取证、领事、特派员取证等问题,以及《海牙取消认证公约》项下的附加证明书制度,公约在香港、澳门特别行政区的运行状况和对内地加入公约的启示,这是本书最主要的任务。由于《内地与香港取证安排》的很多条文借鉴了《海牙取证公约》,对《内地与香港取证安排》与《海牙取证公约》的比较研究也尤为重要。因此,本书的结构可以划分为三编,包含十个章节:第一编为国际取证及文书证明(包括我国内地关于国际取证及文书证明的一般规定、《海牙取证公约》及其在我国内地的实施、《海牙取消认证公约》以及我国内地的加入);第二编为我国区际取证及文书证明(包括我国关于区际取证及文书证明的一般规定、我国区际取证的实践、我国涉港澳文书证明程序的实践);第三编为完善内地法院域外取证、文书证明程序的建议(包括制定全面的域外证据获取与采纳司法解释、关于域外取证、国际取证与文书证明、区际取证及文书证明)。

DI YI BIAN

第一编

国际取证及文书证明

第一章　我国内地关于国际取证及文书证明的一般规定

第一节　关于国际取证的规定

一、实施依据

我国内地法院进行国际取证，首先依据的是《海牙取证公约》。《海牙取证公约》在我国内地的实施，首先依据的是国际法上的条约必须信守原则。

此外，为了正确实施《海牙取证公约》，加强和改善人民法院国际司法协助工作，充分履行《中华人民共和国民事诉讼法》（以下简称《民事诉讼法》）中规定的人民法院在国际民事司法协助工作中的任务和职能，更好地为审判工作服务，[①]我国最高人民法院于 2013 年制定了《关于依据国际公约和双边司法协助条约办理民商事案件司法文书送达和调查取证司法协助请求的规定》（以下简称《送达和调查取证规定》）以及《关于依据国际公约和双边司法协助条约办理民商事案件司法文书送达和调查取证司法协助请求的规定实施细则（试行）》（以下简称《送达和调查取证规定实施细则》）。

二、基本原则

（一）司法主权原则

司法主权原则体现在，我国内地在实施《海牙取证公约》时，以请求书方式为主，辅以外交领事取证，并对特派员取证以及审判前文件开示提出保留。其中，两项保留的依据是第八届全国人民代表大会常务委员会第 26 次会议《关于批准加入 1970 年 3 月 18 日定于海牙的〈关于从国外调取民事或商事证据的公约〉的决定》做出的保留声明：①根据公约第二十三条声明，对于普通法国家旨在进行审判前文件调查的请求书，仅执行已在请求书中列明并与案件有直接密切联系的文件的调查请求；②根据公约第三十三条声明，除第十五条外，不适用公约第二章的规定。

① 参见 http://people.com.cn/24hour/n/2013/0428/c25408-21320441.html。

（二）公共秩序保留原则

根据《民事诉讼法》[①]第二百八十三条的规定，外国法院请求协助的事项有损于中华人民共和国的主权、安全或者社会公共利益的，人民法院不予执行。

（三）互惠原则

根据《民事诉讼法》第二百八十三条的规定，根据中华人民共和国缔结或者参加的国际条约，或者按照互惠原则，人民法院和外国法院可以相互请求，代为送达文书、调查取证以及进行其他诉讼行为。

（四）便捷高效原则

《送达和调查取证规定》第一条规定："人民法院应当根据便捷、高效的原则确定依据海牙送达公约、海牙取证公约，或者双边民事司法协助条约，对外提出民商事案件司法文书送达和调查取证请求。"此外，便捷高效原则也体现在《送达和调查取证规定实施细则》的相关条文中。[②]

（五）对等原则

《送达和调查取证规定》第二条规定："人民法院协助外国办理民商事案件司法文书送达和调查取证请求，适用对等原则。"同时，《送达和调查取证规定实施细则》第三十五条规定："我国法院委托外国协助调查取证，请求书及其附件附有双边民事司法协助条约规定的第三方文字译文，但被请求国依然要求必须附有该国官方文字译文的，按照对等原则，该国委托我国协助调查取证的请求书及其附件应当附有中文译文。"

（六）依法审查原则

《送达和调查取证规定》第三条规定："人民法院协助外国办理民商事案件司法文书送达和调查取证请求，应当进行审查。"此外，依法审查原则也体现在《送达和调查取证规定实施细则》的相关条文中。[③]

三、适用程序

人民法院提供司法协助，依照中华人民共和国法律规定的程序进行。外国法院请求采用特殊方式的，也可以按照其请求的特殊方式进行，但请求采用的特殊方式不得违反中华人民共和国法律。值得一提的是，人民法院在提供司法协助（包括调查取证）的过程中，不但应当符合我国法律规定的程序，还应当符合我国法律的基本准则和原则。如果调查取证采用的程序或取证内容有违我国法律的基本准则，甚至有违国家和社会利益，我国法院自然应当予以驳回或说明理由退回外国法院。

---

① 《中华人民共和国民事诉讼法》已于 2021 年进行第四次修正。

② 参见《送达和调查取证规定实施细则》第三条、第四条。

③ 参见《送达和调查取证规定实施细则》第五条、第二十七条、第三十四条、第三十九条。

四、请求书的提出和转递

根据《民事诉讼法》第二百八十三条的规定，在我国，请求书的提出机关是人民法院。我国根据《海牙取证公约》的规定，指定司法部作为我国的中央机关，负责接收和转递请求书。同时，为进一步提高国际司法协助工作效率，最高人民法院办公厅于2003年制定了《关于指定北京市、上海市、广东省、浙江省、江苏省高级人民法院依据海牙送达公约和海牙取证公约直接向外国中央机关提出和转递司法协助请求和相关材料的通知》（法办〔2003〕297号），指定上述5个省市的高级人民法院从2003年11月1日起直接向外国中央机关提出和接收请求书和相关资料。该通知也得到了《送达和调查取证规定》第九条的正式确认。① 至此，在我国，请求书的转递机关，既可以是司法部，也可以是被指定的法院。

五、请求书的内容

根据《送达和调查取证规定实施细则》第二十六条第1款的规定，人民法院审判、执行部门依据《海牙取证公约》提出调查取证请求时，应当制作符合《海牙取证公约》规定的调查取证请求书。北京市高级人民法院制定的《关于民商事国际司法协助工作的若干规定》以及实施细则，则将请求书的内容具体化。例如，该实施细则规定，调查取证的委托书应该写明以下内容：①委托法院、被委托司法机关名称；②当事人及其诉讼代理人的中外文姓名、名称、地址；③诉讼案件的简要介绍；④受委托调取的证据，包括代为询问当事人、证人和鉴定人，代为进行鉴定和司法勘验等；⑤被调查人的中外文姓名和地址；⑥询问提纲应列明的具体问题，调取证据需要采用的特殊方式。此外，关于请求书的内容，山东省高级人民法院也制定了《我国法院委托外国法院送达、取证基本程序表及文书样式》。

六、请求书的文字要求

《民事诉讼法》规定，外国法院请求人民法院提供司法协助的请求书及其所附文件，应当附有中文译本或者国际条约规定的其他文字文本。人民法院请求外国法院提供司法协助的请求书及其所附文件，应当附有该国文字译本或者国际条约规定的其他文字文本。同时，关于请求书及其附件的文字或翻译更为详尽的要求，在《送达和调查取证规定》与《送达和调查取证规定实施细则》中均有体现。②

---

① 《送达和调查取证规定》第九条："经最高人民法院授权的高级人民法院，可以依据海牙送达公约、海牙取证公约直接对外发出本辖区各级人民法院提出的民商事案件司法文书送达和调查取证请求。"

② 参见《送达和调查取证规定》第五条，《送达和调查取证规定实施细则》第二十六条第1款第1项、第二十七条第1款第3项、第三十四条第1款第7项、第三十五条。

第二节　关于外国文书证明程序的规定

一、公文书、涉及身份关系证据的公证、认证

（一）法律制度

1.《2019 证据规定》

关于国外形成文书的公证、认证制度，《2019 证据规定》第十六条第 1 款规定，当事人提供的公文书证系在中华人民共和国领域外形成的，该证据应当经所在国公证机关证明，或者履行中华人民共和国与该所在国订立的有关条约中规定的证明手续；第 2 款规定，中华人民共和国领域外形成的涉及身份关系的证据，应当经所在国公证机关证明并经中华人民共和国驻该国使领馆认证，或者履行中华人民共和国与该所在国订立的有关条约中规定的证明手续。

该条款与《2001 证据规定》相应条款①相比，出现了较为明显的变化，在作者看来，该变化是积极的，主要体现在以下方面。

第一，引入了"公文书证"的概念。"公文"这一概念源自《海牙取消认证公约》，它泛指除以私人名义签署的文书之外的所有文书，即被国家赋予签发文书权力的任何个人或机关，以官方名义签发的文书。对于该术语的表达，经历了在"公文书"（actes publics、public documents）与"官方文书"（documents officials、official documents）之间抉择的过程。最终，公约采用了前者。② 在我国，公文书是书证的一种，是国家机关、企业事业单位、社会团体在法定的权限范围内行使职权制作的文书，如婚姻登记机关制作和发出的结婚证书、离婚证书，法院制作的判决书、裁定书等。如果国家法律、法令对某种文书规定了一定的格式，该文书还须具备法定的格式。③

第二，把《2001 证据规定》中使用的"在中华人民共和国领域外形成的证据"划分为"公文书证""涉及身份关系的证据"与"其他证据"，简化了"公文书证"的认证程序。本次《2019 证据规定》的修改，取消了对于"公文书证"的领事认证程序，可谓域外文书证明领域的一大进步。它减轻了当事人（文书使用者）的负担，也减少了法官（证据审查者）的工作量。

2.《民事诉讼法》及其解释

虽然《2019 证据规定》对域外文书的特别证明程序做了修改，但域外签署的授权委托书

---

① 《2001 证据规定》第十一条第 1 款规定，当事人向人民法院提供的证据系在中华人民共和国领域外形成的，该证据应当经所在国公证机关予以证明，并经中华人民共和国驻该国使领馆予以认证，或者履行中华人民共和国与该所在国订立的有关条约中规定的证明手续。

② 公约起草时，所有代表一致同意，应取消除私人以私人身份签署的文书之外的所有文书的认证。但是，"官方文书"只能涵盖一部分"公文书"，如公证文书就无法被视为官方文书。因此，"公文书"一词能够消除所有疑问，传递法律术语的内在确定性，"publics"对"actes"的限定有助于增强这种确信。为避免翻译上的困难，起草者进一步明确，在公约的英文本中，"actes"一词应翻译为"文书"（document）。参见杜焕芳：《〈海牙关于取消要求外国公文书认证的公约〉述评（上）》，载《中国公证》，2006 年第 3 期。

③ 参见周振想：《法学大辞典》，团结出版社，1994 年 1 月第 1 版，第 211 页。

的相关程序并无改变，仍需根据《民事诉讼法》第二百六十四条的规定履行公证和认证手续。在中华人民共和国领域内没有住所的外国人、无国籍人、外国企业和组织委托中华人民共和国律师或者其他人代理诉讼，从中华人民共和国领域外寄交或者托交的授权委托书，应当经所在国公证机关证明，并经中华人民共和国驻该国使领馆认证，或者履行中华人民共和国与该所在国订立的有关条约中规定的证明手续后，才具有效力。在中华人民共和国境内签署的授权委托书，只需要经过国内公证机构公证即可。[①]

此外，最高人民法院《关于适用〈中华人民共和国民事诉讼法〉的解释》（以下简称《民诉解释》）第五百二十一条规定，外国企业或代表提交的身份证明文件，需履行完整的公证、认证程序。[②] 在这一点上，该条款与《2019 证据规定》是相衔接的。但是，第五百二十二条规定，假如我国与相关国家没有建立外交关系，则认证的程序会更加复杂。[③]

（二）关于简化或取消公文书认证的国际公约、条约及协定

认证要求的免除问题是认证制度的一项重要内容。[④] 在认证要求免除问题上，与国家间一般要求的互惠不同，各国往往以单方的行为免除认证要求。[⑤] 例如，斯洛伐克就单方面免除了中国往其国内签发使用的各类公文书的认证；越南也在其法律规定中免除了特定类型的外国公文书的认证。[⑥] 不过，上述国家的单方行为并不能决定对方是否给予其同等的对待。例如，我国现今并未单方给予外国免除认证要求的优待，也未因其他国家单方给予免除中国签发的公文书认证要求的优待而相应地免除该国公文书在中国使用的认证要求。

除少数国家单方免除中国签发的公文书认证要求外，我国还通过加入或签订双边或多边司法协助公约、协定来免除特定范围内互涉公文书认证要求。除了刚刚加入的《海牙取消认证公约》外，中国已加入的《海牙送达公约》与《海牙取证公约》都免除了特定公文书的认证要求。其中，《海牙送达公约》免除了域外送达请求书认证程序的要求，[⑦]《海牙取证公约》免除了域外取证请求书认证程序的要求。[⑧] 另外，尽管我国共与 46 个国家签订了领事条约、协定及近 100 个中外双边司法协助协定，但是，除与部分国家签订的双边民商事司法协助协定中包含简化或取消公文书认证要求的条款外，尚未与其他国家签订互免认证的双边或多边

---

① 《民诉解释》第五百二十四条："外国人、外国企业或者组织的代表人在中华人民共和国境内签署授权委托书，委托代理人进行民事诉讼，经中华人民共和国公证机构公证的，人民法院应予认可。"

② 《民诉解释》第五百二十一条："外国企业或者组织参加诉讼，向人民法院提交的身份证明文件，应当经所在国公证机关公证，并经中华人民共和国驻该国使领馆认证，或者履行中华人民共和国与该所在国订立的有关条约中规定的证明手续。代表外国企业或者组织参加诉讼的人，应当向人民法院提交其有权作为代表人参加诉讼的证明，该证明应当经所在国公证机关公证，并经中华人民共和国驻该国使领馆认证，或者履行中华人民共和国与该所在国订立的有关条约中规定的证明手续。"

③ 《民诉解释》第五百二十二条："依照民事诉讼法第二百七十一条以及本解释第五百二十一条规定，需要办理公证、认证手续，而外国当事人所在国与中华人民共和国没有建立外交关系的，可以经该国公证机关公证，经与中华人民共和国有外交关系的第三国驻该国使领馆认证，再转由中华人民共和国驻该第三国使领馆认证。"

④ 参见孙劲：《免除认证问题研究》，载《中国国际私法与比较法年刊》，1998 年卷，第 65 页。

⑤ 参见孙劲：《免除认证问题研究》，载《中国国际私法与比较法年刊》，1998 年卷，第 67 页。

⑥ 根据越南的法律法规，下列外国公文书是免于认证的：经授权的越南人和外国机构直接或通过外交途径递交的材料或公文；根据越南和外国共同加入的国际条约规定或依据互惠原则免于认证的公文书。

⑦ 参见《海牙送达公约》第三条。

⑧ 参见《海牙取证公约》第三条第 3 款。

条约、协定。[①] 其中,中国与37个国家签订了双边民商事司法协助协定,涉及免除公文书认证条款的签订司法协助协定的国家有35个。[②] 上述条款有两种规定形式:一种是直接以"认证的免除"作为该条款名称,如《中华人民共和国和西班牙王国关于民事、商事司法协助的条约》第二十六条的规定;另一种是以"文书/档的效力"作为名称,如《中华人民共和国和古巴共和国关于民事和刑事司法协助的协定》第七条的规定。上述免除认证要求的规定无疑会带来便利,但其适用范围较为狭窄。具体而言,上述条约所指的免除认证要求的公文书限于缔约国司法机关和其他主管民事或刑事案件的机关制作或证明的文件,且需通过条约规定的特定途径予以转递。[③]

二、纯事实证据的公证、认证

纯事实证据,在本书中是指在我国领域外形成,不因地域的变化而发生效力改变的证据,如合同、发票、付款凭证等;在海事案件中,还包括提单、海运单、信用证等用于国际流通的商业单证;在智慧财产权案件中,指的是众所周知的事实,即可以直接从公共图书馆、互联网、专利局的专利信息库等官方或者公共渠道获得的文献和公开出版物;还可以包括能够有效地表现所载内容,并可以随时调取查用,能够可靠地保证自最终形成时起,内容保持完整、未被更改的电子资料。[④]

(一)法律依据

1.《2019证据规定》生效(2020年5月1日)之前

由于《2001证据规定》第十一条的规定较为笼统,无法应对纷繁复杂的司法实践,最高人民法院及各高级人民法院在《2001证据规定》出台之后颁布了一些司法解释性文件,其中的一些部分为如何适用特别证明程序提出了指导性意见,对纯事实证据的公证、认证进行了细化。这些司法解释包括本书引言部分提到的《商事海事会议纪要》,以及《全国法院智慧财产权审判工作座谈会上的总结》(以下简称《智慧财产权审判总结》)、天津市高级人民法院《关于域外证据审查若干问题的指南》(以下简称《天津高院指南》)等。

根据以上司法解释可以总结出,在《2019证据规定》修改之前,我国内地法院对于纯事实证据的处理依据有以下几个。

第一,对除证明诉讼主体资格的证据外的其他证据,除人民法院认为确需办理的外,由提供证据的一方当事人选择是否办理相关的公证、认证或者其他证明手续。对在我国境外形成的证据,人民法院均应组织当事人进行质证,并结合当事人的质证意见进行审核认定,

---

① 参见连俊雅:《"一带一路"背景下中国与沿线国家间简化认证要求问题研究——以〈海牙取消认证公约〉和欧盟第2016/1191号条例为参考》,载《国际法研究》,2017年第3期。

② 分别是蒙古、新加坡、泰国、老挝、越南、哈萨克斯坦、乌兹别克斯坦、塔吉克斯坦、吉尔吉斯斯坦、土耳其、希腊、塞浦路斯、埃及、俄罗斯、乌克兰、白俄罗斯、波兰、立陶宛、匈牙利、波黑、罗马尼亚、保加利亚、西班牙、意大利、突尼斯、摩洛哥、秘鲁、法国、古巴、韩国、朝鲜、巴西、埃塞俄比亚、阿根廷、阿尔及利亚。

③ 参见孙劲:《免除认证问题研究》,载《中国国际私法与比较法年刊》,1998年卷,第68页。

④ 本书主要讨论未经公证、认证或其他证明手续的纯事实证据。因为假如上述证据经过公证、认证,我国内地法院原则上均会予以采纳,则不具有探讨的价值。

而不论其是否已经办理公证、认证或者其他证明手续。①

第二，对众所周知的事实可以豁免特别证明程序，这主要是指可以直接从公共图书馆、互联网、专利局的专利信息库等官方或者公共渠道获得的文献和公开出版物。对这些证据的真实性，当事人没有异议的，就不必再要求其履行特别证明程序。但是，对方当事人对证据的真实性提出异议并能够举证证明，而提供该证据的一方又不能有效反驳的，则仍然应当要求办理法定的公证、认证等证明手续。②

第三，《天津高院指南》虽然只是地方高级法院发布的文件，效力范围也仅涵盖天津法院的管辖范围，但其对纯事实证据的公证、认证程序做了详尽的细化措施：①对部分纯事实证据的种类进行了列举，包括提单、海运单、信用证、独立保函、保险单、发票等用于国际流通的商业单证以及能够从专利局、图书馆等国内公共渠道取得的证据；③②除诉讼主体资格外的证据，当事人可以通过合意，互相免除对方域外证据办理公证、认证等证明手续的责任，但该合意侵害他人合法权益、违背公序良俗或违反我国法律禁止性规定的除外；④③除证明诉讼主体资格的域外证据外，对未办理公证、认证等证明手续的域外证据，应当组织当事人质证，并结合质证意见审查认定其真实性和证明力，不得仅以该域外证据未办理公证、认证等证明手续为由直接否定其证据效力；⑤④对未办理公证、认证等证明手续的域外证据，应当根据法律规定，结合案件具体类型以及域外证据种类，综合全案情况，运用经验法则和逻辑推理审查认定其真实性和证明力；⑥⑤域外形成的电子数据，如能够有效地表现所载内容并可以随时调取查用，能够可靠地保证自最终形成时起内容保持完整、未被更改，应当视为满足法律、法规规定的原件形式要求，当事人不得仅以未办理公证、认证等证明手续为由否定其证据效力或者证明力。⑦

2.《2019证据规定》生效(2020年5月1日)之后

《2019证据规定》连同《关于新〈民事证据规定〉理解和适用的若干问题》一起，将纯事实证据的处理办法进行了确定和统一(不做公证、认证手续上的要求)，在一定程度上避免了《2001证据规定》与其他司法解释适用上的混乱与不统一。

(二)案例

1.《2019证据规定》生效(2020年5月1日)之前

由于《2001证据规定》与其他司法解释在做法上的不统一，甚至相互矛盾，当然地造成司法实务中法官对待纯事实证据的不同理解。

其一，不予采纳。这种做法在作者检索到的案例中占大多数，表现为对未经公证、认证

---

① 参见《商事海事会议纪要》第三十九条。

② 参见《智慧财产权审判总结》第二点第1项。

③ 参见《天津高院指南》第五点第(一)、(九)项。

④ 参见《天津高院指南》第六点。

⑤ 参见《天津高院指南》第八点。

⑥ 具体来说，下列情形下，应当认定未办理公证、认证等证明手续的域外证据的真实性和证明力：该域外证据与已办理公证、认证等证明手续的域外证据相互印证；该域外证据与形成于中华人民共和国领域内的证据相互印证；该域外证据与当事人均予认可或者无争议的事实相互印证。"印证"是指域外证据与参照证据、事实完全一致，或者域外证据与参照证据基本一致、且当事人可以对差异之处做出合理解释。参见《天津高院指南》第九点。

⑦ 参见《天津高院指南》第十六点。

的纯事实证据的证据效力和证明力予以排除，不在诉讼中作为证据使用。这种做法机械地将履行特别证明程序看作纯事实证据的合法性要件。对于条件不符合的，即简单地拒绝采纳，甚至不组织质证。较为典型案例有(2015)豫法民三终字第00179号①、(2018)鄂72民初725号②、(2018)晋01民初921号③、(2019)京01民终11046号④、(2019)川01民终9565号⑤、(2019)苏8602民初85号⑥。

其二，被动地采纳。这种处理方式相对于上述直接排除纯事实证据的采纳来说要更加柔和，但主要是依靠对方当事人的自认来免除纯事实证据举证人的特别证明手续，主动权掌握在对方当事人手中，法院并没有主动组织对所涉的证据的质证，从这个角度来说，这是一种不作为的形式，并不能较好地保护涉外证据举证人的诉讼权利。典型案例为江苏省南京市中级人民法院(2019)苏01民终3127号案件："本院认为……该组证据中所涉及域外形成的证据，昶宏公司未能提供经过公证、认证的情况，故普世达公司、通道公司对此的质证意见，本院予以采纳，对该部分证据不予采信。证据12和证据30虽未公证，但普世达公司、通道公司认可其真实性，故本院予以采纳。"

其三，综合认定。这种处理方式认为，是否严格履行涉外证据特别证明程序并不当然地影响证据的真实性和证明力，是否采信仍要在庭审中组织质证才能得出结论，这显然是最科学且不损害当事人诉讼权利的做法。典型案例为大友新亚、李瓔财产损害赔偿纠纷案[(2015)民提字第150号]。此案中，大友新亚提供的合同、交易单等纯事实证据系在中华人民共和国领域外形成的，其就域外证据办理了公证、认证手续。二审判决认为，因公证、认证的内容没有证明域外证据本身的真实性，对上述域外证据的真实性一律不予认可。最高人民法院则认为，二审判决对域外证据效力的法律适用有误，应予纠正。理由如下："……实践中，对于当事人认可的域外证据、公证员因没有亲历现场而无法证明证据真实性的域外证据等，如仅以未履行证明手续为由而排除域外证据的效力，不仅会降低诉讼效率、提高诉讼成本，而且会导致人民法院无法查明事实，分清是非。因此，对于当事人提供的域外证据，人民法院应根据不同情况分别处理：①对证明诉讼主体资格的证据，应要求当事人依法履行相关的公证、认证或者其他证明手续；②对其他证据，由提供证据的一方当事人选择是否办理相关的公证、认证或者其他证明手续，但人民法院为查明事实认为确需办理的除外。"同时，根据最高人民法院《关于适用〈中华人民共和国民事诉讼法〉的解释》第一百零四条的规定，对于能够反映案件真实情况、与待证事实相关联的证据，不论是否已办理公证、认证或者其他

① "本院认为……该证据应当经阿尔及利亚民主人民共和国公证机关予以证明，并经我国驻该国使领馆予以认证。该证据未经我国驻该国使领馆认证不能采信。"

② "一审法院认为……中远公司虽然有权要求中通公司赔偿其因'枫海'轮受损所导致的船期损失，但是其提交的租船确认书、船舶租金账单及相关邮件往来均系与国外当事人所形成，未经国外当事人所在国公证机关证明并经我国使领馆认证，因而不能作为证明其船期损失的有效证据。"

③ "本院认为……但该证明未经相关公证、认证程序，本院不予采信。"

④ "本院认为……该书面意见系陈某自国外邮寄而来。因该书面意见系在我国领域外形成，未经法律规定的程序进行认证、证明，故一审法院直接对该证据采信不符合法律规定。"

⑤ "本院经审查认为……乳胶漆施工图系蒙振、朱义从国外取得的证据，但未按照上述法律规定进行认证，且经审判人员释明后明确表示不进行认证程序，因此，本院对该施工图不予认可。"

⑥ "对有争议的证据，本院认定如下……该证据系域外证据，原告未对该域外证据进行公证、认证或履行必要的证明手续，故对该证据真实性、合法性及关联性均不予认可。"

证明手续，人民法院均应组织当事人进行质证，并结合当事人的质证意见以及各证据与案件事实的关联程度等予以审核认定。①

2.《2019 证据规定》生效（2020 年 5 月 1 日）之后

浙江省绍兴市上虞区人民法院（2019）浙 0604 民初 9154 号案件判决书认为，证据 4-6（采买合同、发票）等纯事实证据，“虽系域外证据（未履行境外证据的公证、认证手续或者其他证明手续），但是各组证据内部能相互印证，可以形成证据链”。该判决遵循了《2019 证据规定》以及《关于新〈民事证据规定〉理解和适用的若干问题》的处理方法。相似案件有（2019）沪 0110 民初 8708 号、（2019）闽 72 民初 404 号。

三、评价

虽然《2019 证据规定》第十六条取消了除涉及身份关系的证据以外所有文书的认证程序，具有积极意义，但因其导致域外证据特别证明程序不统一，该条文仍存在局限性。实践中，对于涉及身份关系的证据，我国内地目前依旧坚守外国在 20 世纪 50 年代就开始摒弃的领事认证程序，②因为该程序相当烦琐，费时费力。同时，因为国内外公证制度存在差异，即使域外证据经过公证，其真实性也无法得到完全保证。

（一）《2019 证据规定》第十六条仍存在局限性

该条款的局限性具体体现在包括该条款在内的法律、司法解释并未对“公文书证”“涉及身份关系的证据”做出定义。

对于“公文书证”，我国内地法院是否会参照《海牙取消认证公约》对“公文书”的定义和范围，对相关书证进行审查，仍不得而知。此外，一些在中国通常被视为公共机构的组织，如证券交易所、公证机构，在很多国家却是私营性质，甚至属于营利组织。这些机构出具的文书是否被视为公文，尚待法院在具体案件中加以认定。③

对于“涉及身份关系的证据”，《2019 证据规定》和其他法律、司法解释中也没有做出定义，这一问题只能留待民法理论做出解释。通常来说，个人之间通过血缘、婚姻、收养等形成的家庭关系（家庭型身份关系）属于身份关系，该结论并无争议。甚至，非因家庭关系而形成的监护关系（监护关系主要基于家庭关系而形成，但也有例外）也属于身份关系，对于该结论也无争议。但是，对于其他非个人之间的关系，如董事和股东与公司之间的关系（非家庭关系）是否属于身份关系，则存在不同认识。更具体而言，《2019 证据规定》中所谓的“涉及身份关系的证据”是否包含前述非家庭关系的证据，也只能留待法院在具体案件中加以认定。

（二）传统认证程序烦琐，费时费力

根据《2019 证据规定》第十六条第 2 款的规定，中华人民共和国领域外形成的涉及身份

① 相似案件有天津海事法院（2015）津海法商初字第 882 号。该案曾在本书引言被提及，是《天津高院指南》得以适用的典型案例。

② 参见何其生：《领事认证制度的发展与中国公文书的全球流动》，载《华东政法大学学报》，2018 年第 1 期。

③ 参见李海峰：《中国涉外民事诉讼中的域外证据公证认证与司法文书域外送达》，https://mp.weixin.qq.com/s/XluB8thdr7xJiEybcpHQ3A。

关系的证据，应当经所在国公证机关证明并经中华人民共和国驻该国使领馆认证。作者通过抽样调查[①]的方式，检索了 2020 年 1 月以来 50 个涉及国外形成证据公证、认证的案例。结果显示，其中 38 个案例涉及身份关系证据的公证、认证。也就是说，在作者的这次调查中，高达 76%的案件当事人需要履行传统的领事认证程序。

与《海牙取消认证公约》规定的"一步式"程序[②]相比，传统的连锁认证程序[③]（见图 1-1）相当烦琐。

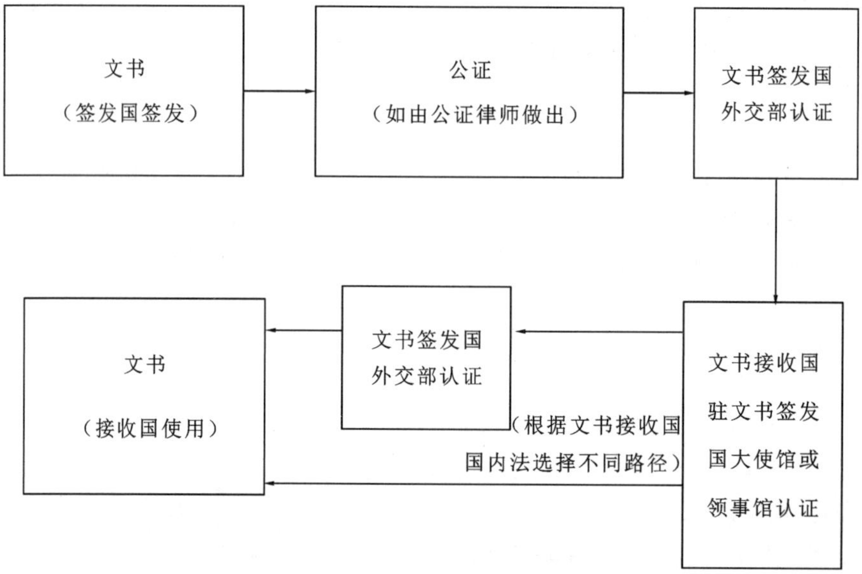

图 1-1 传统的连锁认证程序

同时，从国家层面来说，《海牙取消认证公约》的 120 个缔约方由于简化和取消了认证的要求，每年办理的认证证明书总量才达几百万份，而中国一个国家在 2015 年就办理了 180 余万份领事认证，意味着每天需办理约 5000 份认证证书，需要大量的外交人力。[④] 从当事人和法院的层面来说，领事认证要花费大量的时间和财力，[⑤]会给涉外案件的当事人带来沉重的负担，也会给我国内地法院对于国外形成涉及身份关系证据的采纳带来不利影响。

（三）国内外公证制度差异，导致证据真实性存疑

根据《2019 证据规定》第十六条第 1、2 款的规定，我国领域外形成的公文书证以及涉及

---

① 抽样调查是一种非全面调查，是根据随机的原则从总体中抽取部分实际资料进行调查，并运用概率估计方法，根据样本资料推算总体相应的数量指标的一种统计分析方法。抽样调查虽然是非全面调查，但它的目的却在于取得反映总体情况的信息资料，因此，也可起到全面调查的作用。

② 参见本编第三章第四节。

③ 由于以色列是公约缔约国，而中国（除香港、澳门特别行政区）还不是缔约国，所以在两国之间的认证只能使用传统的连锁认证。

④ 参见何其生：《领事认证制度的发展与中国公文书的全球流动》，载《华东政法大学学报》，2018 年第 1 期。

⑤ 以没有任何免除或简化认证的国际协定的中国、荷兰之间为例，当事人办理认证材料，动辄上千元，且需经历一个月以上的时间。参见何其生：《领事认证制度的发展与中国公文书的全球流动》，载《华东政法大学学报》，2018 年第 1 期。

身份关系的证据，均应当经所在国公证机关证明。实践中，我国内地法院一般都会采取的做法是，只要域外证据经过了公证、认证，便会认可其真实性，采纳其为证据。[①] 但是，是否所有国家的公证机关都能保证证据的真实性？

经过法定程序公证证明的法律事实和文书，人民法院应当作为认定事实的根据。因此，我国公证的原则是以事实为根据，以法律为准绳，经公证机构证明的法律行为、法律事实和文书的真实性与合法性具有可靠的依据。换句话说，我国采取实质公证。但是，在其他的一些国家，公证机构不属于国家机关，而属于中介机构，其对于公证事实和行为的真实性、公证文书的内容不负审查的义务，只对其上的签名、印鉴是否属实予以公证。[②] 具体来说，在英美法系国家，其公证机构并没有类似于我国公证制度这样的权威性，公证人员也具有很大的随意性，而且它们大多实行“自愿公证”原则，法律很少规定“必须或者应当公证”的内容，公证人只对公证事项进行形式审查。当然，公证文书也不具有法定证据效力和强制执行效力。公证人主持宣誓仪式，由当事人对公证事项的具体内容“宣誓”保证其真实性，作虚假“宣誓”的当事人自行承担法律责任。[③] 然而，这些国家一般都有较完备的伪证制裁制度，当事人的陈述如不真实，由其本人承担不真实的法律后果。相对而言，我国在这方面还不够完善。

公证是一种证明活动，它最主要的任务在于证明。我国学术界通常观点认为：公证书具有证据上的效力、强制执行的效力、法律上的效力，其中证据上的效力是最重要的。公证机关出具的公证文书，在法律上均具有最高的证据效力，因为公证文书需要遵循严格的原则和程序，对当事人提出的公证事项，要进行严格审查，认为真实合法才予以公证。[②]但是，许多国外公证机构未对涉外文书进行严格审查。正是由于国内外公证制度的差异，涉外文书的真实性不能完全得到保证，仍存在被伪造的可能。

此外，《2019 证据规定》第十六条第 1 款对涉外公文书提出了公证的程序要求。比如，以外国法院民事判决作为证据，需要当事人证明其所持外国法院民事判决书的真实性。但在一些国家，公文书并不是公证的客体，要对其公证，通常采用由当事人签署声明书，声明其所要公证文书的真实性，然后再由公证机关对该声明书予以公证的做法。[②]在这个层面上，虽然公文书的真实性在大多数情况下不存在疑问，但烦琐的程序不亚于上文提到的连锁认证，因此会再次增加当事人的负担。

---

① 参见厦门海事法院(2019)闽 72 民初 765 号判决书：“本院认为，××公司对该(域外)证据办理了公证认证，……本院对其真实性予以确认。”

② 参见刘竹梅：《对域外调取证据真实性的认定》，载《法律适用》，2002 年第 10 期。

③ 参见吴建华：《比较法视野下我国公证制度的发展和改革》，载《群文天地》，2012 年第 24 期。

第二章 《海牙取证公约》及其在我国内地的实施

第一节 《海牙取证公约》适用的范围

一、“民事或商事案件”

(一)界定

无论是公约第一章规定的请求书取证,还是第二章规定的领事、特派员取证,都只适用于“民事或商事案件”(civil or commercial matters)。① 在请求书取证中,假如请求书中载明的案件并非民事或商事案件,则请求书可能会因为与公约的规定不符而被拒绝执行。② 在海牙国际私法会议成立之初,“民事或商事案件”的表述在许多有关多边民事程序的公约中均占据了重要角色。③ 同时,此表述也会在其他诸如《关于向国外送达民事或商事司法文书和司法外文书公约》④(以下简称《海牙送达公约》)和《选择法院协议公约》⑤等公约中用来界定公约的适用范围。但是,海牙国际私法会议特别委员会(Special Commission of Hague Conference,以下简称“特委会”或“SC”)有意地选择在包括《海牙取证公约》在内的所有公约中不对“民事或商事案件”进行详细的定义,⑥而是留待各缔约国自行解释。总体来说,普通

---

① 参见《海牙取证公约》第一条、第十五条和第十七条。

② See HCCH, *Practical Handbook on the Operation of the Evidence Convention*, 3rd ed., The Hague, 2015, p. 20.

③ See, *e.g.*, *Hague Convention of* 14 *November* 1896 *relating to Civil Procedure* (Art. 5), *Hague Convention of* 17 *July* 1905 *relating to Civil Procedure* (Art. 8); 1954 *Civil Procedure Convention* (Art. 8).

④ 参见《海牙送达公约》第一条第1款。

⑤ 参见《选择法院协议公约》第一条第1款。

⑥ 特委会在讨论时指出,对此表述做出定义会“与海牙国际私法会议历史政策相悖”(contrary to the historic policy of the [Hague] Conference): see Rapport de la Commission spéciale établi par (Report of the Special Commission by) P. W. AMRAM, *Preliminary Document No 3 of. August 1968*, in *Actes et documents de la Onziéme session* (1968), Tome Ⅳ, *Obtention des preuves à l'étranger*, The Hague, Imprimerie Nationale, 1970, p. 57 [hereinafter "Report of the 1968 SC"].

法系国家倾向于将“民事或商事案件”扩大解释为“除刑事案件以外的所有案件”,[①]而大陆法系国家则更多地将它进行限缩解释,在将所有案件区分为公法案件和私法案件的基础上,把前者排除在“民事或商事案件”的范畴之外。[②]

特委会提供了三点指引,以帮助缔约国界定“民事或商事案件”的范围:第一,各缔约国应“自主”(autonomous)界定,而不是仅仅孤立地参考请求国(包括请求书取证和领事、特派员取证)的法律、请求书取证的被请求国(或领事、特派员取证的执行国)的法律,或者两国法律的简单累加;[③]第二,各缔约国应“自由”(liberal)界定,因为公约并未在适用范围上排除任何类型的案件;[④]第三,在界定一个案件是否为“民事或商事案件”时,应聚焦于“诉因”(cause of action)的性质,而非发起取证请求的“实体”(entity)。[⑤] 换言之,聚焦点不应放在诉讼请求的性质上(如某诉讼中惩罚性损害赔偿的诉讼请求)、[⑥]当事人的身份上(如某诉讼中一方当事人为政府机构)、[⑦]负责审理已经开始的(或即将开始的)案件的司法机关的身份上(如某诉讼在破产法院审理)。[⑧] 在考察“诉因”的性质时,重点应放在明确需要证据的诉讼的性质(在使用请求书调取证据时)。[⑨]

在送达公约的手册中提到,在实践中,相对于《海牙送达公约》,有些缔约国在利用《海牙取证公约》时,倾向于把“民事或商事案件”的范围解释得更加狭窄。但是,特委会更希望的是,“民事或商事案件”的定性在《海牙送达公约》与《海牙取证公约》的应用中是一致的。[⑩] 与此相似,瑞士苏黎世州最高法院认为,在讨论“民事或商事案件”的定性时,相同的术语不应在不同的海牙公约中给予不同的解释。[⑪] 此观点也得到了瑞士联邦司法局的支持。[⑫]

---

① See McClean D. *International Co-operation in Civil and Criminal Matters*, 3rd ed., Oxford, Oxford University Press, 2012, p. 33. See also Report of the Special Commission by P. NYGH and F. POCAR, in *Proceedings of the Twentieth Session* (2005), Tome Ⅱ, *Judgments*, Cambridge/Antwerp/Portland, Intersentia, 2013, p. 207, at para 27 [hereinafter “Hygh/Pocar Report”].

② See HCCH, *Practical Handbook on the Operation of the Evidence Convention*, 3rd ed., The Hague, 2015, p. 21.

③ See Conclusions and Recommendations (hereinafter “C&R”) No 40 of the 2014 SC. See also C&R No 13 of the 2009 SC.

④ See C&R No 40 of the 2014 SC. See also C&R No 14 of the 2009 SC.

⑤ See C&R No 14 of the 2009 SC. See also C&R No 41 of the 2014 SC.

⑥ Report on the work of the Special Commission of April 1989 on the operation of the Hague Conventions of 15 November 1965 on the Service Abroad of Judicial and Extrajudicial Documents in Civil or Commercial Matters and of 18 March 1970 on the Taking of Evidence Abroad in Civil or Commercial Matters, (1989) 28 *I. L. M.* 1558, para, 8(d) [hereinafter “Report of the 1989 SC”].

⑦ See HCCH, *Practical Handbook on the Operation of the Evidence Convention*, 3rd ed., The Hague, 2015, p. 22.

⑧ See Hygh/Pocar Report (*loc. cit.* note 10).

⑨ 参见《海牙取证公约》第三条第 1 款第 3 项。

⑩ See HCCH, *Practical Handbook on the Operation of the Service Convention*, 4th ed., The Hague, 2016, para. 56. See also C&R No 40 of the 2014 SC.

⑪ See *e.g.*, Supreme Court of the Canton of Zurich (Switzerland), 4 December 2003, No NV030007.

⑫ See *Guidelines on International Judicial Assistance in Civil Matters*, 3rd ed., Berne, January 2013, p. 4.

在大多数案例中,“民事或商事案件”的范围,似乎都并未引发太多问题。[①] 在请求书取证中,一些国家的司法机关会采纳请求机关关于某个案件是否为民事或商事案件的认定。[②] 然而,被请求国的有关机关(如中央机关或被请求机关)并不受此认定的约束。这一观点在*Arcalon* 案[③]中被确认,审理此案的荷兰最高法院认为:《海牙取证公约》使用了一个宽泛的术语(民事或商事案件)且未对该术语进行详细定义,因此容易使各缔约国产生不同的理解……在没有明确规则指引,并且在被请求国有关机关须事先审查请求书是否符合公约规定的前提下,要求被请求国有关机关受到请求国司法机关做出认定的约束,似乎显得不合情理。

与此同时,在一些缔约国,有关机关会自行审查外国诉讼的性质,来认定相关请求书是否以民事或商事案件的名义签发,进而认定请求书是否符合公约的规定。此观点也在 1989 年关于《海牙送达公约》的特委会会议上,得到了许多专家的支持。[④] 在这点上,1970 年的特委会会议通过观察发现,实践中,相较于域外送达,各缔约国会在域外取证领域施以更加严格的控制。同时,特委会补充,在《海牙取证公约》的约束下,缔约国采取更为谨慎的措施是可以理解的,因为调取证据不仅包含文件的简单传递,更包含被请求国有关机关对一个向外国展现的案件直接或间接地参与过程。[⑤] 但是,如上文所述,特委会更希望“民事或商事案件”的定性在《海牙送达公约》与《海牙取证公约》的应用中是一致的。在调查问卷中,许多国家的中央机关也表示,愿与请求国有关机关就特定事项的定性问题进行直接沟通,[⑥]此举也是特委会推崇的。[⑦]

特委会承认,在一些案例中,具有民商事性质的诉讼可能会与非民商事诉讼(如刑事诉讼)联系在一起,导致获取的证据被用于另一个诉讼中。在请求书取证的情形下,假如被请求国的有关机关有认定,调取的证据不是真正用于民事或商事案件,则该机关可能会拒绝请求书的执行,因为该请求书超出了公约的适用范围。然而,这并不意味着被请求国可以仅凭一个证据会被另作他用的可能性而拒绝请求书的执行。为秉承促进国际司法协助的公约精神,被请求国的有关机关应避免对请求国签发请求书动机的“主观臆断”。[⑧]

---

① See HCCH, Responses to question 17 (a) of the 2008 Questionnaire, available at :〈https://www.hcch.net/en/publications-and-studies/details4/? pid=4457&dtid=33 〉[last consulted on 7 March 2019]. See also C&R No 13 of the 2009 SC.

② See Report on the work of the Special Commission of May 1985 on the operation of the Hague Evidence Convention, Part Ⅰ, § 1(A) (2), reproduced in (1985) 24 *I.L.M.*, [hereinafter “Report of the 1985 SC”].

③ See *Arcalon and Ramar B.V. v. United States Bankruptcy Court for the Southern District of California*, *I.L.M.*, Vol. 28, 1989, p. 1578.

④ See Report of the 1989 SC, para. 8(a).

⑤ Report on the work of the Special Commission on the operation of the Convention of 18 March 1970 on the Taking of Evidence Abroad in Civil or Commercial Matters, in *Actes et documents de la Quatorziéme session* (1980), Tome Ⅳ, *Judicial co-operation*, The Hague, Imprimerie Nationale, 1983, p. 418, Part Ⅰ § 1 [hereinafter “Report of the 1978 SC”].

⑥ See HCCH, Responses to question 17 (b) of the 2008 Questionnaire, available at :〈https://www.hcch.net/en/publications-and-studies/details4/? pid=4457&dtid=33 〉[last consulted on 8 March 2019].

⑦ See C&R No 9 of the 2014 SC. See also C&R No 44 of the 2009 SC, and C&R No 44 of the 2003 SC.

⑧ See HCCH, *Practical Handbook on the Operation of the Evidence Convention*, 3rd ed., The Hague, 2015, p. 23-24.

（二）特定种类

特委会指出，"民事或商事案件"的范围存在一个历史演变的过程，随着各国司法协助范围的不断扩大，关于《海牙取证公约》适用案件的特定类型，将会达成更多共识。① 根据海牙国际私法会议常设事务局 2008 年调查问卷回复，缔约国普遍认为"民事或商事案件"包括但不限于破产案件、保险案件、雇用案件和消费者权益保护案件。② 此外，家事案件、身份关系案件以及智慧财产权案件也被普遍认为具有民事性质。以下对破产案件、雇用案件、家事案件和身份关系案件做简单论述。

第一，关于破产案件，在 1985 年的会议中，特委会把由破产的个人或公司高管的欺诈行为引起的，普遍被认为在公约适用范围之外的刑事诉讼，与普遍被认为具有民事属性的常规破产诉讼区分开来。③ 在 1989 年的会议中，特委会指出，破产案件"可以"纳入"民事或商事案件"的范围。④ 至此，破产案件就在海牙国际私法会议民事诉讼其他领域的日常工作中被当作民事或商事案件。⑤ 上述观点在一些案例中也得到了支持。在 *Pickles* 案⑥中，澳大利亚新南威尔士州最高法院要求执行了以破产诉讼名义签发的请求书。瑞士联邦最高法院也认为，假如一个诉讼与债务或者破产有关，并且其诉讼请求性质属于民事，则该诉讼就是"民事或商事案件"。⑦ 第二，关于雇用案件，与破产案件相同，在 1989 年的会议中，特委会指出，雇用案件"可以"纳入"民事或商事案件"的范围。⑧ 在 *Stuke* 案⑨中，澳大利亚联邦法院认为，《海牙取证公约》可以适用于雇用案件。在 *Weryński* 案⑩中，欧洲法院将《关于成员国法院间民商事取证合作第 1206/2001 号条例》（以下简称《欧盟取证条例》）应用于雇用案件。第三，家事案件被确认为民事案件，体现在澳大利亚地方法院 *Secretary of the Attorney-General's Department* 案⑪、德国法兰克福市高等地方法院的一起儿童监护权诉讼⑫以及瑞士苏黎世州的两起离婚诉讼⑬中。第四，关于身份关系案件，在 1978 年特委会会议上，虽然埃及代表团提出了相反的意见，但其余出席会议的代表团均认为《海牙取证公约》可以适用于身份关系案件。⑭

但是，有几类案件值得注意，如反垄断（竞争）案件、刑事案件和税收案件等，其性质具有

---

① See Report of the 1989 SC, para. 26.

② See HCCH, Responses to the 2008 Questionnaire, available at :〈https://www.hcch.net/en/publications-and-studies/details4/? pid=4457&dtid=33〉[last consulted on 28 January 2019].

③ See Report of the 1985 SC, para. Ⅰ, § 1(A) (1).

④ See Report of the 1989 SC, para. 26.

⑤ See Hygh/Pocar Report, para. 25.

⑥ See *Pickles v. Gratzon* (2002) 55 NSWLR 533.

⑦ See *Guidelines on International Judicial Assistance in Civil Matters*, 3rd ed., Berne, January 2013, p. 4-5.

⑧ See Report of the 1989 SC, para. 26.

⑨ See *Stuke v. ROST Capital Group Pty Ltd* (2012) 207 FCR 86.

⑩ See *Weryński v. Mediatel 4B spólka z o.o.*, C-283/09, EU:C:2011:85.

⑪ See *Secretary of the Attorney-General's Department & Evans and Norris* (2010) 245 FLR 381.

⑫ See OLG Frankfurt am Main, 26 March 2008, No 20 VA 13/07.

⑬ See ZR 101 (2002) No 84 & ZR 101 (2002) No 88.

⑭ See Report of the 1978 SC.

一定争议。

首先，关于反垄断（竞争）案件。虽然大部分公约缔约国认为此类案件具有民商事性质，但仍有部分国家认为，特定情况下，反垄断（竞争）案件具有公法或刑法性质，因此不在公约调整范围之内。在1985年特委会会议上，上述结论得到印证。会议报告指出：第一，某些国家将具有民商事性质的反不正当竞争法与具有行政或刑法性质的反垄断法进行了明确划分，前者由《海牙取证公约》调整，后者反之；第二，在某些国家，反垄断诉讼可能由国家机关提起，也可能由个人或企业提起。[①] 因此，当反垄断（竞争）诉讼由作为管理者的国家机关提起，那么该诉讼具有公法或刑法性质；当诉讼由私人团体提起，该诉讼就属于"民事或商事案件"。比如，在德国法兰克福市高等地方法院一起涉及《海牙送达公约》的案件[②]中，该法院认为，只要反垄断案件当事双方均为个人或私人团体，该案件就属于"民事或商事案件"。在*Westinghouse* 案[③]中，英国国会上议院认为由西屋电气公司（Westinghouse Electric Corporation）在美国伊利诺伊州提起的反托拉斯诉讼为民事诉讼。在*Sykes* 案[④]中，澳大利亚新南威尔士州最高法院同意执行由美国法院在一起民事诉讼中发出的请求书，该诉讼由涉嫌违反美国反托拉斯法的操纵铜期货市场行为引发。然而，澳方法院承认，本案较难处理，因为假如本案成立，无疑会涉及刑事指控。

其次，关于刑事案件。刑事案件不是"民事或商事案件"，这一点本身毫无疑问，特委会[⑤]与各缔约国[⑥]也对此进行了确认。但是，被害人向犯罪行为索取赔偿的诉讼则不然，其性质仍属于"民事或商事"。[⑦] 此外，根据2008年调查问卷显示，尽管大部分国家认为关于犯罪所得收益的诉讼在性质上不属于"民事或商事"，然而，特委会指出，仍有少数缔约国将公约应用于此类案件。[⑧]

最后，关于税收案件，各缔约国对其性质意见不一。Chatin L 认为：为税收案件提取证据的请求书不应被执行。[⑨] 然而，在*Gloucester* 案[⑩]中，澳大利亚新南威尔士州最高法院认为，《海牙取证公约》可以适用于有关公司股权收购中评估应收税款的诉讼。在另一起涉及税收的案件中，澳大利亚联邦法院向以色列递交了一封请求书，最终得到以方法院的执行。[⑪]

---

① See Report of the 1985 SC, Part Ⅲ.

② See OLG Frankfurt am Main, 8 February 2010, No 20 VA 15/09.

③ See *Rio Tinto Zinc Corp. v. Westinghouse Electric Corp.* [1978] 1 All ER 434 [hereinafter "*Westinghouse* case"].

④ See *Sykes v. Richardson* (2007) 70 NSWLR 66.

⑤ See Report of the 1978 SC, Part Ⅰ, § 1.

⑥ See *Westinghouse* case (United Kingdom); *Sykes v. Richardson* (Australia).

⑦ M. Frigo & L. Fumagalli, *L'assistenza giudiziaria internazionale in Materia Civile*, Padua, Cedam, 2003, pp, 130-1.

⑧ See C&R No 71 of the 2003 SC.

⑨ See Chatin L, "Régime des commissions rogatoires internationals de droit privé", *Rev. crit. d. i. p.*, Paris, éditions Sirey, 1977, p. 616.

⑩ See *Gloucester (Sub-Holdings 1) Pty Ltd v. Chief Commissioner of State Revenue* [2013] NSWSC 1419 (26 September 2013).

⑪ See *BCI Finances Pty Ltd (in liq) v. Commissioner of Taxation* [2015] FCA 679 (7 July 2015).

与之相似，在行政案件、海关案件、社会保障案件以及证券交易监管案件中，也会出现上述分歧。[①] 在一些国家，上述案件已经超出了司法机关的职权范围，以至于其无法执行相关请求书。但是，特委会仍然希望，在“自由界定民商事案件范围”的原则下，各缔约国应努力使公约的适用最大化。假如被请求国认定请求书不在公约适用范围之内，其中央机关应通知请求机关采取替代措施，使取证行为得以延续。[②] 事实上，许多国家或地区之间已达成多项双边的或多边的，涉及行政、刑事、海关以及税收案件的司法协助协定或安排，[③]其效力并不会因为《海牙取证公约》的存在受到减损。[④]

二、调取证据与履行其他司法行为

《海牙取证公约》第一章规定，请求书可用于“调取证据”或“履行其他司法行为”；[⑤]第二章规定，领事、特派员的取证方式仅可以用于“调取证据”，而不能用于履行其他司法行为。[⑥]

（一）“证据”

1. 种类

《海牙取证公约》并未定义“证据”一词，但在公约条文中，该词包含的证据种类则有所体现。比如，第三条就指明，请求书应当用于询问“个人”，检查文书或其他财产，包括不动产或动产。[⑦] 根据2008年调查问卷显示，在实践中，请求书最常用于调取证言、书证和对书面询问的书面回答。此外，请求书还用于调取银行记录、支付指令、身份证明文件、遗嘱、财务状况说明以及医学评估报告。[⑧] 请求书还可用于调取血液样本和其他生物样本，尽管在某些国家，此行为会被认定为“履行其他司法行为”，[⑥]此问题会在下一小节“其他司法行为”中详细讨论，在此不做赘述。

“证据”也涵盖了以数码形式储存的信息（电子证据），包括电子邮件、数码影像、电子条目等。尽管通过请求书调取电子证据的案例数量偏少，但是2008年、2013年和2019年调查问卷均显示，上述案例的数量正在增加。[⑨] 可以预见，通过请求书调取电子证据将会变得越

---

① See *Securities and Exchange Commission v. Ong Congqin Bobby and Lum Kwan Sung* [1999] 1 SLR 310. See also *Securities and Exchange Commission v. Stockholders of Santa Fe Int'l Corp.*, [1985] E. C. C. 187. See also LSG Nordrhein-Westfalen, 3 December 2008, No Az, L 8 R 239/07.

② See HCCH, *Practical Handbook on the Operation of the Evidence Convention*, 3rd ed., The Hague, 2015, p. 26-27.

③ 比如1988年《多边税收征管互助公约》、1959年《欧洲刑事司法协助公约》、1992年南方共同市场《关于民事、商事、劳动和行政事务的司法合作和协助的拉斯莱纳斯议定书》。

④ 参见《海牙取证公约》第三十二条。See also HCCH, *Practical Handbook on the Operation of the Evidence Convention*, 3rd ed., The Hague, 2015, p. 150.

⑤ 参见《海牙取证公约》第一条。

⑥ 参见《海牙取证公约》第十五条。

⑦ See Explanatory Report on Convention of 18 March 1970 on the Taking of Evidence Abroad in Civil or Commercial Matters, para. 22.

⑧ See HCCH, Responses to questions 6(b) and 7(b) of the 2008 Questionnaire, available at: 〈https://www.hcch.net/en/publications-and-studies/details4/?pid=4457&dtid=33〉 [last consulted on 22 March 2019].

⑨ See HCCH, Responses to questions 1.2 & 1.3 of the 2018 Questionnaire, question 18 of the 2013 Questionnaire and question 71 of the 2008 Questionnaire.

来越普遍。毕竟,在当今电子信息时代,大部分信息都会以电子资料的形式产生和保存。[①]为使电子资料成为可用于诉讼的证据,许多国家也因此制定了相应的法律,特别是1996年《联合国国际贸易法委员会电子商务示范法》通过后,上述现象尤为明显。[②] 特委会希望,调取电子证据的请求应与调取纸质证据的请求一样,被同等对待。[③]

与"民事或商事案件"相同,特委会希望"证据"一词的含义由各缔约国"自主地""自由地"界定。[④]

2."钓鱼式取证"

所谓"钓鱼式取证",是指请求国涉嫌借由请求书取证,调取与该国诉讼无关资料的行为。有些国家之所以对"证据"的含义给予高度的重视,是为了防范上述行为(尤其针对将证据搜集的范围界定得比较宽泛的国家)。[⑤] 关于"调取证据"和"钓鱼式取证"的区别,Collins L的描述为"能证明某个未决事实真实与否的资料"与"仅可能使某个证据被发现的资料"。[⑥]类似描述也常见于英格兰的案例中,[⑦]因此,这种区别就成为推动英国制定公约第二十三条,使一国可以拒绝执行以审判前文件开示为目的的请求书的原因(此问题将在下文"审判前文件开示"中详细讨论,在此不做赘述)。关于"调取证据"和"钓鱼式取证"区别的描述已为许多国家和地区的法院所接受,包括澳大利亚、中国香港特别行政区、苏格兰、瑞士和美国。[⑦]

在大多数认可"调取证据"和"钓鱼式取证"区别的法域,涉嫌"钓鱼式取证"的请求书通常仍会被认定纳入公约适用范围,[⑦]也就不存在考察所搜集的资料(如证言或文件)是否真正用于请求国诉讼中的必要。上文也提到,被请求国的有关机关应避免对请求国签发请求书动机的"主观臆断"。在一起涉及证人询问的案件中,英格兰高等法院也认为,请求书不能仅因为证人回答的内容无法预先知晓而被认定为"钓鱼式取证",进而被拒绝执行。[⑧] 然而,取证范围过于宽泛的请求书有可能因"内容不够具体,违反公约应载明事项的要求"而被拒绝执行,[⑨]也有可能因"适用其本国法规定的方式和程序无法执行"而被退回,[⑩]或者根据公约第十一条第1款第1项"根据执行国法律,有拒绝作证的特权或义务的有关人员,可以拒绝提供证据"中,证人以"拒绝无理要求"的特权拒绝作证。[⑪]

---

① 有资料显示,以电子资料形式储存的信息的数量已超过信息总量的90%:See M. Caylor,"Modernizing the Hague Evidence Convention: A Proposed Solution to Cross-Border Discovery Conflicts during Civil and Commercial Litigation",(2010) 28 *B.U. Int'l L.Rev.* 341, p. 349.

② 比如1998年新加坡《电子商务法》、1999年美国《统一电子商务法》、1999年加拿大《统一电子商务法》、1999年澳大利亚《电子交易法》、2000年法国《信息技术法》。

③ See C&R No 50 of the 2009 SC.

④ See Report of the 1978 SC, Part Ⅰ, § 2(A).

⑤ See HCCH, *Practical Handbook on the Operation of the Evidence Convention*, 3rd ed., The Hague, 2015, p. 29.

⑥ See Collins L, "The Hague Evidence Convention and Discovery: a Serious Misunderstanding?", *International and Comparative Law Quarterly*, Vol. 35, 1986.

⑦ See *e.g.*, *Radio Corp. of America v. Rauland Corp.* [1956] 1 QB 618 and *Re State of Norway's Application (No1)* [1987] 1 QB 433.

⑧ See *First American Corp. v. Sheik Zayed Bin Sultan Al-Nahyan* [1998] 4 All ER 439.

⑨ 参见《海牙取证公约》第三条第1款与第五条。

⑩ 参见《海牙取证公约》第九条第1款。See also the approach taken in *Westinghouse* case (United Kingdom).

⑪ See *First American Corp. v. Sheik Zayed Bin Sultan Al-Nahyan* [1998] 4 All ER 439.

尽管如此，海牙国际私法会议并不希望"以审判前文件开示为目的的请求书"与"钓鱼式取证"画上等号。[①]

（二）"其他司法行为"

1. 内涵

在《海牙取证公约》中，"履行其他司法行为"的制度仅适用于请求书取证，用以协调各国在使用请求书取证时的冲突。[②] 公约并未对领事或特派员履行其他司法行为做出规定，此为有意为之，原因在于，在此讨论的"履行其他司法行为"通常归属于司法机关专有职能，即应由法官或其指派的律师负责履行。[③] 与"民事或商事案件"相同，《海牙取证公约》并未对"其他司法行为"的内涵做出界定，但排除了部分司法行为的适用，此问题会在下一小节"公约排除适用的司法行为"中详细讨论，在此不做赘述。一般来说，"其他司法行为"指的是司法机关在行使司法权力时做出的行为。[④] 但是，特委会指出，"其他司法行为"的内涵应"自由地"(liberally)界定，[⑤]应用于"任何具有法律效力的行为"。[⑥] 实践中，请求书被用于履行多种司法行为，根据 2008 年调查问卷，这些行为包括查实被告住所或国籍、获取收入状况、获取证实亲子关系的陈述、获取无诉讼证明以及大笔资金的转移。[⑦] 同时，特委会还列举了几种司法行为，如询问家庭状态或人数的变化、获取公共登记册内记录的复印件、在家事案件中获取被请求国专门司法机关出具的意见书或协议书[⑧]以及获取境外当事人婚姻的官方许可。[⑨] 但是，特委会拒绝了《海牙取证公约》用于"外国法律信息交换"的提案。[⑩] 此外，在一些国家的案例中，为夫妻双方安排调解程序[⑪]以及对未成年人进行精神评估[⑫]也被视为"其他司法行为"。当然，与调取证据相比，请求书用于履行上述司法行为要罕见许多。[⑬]

有一种司法行为值得注意，那就是提取血液样本和其他生物样本。请求书时常被用于提取血液样本和其他生物样本（如颊黏膜拭子样本），目的是在家事案件中证实亲子关系。

---

① See HCCH, *Practical Handbook on the Operation of the Evidence Convention*, 3rd ed., The Hague, 2015, p. 30, para. 66.

② See Report of the 1968 SC, p. 57.

③ See Explanatory Report on Convention of 18 March 1970 on the Taking of Evidence Abroad in Civil or Commercial Matters, para. 167.

④ See HCCH, *Practical Handbook on the Operation of the Evidence Convention*, 3rd ed., The Hague, 2015, p. 32.

⑤ See Report of the 1978 SC, Part Ⅰ, § 2(A). See also McClean D. *International Co-operation in Civil and Criminal Matters*, 3rd ed., Oxford, Oxford University Press, 2012, p. 92.

⑥ See Report of the 1989 SC, para. 37.

⑦ See HCCH, Responses to questions 6(b) and 7(b) of the 2008 Questionnaire, available at :〈https://www.hcch.net/en/publications-and-studies/details4/?pid=4457&dtid=33〉[last consulted on 31 March 2019].

⑧ See Report of the 1978 SC, Part Ⅰ, § 2(A).

⑨ See Report of the 1989 SC, para. 37.

⑩ See Report of the 1978 SC, Part Ⅰ, § 1(D).

⑪ See ZR 101 (2002) No 84.

⑫ See Cass. (Italy), 10 October 2010, No 24996.

⑬ See HCCH, Responses to questions 6(b) and 7(b) of the 2008 Questionnaire, available at :〈https://www.hcch.net/en/publications-and-studies/details4/?pid=4457&dtid=33〉[last consulted on 31 March 2019].

特委会已经确认，血液测试的行为可以适用《海牙取证公约》，并且指出，在一些缔约国，不愿意进行血液测试的证人不会被施加强制措施。① 同时，被请求国国内法也可能规定，相关人士有拒绝提交血液测试结果的特权。② 实践证明，当请求书寻求执行血液测试或 DNA 测试时，请求机关可能会提出以特殊方式或程序进行处理，具体来说，就是以特定的材料及方法将样本采集并运输返回请求国。在此情况下，美国建议由请求国提供上述材料，③而澳大利亚则认为应由请求国承担运输血液样本的费用。④

在某个缔约国内，某个司法行为有可能超出了另一缔约国司法权力的行使范围。例如，A 国某个司法行为在 B 国内可能由行政机关履行，或者该行为对于 B 国的法律来说是完全陌生的。⑤ 在此情况下，公约允许执行国在请求书的执行不属于司法机关的职权范围时，拒绝执行请求书。⑥

2. 公约排除适用的司法行为

《海牙取证公约》第一条第 3 款已经明确将“司法文书的送达或颁发执行判决或裁定的任何决定，或采取临时措施或保全措施的命令”排除适用，⑦尽管某些法域（特别是大陆法系法域）会将请求书应用于上述行为。⑧ 首先，对于司法文书的送达，显然将由《海牙送达公约》调整。其次，对于颁发执行判决或裁定的任何决定（通常所说的“判决的承认与执行”），以色列特拉维夫地方法院认为，《海牙取证公约》第一条第 3 款排除适用的司法行为（主要指“判决的承认与执行”）不影响被请求国适用公约，为请求国申请判决执行的诉讼而调取证据。⑨ 开曼群岛大法院持有相似的观点，认为对《海牙取证公约》第一条第 3 款进行扩大解释以阻止证据的获取，增加后续执行外国判决的工作量，无疑会“对《海牙取证公约》的运行施加异常且不必要的阻碍”。⑩ 最后，对于采取临时措施或保全措施，其主要包括下达禁令、限制令、执行令，实施强制拍卖、破产管理等措施。⑪ 虽然从解释报告中无法得知排除适用的司法行为是否包括证据保全措施，但是，从制定《海牙取证公约》的过程和海牙国际私法会议后续的

---

① See Report of the 1978 SC, Part Ⅰ, § 5(C).

② See, *e.g.*, *In re Letter of Request from the Boras District Court*, *Sweden*, 153 F. R. D. 31 (E. D. N. Y. 1994) and *In re Request for Judicial Assistance from the District Court in Svitavy*, *Czech Republic*, 748 F. Supp. 2d 522 (E. D. Va. 2010).

③ See the FAQ published by the Office of International Judicial Assistance, available online at: 〈https://www.justice.gov/civil/common/oija/documents/guidance/Public%20FAQs.PDF〉 [last consulted on 4 April 2019].

④ See HCCH, Responses of Australia to question 68 of the 2008 Questionnaire, available at :〈https://www.hcch.net/en/publications-and-studies/details4/?pid=4457&dtid=33〉 [last consulted on 4 April 2019].

⑤ See HCCH, *Practical Handbook on the Operation of the Evidence Convention*, 3rd ed., The Hague, 2015, p. 32.

⑥ 参见《海牙取证公约》第十二条第 1 款第 1 项。

⑦ 参见《海牙取证公约》第一条第 3 款。

⑧ See HCCH, *Practical Handbook on the Operation of the Evidence Convention*, 3rd ed., The Hague, 2015, p. 4.

⑨ See *Securities and Exchange Commission v. Eddie Antar*, M. C. C. (T. A.), 5 August 1992, No 5-41/92. 在本案中，以色列特拉维夫地方法院同意执行要求调取以色列警方掌握的关于判决债务人资产信息的证据的请求书。

⑩ See *Voluntary Purchasing Group*, *Inc. v. Insurco Int'l Ltd* [1994-95] CILR 84, 93-4.

⑪ See Explanatory Report on Convention of 18 March 1970 on the Taking of Evidence Abroad in Civil or Commercial Matters, para. 29.

工作中可以看出，[①]证据保全措施与上述临时措施或保全措施还是有明显的区别。换句话说，证据保全措施属于“调取证据”，适用《海牙取证公约》。

三、“已经开始或即将开始的司法程序”

请求书仅可以用来调取准备用于“已经开始或即将开始的司法程序”的证据；[②]领事、特派员的取证方式仅在“诉讼正在进行中”的情况下适用。[③] 由此可以看出，请求书取证与领事、特派员取证的区别在于，请求书取证应用于“已经开始或即将开始”的司法程序（详见下文“已经开始或即将开始”），而领事、特派员取证仅应用于“已经开始”的司法程序（详见下文“已经开始”）。

（一）司法程序

《海牙取证公约》并未定义“司法程序”一词，但是，从字面上看，可以理解为“在司法机关面前进行的程序”。[④] 荷兰最高法院也认为，《海牙取证公约》第一条第 2 款所指的“司法程序”应解释为“司法机关对某法律争讼进行的审判过程（adjudication）”。[⑤] 它指向一个在特定诉讼中行使审判功能的机关（此问题将在下文“由司法机关签发”中详细讨论，在此不做赘述）。

在《海牙取证公约》第一章中，某证据通常会以请求书的方式，由请求机关为其司法程序调取，该请求机关即司法机关。[⑥] 因此，任何对该程序司法性质的调查很可能与对该请求机关司法性质的调查合并。但是，在某些案例中，请求机关签发请求书，为本国另一机关的程序调取证据。这是因为，根据其本国法，某些需要到国外调取证据的机关，本身并无签发请求书的权力，它需要请求另一机关为其签发请求书。[⑦] 虽然解释报告称：除非证据用于请求国法庭的司法程序，否则外国的法院无义务为其调取证据，[⑧]但是，对上述观点的解释不应抹杀请求机关为本国的另一机关签发请求书的可能性。实际上，解释报告的观点指向的情况为，在请求国根本没有司法程序（或诉讼）——无论是已经开始或即将开始。因此，假如请求国某机关为本国另一机关的程序签发请求书，可能仅引发对该程序司法性质的调查，而无须调查签发请求书机关的司法性质。[⑨]

在《海牙取证公约》第二章中，请求国内程序的司法性质可能会由执行国的主管机关进

---

① See *Actes et documents de la Onzième session* (1968), Tome IV, *Obtention des preuves à l'étranger*, The Hague, Imprimerie Nationale, 1970, pp. 158-9. See also Hygh/Pocar Report, para. 179.

② 参见《海牙取证公约》第一条第 2 款。

③ 参见《海牙取证公约》第十五条至第十七条。

④ See HCCH, *Practical Handbook on the Operation of the Evidence Convention*, 3rd ed., The Hague, 2015, p. 35, para. 77.

⑤ See the *Arcalon* case.

⑥ 参见《海牙取证公约》第一条第 1 款。

⑦ See HCCH, *Practical Handbook on the Operation of the Evidence Convention*, 3rd ed., The Hague, 2015, p. 43.

⑧ See Explanatory Report on Convention of 18 March 1970 on the Taking of Evidence Abroad in Civil or Commercial Matters, para. 24.

⑨ See HCCH, *Practical Handbook on the Operation of the Evidence Convention*, 3rd ed., The Hague, 2015, p. 35, para. 78.

行审查,并由该机关决定是否对调取证据给予许可。[①]

《海牙取证公约》适用于所有类型的司法程序的所有阶段。因此,请求书取证可以为对抗式诉讼和非对抗式诉讼调取证据。对此,英格兰高等法院认为,《海牙取证公约》的目标之一就是,当"一方当事人与另一方当事人之间"产生诉讼时,对该诉讼民事性质的认定进行协助。然而,上述观点仅表明,《海牙取证公约》不适用于调查阶段(fact-finding investigations),但并不能因此推测《海牙取证公约》不适用于非对抗式诉讼。同时,公约可适用于诉讼程序的预备阶段直到判决后的阶段,当然也包括审理和宣判阶段。[②] 对此,在一起案件中,开曼群岛大法院认为,界定请求机关的诉讼程序是否适用《海牙取证公约》,不应仅狭隘地参考案件到达的阶段。在该案中,该法院确认《海牙取证公约》适用于诉讼程序判决后的调查阶段,因为请求机关仍然掌握着关于双方当事人重要事项的决定权。[③] 在美国的一起案件中,[④]俄勒冈州上诉法院认为,《海牙取证公约》可以适用于法院对管辖权事实(jurisdictional facts)[⑤]的调查阶段,以确立对特定案件的对人管辖权(personal jurisdiction)[⑥]。随后,《海牙取证公约》对法院管辖权事实调查阶段的适用就被美国上诉法院第三巡回法庭予以确认。[⑦]

(二)"已经开始或即将开始"

如前所述,请求书可以用来调取准备用于已经开始(详见下文"已经开始")或即将开始(详见下文"即将开始")的司法程序的证据;领事、特派员的取证方式则仅在司法程序"已经开始"(不用于即将开始的司法程序,详见下文"已经开始")的情况下适用。对此,澳大利亚新南威尔士州上诉法院在一起案件中,强调了上述观点,即《海牙取证公约》第二章(领事、特派员的取证方式)应严格执行在"已经开始的司法程序下适用"的原则。[⑧]

1."已经开始"

无论是《海牙取证公约》还是解释报告,均未具体解释司法程序何时为"已经开始",但是,它却与相关司法机关受理(seized)的时间有关[从这个意义上说,即成为由该司法机关审理的悬而未决(pending)的诉讼程序]。[⑨] 因此,解释报告已将"悬而未决(pending)"与"已经开始(commenced)"交替运用。同时,至少有一个缔约国(瑞士)将"已经开始的程序

① See HCCH, *Practical Handbook on the Operation of the Evidence Convention*, 3rd ed., The Hague, 2015, p. 35, para. 79.

② See *Re Int'l Power Industries N. V.* [1985] BCLC 128.

③ See *Voluntary Purchasing Group, Inc. v. Insurco Int'l Ltd* [1994-95] CILR 84, 93-4.

④ See *Geo-Culture, Inc v. Siam Investment Management S. A.*, 936 P. 2d 1063.

⑤ "jurisdictional facts"翻译参见周云帆:《对行政裁量权的司法审查》,载《暨南学报(哲学社会科学版)》,2002 年第 4 期。

⑥ "personal jurisdiction"翻译参见王学棉:《美国民事诉讼管辖权探究——兼论对 Personal Jurisdiction 的翻译》,载《比较法研究》,2012 年第 5 期。

⑦ See *In re Automotive Refinishing Paint Antitrust Litigation*, 358 F. 3d 288 (3d Cir. 2004).

⑧ See *Indochina Medical Co. Pty Ltd v. Nicolai* [2013] NSWCA 436 (17 December 2013).

⑨ See HCCH, *Practical Handbook on the Operation of the Evidence Convention*, 3rd ed., The Hague, 2015, p. 36, para 82.

(commenced proceedings)"与"诉讼未决(litispendence)"[①]联系在一起。[②] 特委会认为,"已经开始"一词应在《海牙取证公约》第一章和第二章之中给予一个统一的解释。[③] 但是,在实践中,关于司法程序何时为"已经开始",并未引发太多争议。2008年调查问卷专门就此对各国进行调查,仅有一个国家(澳大利亚)的有关机关就请求国司法程序是否"已经开始或即将开始"寻求详细说明。其余国家均表示,无论是《海牙取证公约》第一章还是第二章,对于"已经开始"一词,到目前为止,并未在实践中引发困难或障碍。[④]

某诉讼是否"已经开始",应由请求国法律决定。海牙国际私法会议其他领域的工作报告曾经提到,[⑤]许多国家域内法对于诉讼程序何时才视作被"司法机关受理",规定大相径庭。一些国家认为,只有相关文件已送达被告或者被告已被适当地通知后,诉讼程序才视作被司法机关受理。另一些国家则认为,只要起诉文件被送交法院登记立案,或者在立案前要求提前通知的国家只要起诉文件被移交到负责将文件送达法院的个人或机关处,即为被"司法机关受理"。[⑥]

2."即将开始"

《海牙取证公约》并未具体解释司法程序何时为"即将开始"。

一方面,无论是解释报告,还是后续的实践,均表明对于"即将开始的司法程序"的引用,意在包含证据保全的请求。[⑦] 如此看来,重点似乎已不在"即将开始"的解释,而在于一国域内法设定的关于证据保全的条件是否被满足。那么,究竟应适用哪国域内法呢? Ristau B认为,当某请求国为了证据保全而签发请求书,理由是该请求已满足其域内法关于证据保全的条件,然而,被请求国可能并不会因此重新审查并认可该请求书的"正当性",或者为了该请求书得以被执行而坚持认为其域内法关于证据保全的条件也同样被满足。[⑧] 瑞士苏黎世州最高法院也持相似观点,该法院认为调查请求国诉讼程序从"即将开始"真正转化为"已经开始"的大门并不向被请求国敞开,因此,被请求国也不必绞尽脑汁地去考虑应适用请求国域内法还是被请求国域内法。[⑨] 综上所述,假如某项保全措施不被被请求国域内法认可,则该措施可被视为"特殊方式或程序";[⑩]假如根据被请求国域内法,该措施的执行不属于被请

---

① "litispendence"翻译参见马琳:《国际民事诉讼中的诉讼期间——外国未决诉讼的法律效力》,载《法学评论》,1993年第2期。

② See HCCH, Responses to question 19 of the 2008 Questionnaire, available at :〈https://www.hcch.net/en/publications-and-studies/details4/? pid=4457&dtid=33〉[last consulted on 12 April 2019].

③ See C&R No 48 of the 2009 SC.

④ See HCCH, Responses to questions 20-1 of the 2008 Questionnaire, available at :〈https://www.hcch.net/en/publications-and-studies/details4/? pid=4457&dtid=33〉[last consulted on 13 April 2019].

⑤ See the Hygh/Pocar Report, para 263-4.

⑥ See HCCH, Practical Handbook on the Operation of the Evidence Convention, 3rd ed., The Hague, 2015, p. 36, para 83.

⑦ See Explanatory Report on Convention of 18 March 1970 on the Taking of Evidence Abroad in Civil or Commercial Matters, para. 26. See also *e.g.*, Art. 145 of the *Code of Civil Procedure* of France, or § 485(1) of the *Code of Civil Procedure* of Germany, or the "Anton Piller" order (*Anton Piller K.G. v. Manufacturing Process Ltd* [1976] 1 All ER 779).

⑧ See Ristau B, *International Judicial Assistance* (*Civil and Commercial*), International Law Institute, Georgetown University Centre, Washington, D.C., 2000 Revision, § 5-1-4(4).

⑨ See Supreme Court of the Canton of Zurich (Switzerland), 16 November 2004, No NV040009.

⑩ 参见《海牙取证公约》第九条第2款。

求国司法机关的职权范围，该请求书可能会被拒绝执行。①

另一方面，许多国家的做法显示，除了证据保全，在诉讼程序开始前请求调取证据也可能包含其他目的。比如，法国会启动 Référé préventif ou probatoire，即“诉前证据紧急措施”②来决定是否存在法律纠纷；根据荷兰《民事诉讼法典》第 186 条的规定，为了获取信息以决定是否启动诉讼程序，可提前调取证据。③ 在这些做法中，诉讼程序是否“即将开始”只是一个事实问题并应该做扩大解释，而无须探究欲起诉当事人的实际心态。对此，英格兰与威尔士民事诉讼规则“白皮书”曾经认为，“即将开始”并非仅要求诉讼程序的启动可能存在，而应该是“迫在眉睫”，诉讼程序的启动不应只到达审查或权衡的阶段，而应该即将发生。④ 但是，此观点因过于狭隘随后被中国香港特别行政区上诉法院驳回，该法院同时认为，“即将开始”一词应回归原意，即“较有可能发生，而不是仅存在某种可能性”，并且有“大量而令人信服的”证据以表明该调取证据的请求不是为了“无法启动”的诉讼。⑤ 美国联邦最高法院也将“即将开始”的诉讼与“迫在眉睫”（很有可能且很快会发生）的诉讼区分开来。⑥

值得注意的是，特委会报告指出，请求书以审判前文件开示为目的的，其签发的时间“一向”为请求国诉讼程序“已经开始”之后。⑦

第二节 《海牙取证公约》请求书取证

一、请求书的准备

（一）请求书的签发

请求书由请求国司法机关根据请求国法律规定签发，用以调取证据或履行某些其他司法行为。⑧

1. 由司法机关签发

《海牙取证公约》并未定义“司法机关”一词，但明确表示，各种类型与各个级别的法院均

① 参见《海牙取证公约》第十二条第 1 款第 1 项。

② “Référé préventif ou probatoire”翻译参见王艳：《法国商事紧急审理程序及司法适用》，载《河北法学》，2015 年第 1 期。

③ See Kennett W, “The Production of Evidence within the European Community”, (1993) 56 (3) *Mod. L. Rev.* 342, p. 342. See also Hess B, “Preservation and Taking of Evidence in Cross-Border Proceedings—Comparative Remarks in the Context of IP Litigation”, in A. Nuyts (ed.), *International Litigation in Intellectual Property and Information Technology*, Alphen aan den Rijn, Kluwer Law International, 2008, p. 292.

④ See *The White Book Service* 1993: *Civil Procedure*, Vol. 1, 1993, p, 1206, para. 70/1-6/3.

⑤ See *Camaro Trading Co. Ltd v. Nissei Sangyo America Ltd* [1994] 3 HKC 94.

⑥ See *Intel Corp. v. Advanced Micro Devices, Inc.*, 542 US 241 (2004).

⑦ See C&R No 31 of the 2003 SC.

⑧ 参见《海牙取证公约》第一条第 1 款。

在此列。[①] 解释报告显示，"司法机关"应能对手头的案件行使裁判职能。[②] 因此，根据Ristau B的观点，立法部门和行政机构即不属于《海牙取证公约》规定的"司法机关"。[③] 开曼群岛大法院也认为，从制定《海牙取证公约》的目的上看，立法部门不属于"司法机关"。[④] 对于解释报告的观点，特委会表示赞同并补充，请求书签发机关的名称并不对某机关是否为"司法机关"起决定性作用。[⑤] 请求书签发机关的性质应由请求国国内法决定，[⑥]该法可能会赋予某些法院以外的机关以裁判的职能（如在特定案件中赋予公证机关以裁判的职能并允许其签发请求书进行域外取证）。[⑦]

实践表明，一些国家的中央机关会"自由地"（liberally）解读"司法机关"一词。[⑧] 假如对请求书是否由"司法机关"签发存在疑问，被请求国负责审查该事项的机关（如中央机关或被请求机关）可联系请求国中央机关以确认签发机关的性质。[⑨]

"司法机关"不包括个人及仲裁庭，但可能包含行政法庭。

第一，"司法机关"不包括个人（如律师）。虽然在起草《海牙取证公约》的过程中，把个人排除在"司法机关"之外的意图并不明显。但事实上，从与《海牙送达公约》的比较中可以发现，《海牙送达公约》允许律师签发请求书，其表述为"机关和司法助理人员"（authority and judicial officer），而《海牙取证公约》则没有"司法助理人员"的表述。因此，《海牙取证公约》项下的请求书不能由个人签发。此规定也为瑞士联邦司法局所采纳，即司法协助的请求必须由机关签发，而不能由个人签发，如律师。[⑩] 然而，上述个人可以参与到请求书的准备与递送工作中。事实上，在许多国家，请求书大多由律师起草，后交由请求机关批准、签发以及备案。在此情况下，请求书不应以其并非由司法机关签发为由被拒绝执行，即使请求机关对该请求书未做任何修改。在开曼群岛大法院审理的一起案件中，[⑪]某观点认为，某请求书系由当事人起草，并且仅由签发机关（在未经审查的情况下）盖章批准（rubber-stamped）。该法院驳斥了这个观点，并查明签发机关对该请求书的合法性进行了审查和签发，而非对当事人的请求进行简单传递。

---

① 此观点参考了《外国民商事判决承认和执行公约》（以下简称《执行公约》）解释报告，第365页。

② See Explanatory Report on Convention of 18 March 1970 on the Taking of Evidence Abroad in Civil or Commercial Matters, para. 254-5.

③ See Ristau B, *International Judicial Assistance (Civil and Commercial)*, International Law Institute, Georgetown University Centre, Washington, D. C., 2000 Revision, § 5-1-4(2).

④ See *Re Dunne's Payments* [1997] CILR 330.

⑤ See Report of the 1985 SC, Part Ⅰ, § 1(B). See also McClean D. *International Co-operation in Civil and Criminal Matters*, 3rd ed., Oxford, Oxford University Press, 2012, p. 91;. Chatin L, "Régime des commissions rogatoires internationals de droit privé", *Rev. crit. d.i.p.*, Paris, éditions Sirey, 1977, p. 615.

⑥ See *Re Dunne's Payments* [1997] CILR 330(Grand Court of Cayman Islands); *Re Imacu* [1989] JLR 17(Royal Court of Jersey).

⑦ See HCCH, Practical Handbook on the Operation of the Evidence Convention, 3rd ed., The Hague, 2015, p. 39.

⑧ See Report of the 1985 SC, Part Ⅰ, § 1(B).

⑨ See Report of the 1985 SC, p. 40, para 90.

⑩ See *Guidelines on International Judicial Assistance in Civil Matters*, 3rd ed., Berne, January 2013, p. 21.

⑪ See *Re Request from the Sandefjord Court* [2001] CILR 322.

第二，"司法机关"不包括仲裁机构。这已被解释报告[①]和至少一个缔约国法院[②]确认。然而，仲裁机构在特定情况下仍可能寻求适用《海牙取证公约》。假如位于某缔约国的个人或实体(包括仲裁机构)并不属于"司法机关"，其仍有可能向该国司法机关就签发请求书事宜寻求协助。根据《海牙取证公约》第一条第1款规定，个人或实体是否可以申请签发请求书，应由请求国法律规定。在澳大利亚，法院仅有权为由法院审理的诉讼签发请求书。[③] 相反，在瑞士，有案例显示，相关请求书应仲裁机构的申请而签发。[④] 在中国香港特别行政区，高等法院原讼法庭认可了为仲裁程序调取证据的请求书，只不过由于其他原因最终仍然拒绝了该请求书的执行。[⑤] 在1985年特委会会议上，来自北欧和美国的专家指出，根据他们国家的法律规定，法院可以为仲裁程序就域外证据的获取提供协助。[⑥] 爱沙尼亚和中国澳门特别行政区也在调查问卷中报告了类似举措。[⑦] 上述为仲裁程序提供的"变通方案"(workaround)得到了特委会的高度认可。[⑧] 需要说明的是，《海牙取证公约》第二十七条第2款的规定为该方案预留了空间，只不过其将不适用公约第一章的规定。[⑨]

第三，"司法机关"可能包含特定的行政机关。解释报告显示，公约的起草者们并未就依法做出裁判的行政机关(administrative tribunals)[⑩]是否应该归为"司法机关"达成一致意见，因为此类机关会因各国不同的法律体系而导致不同的权力来源和功能职责。[①] 因此，在考察每个案例时，必须参照请求国的法律规定，特别是该机关在处理案件的时候，是否行使裁判的职能。[⑪] 瑞士某州法院在一起智慧财产权纠纷案件中，就执行了由美国国际贸易委员会行政法官签发的请求书，尽管美国将国际贸易委员会定性为依法做出裁判的行政机关(administrative tribunals)。[⑫] 但是，有观点认为，在美国，证券交易委员会和联邦贸易委员会等行政机关，在进行证券违规或垄断行为的行政调查时，并不会行使审判职能。[⑬]

---

① See Explanatory Report on Convention of 18 March 1970 on the Taking of Evidence Abroad in Civil or Commercial Matters, para. 254.

② See *Viking Insurance Co. v. Rossdale* [2002] 1 Lloyd's Rep 219, at 222 [High Court of England (QB)].

③ See *e.g. Evidence on Commission Act* 1995 (NSW), ss 6 and 9.

④ See HCCH, Response of Switzerland to question 23 of the 2008 Questionnaire, available at :〈https://www.hcch.net/en/publications-and-studies/details4/?pid=4457&dtid=33〉[last consulted on 11 May 2019].

⑤ See *Primarius Capital LLC & Others v. Jayhawk Capital Management LLC* [2009] 4 HKLRD 58.

⑥ See Report of the 1985 SC, Part Ⅰ.

⑦ See HCCH, Responses to question 23 of the 2008 Questionnaire and question 7 of the 2003 Questionnaire, available at :〈https://www.hcch.net/en/publications-and-studies/details4/?pid=4457&dtid=33〉[last consulted on 11 May 2019].

⑧ See C&R No 23 of the 2003 SC.

⑨ See HCCH, Practical Handbook on the Operation of the Evidence Convention, 3rd ed., The Hague, 2015, p. 43, para 99.

⑩ "administrative tribunals"翻译参见段宏伟:《英国行政裁判所制度浅析》。

⑪ See HCCH, Practical Handbook on the Operation of the Evidence Convention, 3rd ed., The Hague, 2015, p. 41, para 94.

⑫ See the decision of the Presidium of the Cantonal Court of First Instance of Obwalden of 17 April 2013, No RH. 2013. 025. Ⅰ.

⑬ See American Bar Association, Section of Antitrust Law, *Obtaining Discovery Abroad*, 3rd ed., Chicago, ABA, 2005, p. 29.

2. 根据请求国法律签发

《海牙取证公约》并未对司法机关签发请求书规定独立的权力来源，也没有规定签发请求书的具体程序。根据《海牙取证公约》第一条第 1 款，上述事项留待请求国法律予以规定。[①] 有关请求书签发的条款一般规定在各国民事诉讼规则或法典之中。据此，请求国的法律一般会对以下事项做出规定。

第一，有权签发请求书的司法机关。在一些普通法国家和地区，签发请求书属于法院的固有权力（不需要成文法的授权）。这在英格兰、中国香港特别行政区以及美国的案例中均得以体现。[②] 但是，在澳大利亚，其联邦法院认为，签发请求书不属于法院的固有权力。因此，澳大利亚的法院只能根据成文法的授权进行请求书的签发。[③]

第二，签发请求书必须满足的条件。首先，在一些国家，证据与诉讼的相关性是签发请求书之前需要审查的首要条件。例如，荷兰最高法院就认为，根据荷兰法律，所需证据与诉讼没有相关性，请求书可能会被拒绝签发。[④] 在美国的一起案件中，某请求书的签发就遭到了质疑，原因是所需证据与诉讼没有相关性，且诉诸《海牙取证公约》会妨碍诉讼的进程。但是，主审法院依然支持该请求书的签发，并认为，所需证据与诉讼有明显的相关性，而且不应为了达到某种便利而忽略了该相关性。[⑤] 其次，公正性也是签发请求书的重要考虑。例如，新加坡《法庭规则》(*Rules of Court*)要求签发请求书必须实现公平正义，[⑥]新加坡高级法院也通过案例确认了此规则。[⑦] 最后，有些国家还会遵循"对等原则"，即签发送往国外请求书需满足的条件必须与执行外来请求书需满足的条件一致。[⑧]

第三，请求书是否仅可以调取特定类型的证据或者履行特定司法行为。在一些普通法国家和地区，对于司法机关是否有权签发仅调取文书证据的请求书存在质疑，尤其是当签发请求书的权力来源是成文法，而不是法院固有的时候。例如，在澳大利亚，签发请求书的权力来源是成文法，因此，该国联邦法院就在一起案件中认为，相关法条仅允许签发调取特定文书证据（该文书需要对证人证言的获得起辅助作用）的请求书。[⑨] 新南威尔士州最高法院同样质疑，自身是否有权根据相关法条签发仅调取文书证据的请求书，但最终该法院并未以

---

① 此观点也被荷兰最高法院与以色列最高法院的两起案例确认：See *X v. van Hartingsveld*, HR, 14 November 2003, *JOL* 2003, 582; *Israel Discount Bank v. Hassan*, S. Ct, 13 October 2010, No CA 8692/09.

② See *Panayiotou v. Sony Music Entertainment (UK) Ltd* [1994] 1 All ER 755 (England); *Kwan Chui Kwok Ying & Another v. Tao Wai Chun & Others* [2002] HKCA 304 (13 December 2002) (Hong Kong SAR); *In re Urethane Antitrust Litigation*, 267 F. R. D. 361 (D. Kan 2010) (United States).

③ See *Elna Australia Pty Ltd v. Int'l Computers (Aust) Pty Ltd* (1987) 14 FCR 461; *Allstate Life Insurance Co. v. Australia and New Zealand Banking Group Ltd* (1995) 133 ALR 667.

④ See *X v. van Hartingsveld*, HR, 14 November 2003, *JOL* 2003, 582.

⑤ See *Estate of Klieman v. Palestinian Authority*, 272 F. R. D. 253、259-60 (D. D. C. 2011).

⑥ See the *Rules of Court*, O. 39, r. 1.

⑦ See *Credit Suisse v. Lim Soon Fang Bryan* [2007] 3 SLR 414.

⑧ See *e.g.*, *Indochina Medical Co. Pty Ltd v. Nicolai* [2013] NSWCA 436 (17 December 2013)(Australia), *Re Lehman Re, Ltd* [2011] Bda LR 26(Bermuda), and *Charman v. Charman* [2006] 1 WLR 1053(Court of Appeal of England).

⑨ See *Elna Australia Pty Ltd v. Int'l Computers (Aust) Pty Ltd* (1987) 14 FCR 461.

此观点进行裁决。[①] 相反,在英格兰,签发请求书的权力是法院固有的,因此,英格兰高等法院可以签发仅调取文书证据的请求书。[②]

第四,能否对请求书的签发提出异议。根据 2008 年调查问卷显示,大多数国家都认为可以对请求书的签发提出异议。[③]

第五,关于签发请求书的程序问题:请求书的签发能否作为上诉的对象;请求书的签发是司法机关依职权或根据当事人的申请;请求书能否以电子的形式签发;请求书能否被修改或者重新签发。[④]

(二)请求书的内容

《海牙取证公约》对请求书应载明的事项做了若干规定,其中,某些事项适用于所有请求书,而某些事项则仅在“必要时”载明。[⑤] 同时,公约还规定,请求书还可以列明包括请求国法律规定的特权,以及关于执行请求书时当事人及其代理人的出席在内的附加内容。

《海牙取证公约》对请求书应载明事项做出的规定(第三条),体现了公约起草者心目中高效执行请求书的标准,[⑥]也体现了公约的一个总体考虑:请求书应足够具体(sufficiently substantiated)。[⑦] 因此,《海牙取证公约》第三条得到了许多国家的积极评价。荷兰最高法院就认为,《海牙取证公约》第三条的目的只有一个,就是将请求书所要进行司法行为的内容和目的明确地告知被请求国的司法机关。[⑧]瑞士苏黎世州最高法院也认为,《海牙取证公约》第三条第 1 款的规定(特别是第 3、4、6、7 项),保证了请求书足够具体,进而防止“钓鱼式取证”。[⑨] 此观点也得到了瑞士圣加仑州最高法院的支持。[⑩] 澳大利亚新南威尔士州最高法院同样得出结论,《海牙取证公约》第三条符合“欲调取证据的细节应在请求书中被合理披露”的观点,但是,该法院随后认为,上述观点不是执行请求书的先决条件。[⑪] 此外,德国杜塞尔多夫地区高级法院认为,《海牙取证公约》第三条拥有双重属性,原因在于,该条文对请求书的内容做了详细要求,树立了程序性和防护性的标准。[⑫]

《海牙取证公约》第三条第 1 款的规定仅是对请求书内容的最低要求,公约并不禁止请

---

① See *Gloucester (Sub-Holdings 1) Pty Ltd v. Chief Commissioner of State Revenue* [2013] NSWSC 1419 (26 September 2013).

② See *Panayiotou v. Sony Music Entertainment (UK) Ltd* [1994] 1 All ER 755.

③ See HCCH, Responses of the 2008 Questionnaire, available at :〈https://www.hcch.net/en/publications-and-studies/details4/? pid=4457&dtid=33〉[last consulted on 21 May 2019].

④ See HCCH, *Practical Handbook on the Operation of the Evidence Convention*, 3rd ed., The Hague, 2015, p. 43-44.

⑤ 参见《海牙取证公约》第三条第 1 款。

⑥ See Report of the 1968 SC, p. 58.

⑦ 如第二章第一节“钓鱼式取证”小节所述,假如请求书取证范围不足够具体而过于宽泛,可能会被拒绝执行。

⑧ See *News Int'l plc v. ABN Amro N.V.*, HR, 18 February 2000, *NJ* 2001, 259.

⑨ See ZR 101 (2002) No 84.

⑩ See the decision of Supreme Court of the Canton of St Gall, 26 October 2009, No RH. 2009. 104.

⑪ See *Re Jeld-Wen Inc.*, and *Pickles v. Gratzon* (2002) 55 NSWLR 533.

⑫ See No I-3 VA 2/11, at 59, 28 December 2011.

求机关在请求书上列明更多其他细节，以帮助执行。[①] 但是，假如请求书的内容不符合《海牙取证公约》第三条第1款的规定，该请求书可能会被拒绝执行。[②]

经过精心起草的请求书，对于取证行为的及时完成以及证据在请求国的有效运用至关重要。起草请求书时，应当考虑到请求书可能会被不熟悉请求国民事诉讼程序的机关或人员接收及执行。即使是被请求国中央机关的人员，也未必具备相应的法律素养。[③] 因此，请求机关(或者其他负责起草请求书的个人)应避免使用请求国内诉讼取证惯用的"标准程序(standard formulations)"。海牙国际私法会议常设局认为，请求书应尽可能使用易于理解、无复杂专业词汇的用语。因为，"术语(words of art)"[④]的使用可能会造成被请求国有关机关理解与翻译上的困难。[⑤] 因此，当事人可寻求被请求国律师的帮助，以起草更为完善的请求书。[⑥]

1. 必填信息

《海牙取证公约》第三条第1款第1～4项规定，所有请求书都必须载明以下内容：①请求机关；②被请求机关(如果请求机关知道)；③诉讼当事人及其代理人(如有)的姓名和地址；④需要证据的诉讼性质及有关的一切必要资料；⑤需要调取的证据或需履行的其他司法行为。

第一，请求机关。请求书必须载明请求机关，包括其名称和地址。海牙国际私法会议常设局同时建议，请求书应载明请求机关的电话号码和电子邮箱，便于与被请求机关涉及请求书执行的后续联系，如被请求国中央机关认为请求书不符合公约规定时的及时告知以及请求机关要求的对执行进度的实时跟踪等。[⑦]

第二，被请求机关。如果请求机关知晓被请求机关，则必须在请求书上载明。通常来说，请求机关不会知晓具体负责执行请求书的机关的名称。在此情况下，请求书则不必载明该机关，仅列明"××国有权机关"即可。假如请求书直接由请求国司法机关递送给被请求国司法机关，则在大多数情况下，请求机关会知晓该被请求机关的名称。[⑧]

第三，诉讼当事人及其代理人的姓名和地址。请求书必须载明诉讼双方当事人的姓名和地址，假如双方有代理人，则亦须载明该代理人的姓名和地址。在某些特殊情况下，仅有一方当事人出现在诉讼中，则仅须载明该当事人的姓名和地址。例如，请求书调取的证据用于"即将开始"的诉讼程序(详见第二章第一节中的"即将开始"部分)，请求书应某个司法机

---

① See HCCH, *Practical Handbook on the Operation of the Evidence Convention*, 3rd ed., The Hague, 2015, p.45.

② 参见《海牙取证公约》第五条。

③ See HCCH, *Practical Handbook on the Operation of the Evidence Convention*, 3rd ed., The Hague, 2015, p.46.

④ 请求国内司法实践惯用的专门用语。

⑤ 伊比利亚-美洲司法峰会同样认为，请求书应使用平实的语言：See "Guide to Good Practice for International Letters Rogatory in Civil Matters", Annex 3A to the *Ibero-American Protocol on International Judicial Co-operation*, part 1(j).

⑥ 此举已被开曼群岛大法院推崇：See *First American Corp v. Zayed* [2000] CILR 57, at 77.

⑦ See HCCH, *Practical Handbook on the Operation of the Evidence Convention*, 3rd ed., The Hague, 2015, p.47, para 110.

⑧ See HCCH, *Practical Handbook on the Operation of the Evidence Convention*, 3rd ed., The Hague, 2015, p.47, para 111.

关以外的个人或实体之申请而签发，[①]以及请求书在非对抗式的诉讼程序中签发。[②]《海牙取证公约》之所以对诉讼当事人及其代理人的信息提出完整性与精确性的要求，是因为当上述人员希望参与请求书的执行时，该信息就显得尤为重要。因为公约保障诉讼当事人及其代理人得到及时通知并参与请求书执行的权利。在此情况下，请求机关可能会要求被请求机关以电子邮件形式通知上述人员，以达到操作便利和防止延迟的效果。因此，请求书还应列明相关人员的电子邮箱地址。[③]

第四，诉讼的性质。请求书必须载明需要证据的诉讼性质及有关的一切必要资料。诉讼性质描述的详细程度取决于个案。Platto C 认为，诉讼性质的描述应当“中立、简明以及一语中的(to the point)”。[④] 换言之，关于诉讼性质的描述应力求达到以下效果：使不熟悉请求国司法实践的外国司法机关理解该请求的内容。因此，请求书模板提供了诸如“离婚(divorce)”“亲权(paternity)”“合同违约(breach of contract)”以及“产品责任(product liability)”等作为填写样本。[⑤]

特委会建议，请求书应列明有关案件起诉、答辩以及反诉的概况。[⑥] 但是，McClean D 认为，请求书不应成为“重演整个案情”的工具。[⑦] 同时，请求书应载明相关诉讼是否“已经开始”或“即将开始”。在请求书用以寻求审判前文件开示，且欲避免被请求国对诉讼阶段产生疑惑的情况下，上述信息显得尤为重要。需要重申的是，请求书以审判前文件开示为目的的，其签发的时间“一向”为请求国诉讼程序“已经开始”之后。[⑧] 假如诉讼阶段为“即将开始”，请求书应详述为诉讼的开始采取的措施。

详细地列明诉讼的性质往往能起到关键性作用，因其能使被请求机关确信，自身可在本国法律框架下拥有执行请求书的必要条件。[⑨] 在澳大利亚的一起案件中，一封来自瑞典，要求进行 DNA 测试的请求书被拒绝执行，原因是被请求机关获得关于诉讼性质的信息不足，根据澳大利亚法律，无法启动相关权限履行该司法行为。[⑩]

第五，需要调取的证据或需履行的其他司法行为。请求书必须清晰、准确地载明需要调

---

① See HCCH, *Practical Handbook on the Operation of the Evidence Convention*, 3rd ed., The Hague, 2015, p. 42, para 97.

② See HCCH, *Practical Handbook on the Operation of the Evidence Convention*, 3rd ed., The Hague, 2015, p. 35, para 80.

③ See *In re Baycol Products Litigation*, 348 F. Supp. 2d 1058 (D. Minn. 2004).

④ See Platto C, “Taking Evidence Abroad for Use in Civil Cases in the United States—A practical guide”, The International Lawyer, Vol. 16. 575.

⑤ See HCCH, Recommended Model Form, https://assets. hcch. net/docs/ee4f927c-1812-4d49-9ab3-1968a69c8e4d. pdf.

⑥ See Report of the 1985 SC, Part Ⅰ, § 2(C).

⑦ McClean D, *International Co-operation in Civil and Criminal Matters*, 3rd ed., Oxford, Oxford University Press, 2012, p. 94.

⑧ See C&R No 31 of the 2003 SC.

⑨ See HCCH, *Practical Handbook on the Operation of the Evidence Convention*, 3rd ed., The Hague, 2015, p. 49, para 118.

⑩ See *Secretary of the Attorney-General's Department & Evans and Norris* (2010) 245 FLR 381.

取的证据(如询问证人、检查文书或财产)或需履行的其他司法行为。[①] 如 McClean D 所述，请求书最重要的内容就是对所需的证据有清晰、特定的指向，[②]这确保了被请求机关对被请求事项了然于心。

此外，特委会还建议，请求书应载明需要调取的证据或需履行的司法行为与请求国诉讼之间的相关性。[③] 案例显示，这对避免请求书因涉嫌"钓鱼式取证"而被拒绝执行相当重要。在瑞士的一起案件中，联邦最高法院认为，无法详细说明需要调取的证据与请求国诉讼之间的相关性，可以成为认定该请求书涉嫌"钓鱼式取证"的一个要素。[④] 但是，英格兰高等法院却认为，即使缺少该相关性的说明，也不能仅凭此推断请求书以"钓鱼式取证"为目的。[⑤] 数个来自普通法法域的法院均认为，假如关于上述相关性的说明不够充分，他们会尝试协助补充以达到被请求机关的要求，证明该请求书并不以"钓鱼式取证"为目的。[②]在英格兰的一起案件中，上诉法院同意执行了某请求书，部分得益于请求方律师的说明："我方所需的对证人的询问仅是为了使证据获得法庭的采纳"。[⑥] 与此同时，美国某地区法院拒绝在请求书中做出"所需文件对相关诉讼的延续是必要的"的说明，原因是，在未对所需文件进行审查之前，无法断定所有获得的证据均与诉讼相关，或者被法庭采纳。[⑦] 需要说明的是，所需证据是否与请求国诉讼存在相关性，并非由被请求机关进行评估(该内容将在本章"不可作为拒绝执行之理由"中进行详细论述)。

2. 选填信息

《海牙取证公约》第三条第 1 款第 5～9 项还根据所需证据种类的不同，规定了请求书在必要时应特别载明的事项：①需询问的人的姓名和地址；②需向被询问人提出的问题或对需询问的事项的说明；③需检查的文书或其他财产，包括不动产或动产；④证据需经宣誓或确认的任何要求，以及应使用的任何特殊格式；⑤依公约第九条需采用的任何特殊方式或程序。

第一，需询问的人的姓名和地址。假如请求机关需要对某人进行询问，请求书必须载明该个人的全名和详细地址(而不能仅提供姓氏或者城镇名称等)。此规定的目的是便于被请求机关识别并通知该个人。同时，它还能帮助中央机关找到负责执行该请求书的机关(当询问个人是由该个人住所地有权机关负责时)，尤其是在联邦制国家。因此，在请求书上列明需询问个人的住所地址是较为可取的做法，而不是一个简单的邮政地址。此外，假如请求机关知道并载明个人的国籍、职业及生日，对进一步方便被请求机关对个人的识别，避免任何

---

① See Explanatory Report on Convention of 18 March 1970 on the Taking of Evidence Abroad in Civil or Commercial Matters, para. 58. See also the decision of the United States District Court for the District of Delaware in *Abbott Laboratories v. Impax Laboratories, Inc.*, No Civ. A. 03-120-KAJ, 2004 WL 1622223 (D. Del. 15 July 2004).

② See, *e.g.*, *First American Corp. v. Sheik Zayed Bin Sultan Al-Nahyan* [1998] 4 All ER 439 (High Court of England), *Prediwave Corp. & Another v. New World TMT Ltd* [2007] 4 HKC 207(Court of Appeal of the Hong Kong SAR), and *Gray 1 CPB, LLC v. Gulfstream Finance, Inc*, 17 February 2012, No 10 (Grand Court of the Cayman Islands).

③ See Report of the 1985 SC, Part Ⅰ, § 2(C).

④ See Federal Supreme Court of Switzerland, 21 December 2005, No 5P .267/2005, ATF 132 III 291.

⑤ See *Smith v. Philip Morris Companies, Inc.* [2006] EWHC 916 (QB).

⑥ See *Golden Eagle Refinery Co., Inc. v. Associated Int'l Insurance Co.* [1998] EWCA Civ. 293.

⑦ See *In re Baycol Products Litigation*, 348 F. Supp. 2d 1058 (D. Minn. 2004).

执行的延迟，将会很有帮助。①

虽然《海牙取证公约》第三条第 1 款第 5 项仅规定了询问证人时请求书需提供的信息，但是，考虑到实践中的情况，在需要检查文书时，请求书也应列明文书持有人的详细信息。②因为，某些被请求国的国内法可能会规定，文书的持有人需提供证言以证明文书的真实性。③在大多数情况下，提供上述信息并非难事。然而，当证据需要从法人（如某银行）处获取时，困难就可能随之出现，尤其是考虑到各国法律规定与司法实践的千差万别。在此情况下，请求机关便无法提供代表该法人提供证据的部门或该部门负责人的详细信息，其能做到的只有提供该法人的信息。在实践中，请求书一般都在缺少上述特定部门或该部门负责人详细信息的情况下签发，④而在许多国家，从国内法到被请求机关，也似乎接受了在缺少上述信息的情况下执行针对法人的请求。⑤ 因此，海牙国际私法会议建议，在向法人调取证据时，如果遇到有关该法人信息提供的疑问，请求机关或负责起草请求书的其他个人，应联系被请求国中央机关寻求帮助。⑥

值得注意的是，《海牙取证公约》第三条第 1 款第 5 项考虑到了一种可能性，即签发一封请求书询问多位证人（persons to be examined）。在实践中，假如需要询问多位证人，请求机关可能会选择签发一封请求书询问多位证人，或者选择为每一位需要询问的证人签发一封请求书。至于请求书具体应该如何签发以保证其高效地执行，则取决于请求机关。例如，美国国务院就建议，假如在域外取证时需要询问两位以上的证人，每一位证人需要签发一封请求书。⑦ 此外，在其他一些国家，当负责执行请求书的机关由证人的住所地决定时，询问多位证人可能就会涉及多个机关。虽然《海牙取证公约》第六条要求被请求机关将请求书及时转交有权执行的机关，但是，更加适宜的做法是，请求机关从一开始就为每一位需要询问的证人或每一个有权执行的机关（假如请求机关知道）签发一封请求书。⑧ 因此，海牙国际私法会议建议，如果就询问多位证人产生疑问，请求机关或负责起草请求书的其他个人，应联系被请求国中央机关以确认是否需要签发多封请求书。⑨

---

① See HCCH, *Practical Handbook on the Operation of the Evidence Convention*, 3rd ed., The Hague, 2015, p. 50, para 122.

② See HCCH, *Practical Handbook on the Operation of the Evidence Convention*, 3rd ed., The Hague, 2015, p. 51, para 123.

③ See HCCH, *Practical Handbook on the Operation of the Evidence Convention*, 3rd ed., The Hague, 2015, p. 82, para 214.

④ See *News Int'l plc v. ABN Amro N. V.*, HR, 18 February 2000, *NJ* 2001, 259 (Netherlands); *Re Application of Attorney General of New South Wales* [2013] NSWSC 807 (Australia); *BCI Finances Pty Ltd (in liq) v. Commissioner of Taxation* [2015] FCA 679 (Australia).

⑤ See the decision of 27 August 1996, *NIPR* 1997, No 269.

⑥ See HCCH, *Practical Handbook on the Operation of the Evidence Convention*, 3rd ed., The Hague, 2015, p. 51, para 124.

⑦ 〈http://travel.state.gov/content/travel/en/legal-considerations/judicial/obtaining-evidence/preparation-letters-rogatory.html〉[last consulted on 13 June 2019].

⑧ 当然，作为替代做法，被请求国中央机关可将询问多位证人的请求书进行复印，并转递到各有权执行的机关。但是，一些国家的有权机关会要求请求书加盖请求机关的原始印章。另一种替代做法是，请求机关签发电子形式的请求书（附电子印章）。

⑨ See HCCH, *Practical Handbook on the Operation of the Evidence Convention*, 3rd ed., The Hague, 2015, p. 52, para 125.

第二，需向被询问人提出的问题或对需询问的事项的说明。询问证人可以口头形式或书面形式进行，口头形式以回答询问官的提问形成言词证据，书面形式则需要填写问卷。[①]在实践中，被请求机关更希望请求书包含需提出问题的详细清单，问题应该以简明、清晰的方式列明，并应避免使用模糊或者不确定的概念。[②] 假如请求机关选择对需询问的事项进行说明，则同样需要做到清晰明了，并且"足够详细"，避免"过于宽泛"，以致"令人反感"及"难以接受"，[③]因为，请求书列明的内容是被请求机关了解请求国诉讼的最重要途径。假如请求机关对需询问事项的说明过于宽泛，该请求书有可能会涉嫌"钓鱼式取证"并被拒绝执行。[④]需询问事项的范围越大，需要列出的细节越多。因此，请求机关不应侥幸地认为，中央机关或被请求机关会对其认为范围过大的请求书进行修正。虽然，请求机关在请求书中选择对需询问的事项进行说明并不违反《海牙取证公约》，该请求书在一般情况下也不会被拒绝执行，但是，这种做法可能会导致执行的困难或延迟。所以，相较于选择对需询问的事项进行说明，更加适宜的做法是，在请求书中列明需提出问题的详细清单。[⑤]

然而，在请求书中列明需提出问题的详细清单并非在所有情况下皆可行，尤其是在复杂的诉讼中或询问证人是以"普通法模式"[⑥]进行。在雅培制药诉益邦制药[⑦]的案件中，该事项曾被美国特拉华州地区法院提及。该案中，原告对被告签发请求书的申请提出异议，原因是被告无法充分说明需要从证人处获取信息的范围。但是，法院驳回了该异议，并同意签发请求书，理由是证人有可能掌握大量其他有关信息，假如要求被告列明获取信息的详细范围，将明显不可行且会适得其反。

第三，需检查的文书或其他财产，包括不动产或动产。假如请求机关需要检查文书，请求书应对该文书进行特别说明，包括起草者、接收者、主要内容以及起草日期。[⑧] 同时，上文也提到，请求书也应列明文书持有人的详细信息。假如请求书以"审判前文件开示"为目的，请求机关应查明被请求国是否对《海牙取证公约》第二十三条做了保留。特委会认为，假如请求书中已"按照要求对需检查的文书进行详述或给予该文书以其他合理说明"，则《海牙取证公约》第二十三条不能被应用于拒绝执行该请求书。[⑨] 因此，海牙国际私法会议建议，请求机关应确保请求书对需检查的文书进行合理说明，以降低因《海牙取证公约》第二十三条被

---

① See Report of the 1968 SC, p. 59.

② See HCCH, Responses to question 36 of the 2008 Questionnaire, available at :〈https://www. hcch. net/en/publications-and-studies/details4/? pid=4457&dtid=33 〉[last consulted on 17 June 2019].

③ See *Pickles v. Gratzon* (2002) 55 NSWLR 533, *State of Minnesota v. Philip Morris, Inc.* [1998] I. L. Pr. 170, and *Metso Minerals, Inc. v. Powerscreen Int'l Distribution Ltd* [2008] NIMaster 55.

④ See *State of Minnesota v. Philip Morris, Inc.* [1998] I. L. Pr. 170; See also *First American Corp. v. Sheik Zayed Bin Sultan Al-Nahyan* [1998] 4 All ER 439.

⑤ See Report of the 1968 SC, p. 54, para 129.

⑥ See Platto C, "Taking Evidence Abroad for Use in Civil Cases in the United States—A practical guide", The International Lawyer, Vol. 16. 575.

⑦ See *Abbott Laboratories v. Impax Laboratories, Inc.*, No Civ. A. 03-120-KAJ, 2004 WL 1622223 (D. Del. 15 July 2004).

⑧ See Prescott D L & Alley E R, "Effective Evidence—Taking under the Hague Convention", The International Lawyer, Vol. 22. 939.

⑨ See C&R No 18 of the 2014 SC.

拒绝执行的风险。[①] 即使对于未对《海牙取证公约》第二十三条做出保留或者仅做出限制保留的国家，请求书也应避免在请求检查文书时使用范围过大的用语，特别是"某一类文书的任何或所有文件"等用语。[②]

第四，证据需经宣誓或确认的任何要求，以及应使用的任何特殊格式。在许多国家，言词证据的取得需经过宣誓或确认，[③]但是，宣誓或确认的形式千差万别。假如请求机关希望证据的取得经过宣誓或确认，应在请求书中予以说明。假如请求机关要求以特殊形式进行宣誓（如使用特定用语、特定主持人或以请求国法律规定的形式），也应在请求书中予以说明。证据需经宣誓或确认的要求或者特殊形式的要求，均属"特殊程序"，应根据《海牙取证公约》第九条第 2 款调整。[④] 为了避免因上述要求无法执行而造成的延误，请求书应说明证据是否可以依照被请求国国内法规定的程序调取。

第五，需采用的任何特殊方式或程序。《海牙取证公约》的一般规则是，请求书的执行应适用被请求国法律规定的方式和程序。但是，除去公约规定的例外情况，被请求机关应采纳请求机关提出的采用特殊方式或程序的请求。[⑤] 为了更好地实行该规则，请求机关应在需要时于请求书中列明上述请求。为了避免执行的延误，请求机关应清晰地列明需采用的特殊方式或程序，包括摘录请求国相关法律或操作指引，并将其翻译成被请求国的官方语言。[⑥]

3. 关于特权

《海牙取证公约》第十一条包含拒绝作证的特权或义务的相关规则。该条文第 1 款第 2 项规定，有关人员可以根据请求国法律援引某项特权或义务拒绝作证，前提是该项特权或义务已在请求书中列明，或应被请求机关的要求，已经请求机关另行确认。换言之，假如请求机关希望有关人员能根据本国法律援引某项特权或义务以拒绝作证，就必须在请求书中列明该项特权或义务，以确保其在执行请求书的过程中为被请求机关所认可。[⑦] 为了避免执行的延误，请求机关应清晰地列明需援引的特权或义务，包括摘录请求国的相关法律，并将其翻译成被请求国的官方语言。[⑧]

4. 关于当事人及其代理人的出席

《海牙取证公约》第七条规定，当事人及其代理人可以在执行请求书时出席，并有权得到关于执行时间与地点的通知。但是，该通知需要请求机关提出请求方可发出。因此，假如当事人及其代理人希望在执行请求书时出席，请求书中应做出明确声明。同时，请求机关也可

---

① See HCCH, *Practical Handbook on the Operation of the Evidence Convention*, 3rd ed., The Hague, 2015, p. 55, para 133.

② See *Kia Motors America, Inc. v. Autoworks Distributing*, 2007 WL 4372949 (D. Minn. 27 September 2007).

③ See HCCH, Responses to question 49 of the 2008 Questionnaire, available at :〈https://www.hcch.net/en/publications-and-studies/details4/?pid=4457&dtid=33〉[last consulted on 19 June 2019].

④ "Questionnaire on the Taking of Evidence Abroad—Annex II: Memorandum of the United States with respect to the Revision of Chapter II of the 1954 Convention on Civil Procedure", Prel. Doc. No 1 of November 1967, in *Actes et documents de la Onzième session* (1968), Tome IV, *Obtention des preuves à l'étranger*, The Hague, Imprimerie Nationale, 1970, p. 159.

⑤ 参见《海牙取证公约》第九条第 1 款、第 2 款。

⑥ See Report of the 1989 SC, para. 39.

⑦ See HCCH, *Practical Handbook on the Operation of the Evidence Convention*, 3rd ed., The Hague, 2015, p. 57, para 140.

⑧ See Report of the 1989 SC, para. 42.

以要求上述通知直接送交当事人或其代理人。此外，假如当事人及其代理人希望在执行请求书时进行视频连线，也应做出说明。①

（三）请求书的形式

1. 模板

为了公约有效运行，海牙国际私法会议特别委员会推荐使用由其起草的请求书模板。②同时，只要内容符合《海牙取证公约》第三条规定，公约并不反对成员国使用其他形式的请求书，包括适用于双边或区际领域的取证，或者进行适当修改。在实践中，许多国家的请求机关对请求书的形式都有自己的要求。在一些国家，其国内法还会规定域外取证时必须使用的请求书特定形式。比如，新加坡《法庭规则》就规定，名为“域外证人询问请求书(Letter of Request for Examination of Witness Out of Jurisdiction)”，必须具备域外取证请求书的标准格式。③

2. 电子请求书

《海牙取证公约》达成时，请求书还是以纸质的形式出现，并以传统方式由请求国传递到被请求国。然而，特委会亦接受公约在科技不断发展的环境下运行，包括以电子形式传递和执行请求书。同时，特委会还指出，无论是公约精神还是条文，都不阻止科技手段的应用。而且，科技的应用还会促进公约的运行，④为请求书的传递带来更多便利，为请求书的执行带来更高效率。⑤ 在 2008 年调查问卷、2013 年调查问卷与 2019 年调查问卷中，分别有约 1/3、约 1/4 与约 1/2 的成员国表示接受电子请求书，尽管当中有成员国认为仍然需要附带纸质版本。虽然，根据 2013 年调查问卷，只有少数成员国表示在实践中以电子形式收发请求书，但是，根据 2019 年调查问卷，在实践中采取上述做法的成员国数量有所上升(约 1/4)。

假如请求机关希望签发电子请求书(如以 PDF 格式)，应咨询被请求国中央机关是否接受该形式。在一些国家，即使中央机关接受电子请求书，执行机关或被请求机关也未必接受，其可能依然要求使用纸质版本的请求书。在此情况下，其一，中央机关可将电子请求书打印并递送至被请求机关；其二，假如被请求机关要求请求书为纸质版本且必须加盖请求机关印章，则中央机关须通知请求机关重新签发请求书。⑥

尽管中央机关并不会使用认证或其他相似程序来确认请求书的真实性，⑦《海牙取证公约》也并未规定请求书必须使用某种特定格式，但是，请求机关也应考虑在必要时于请求书

---

① See Report of the 1989 SC, para 141.

② See C&R No 12 of the 2014 SC. See also C&R No 54 of the 2009 SC. 请求书模板参见〈https://assets.hcch.net/docs/ee4f927c-1812-4d49-9ab3-1968a69c8e4d.pdf〉.

③ See *Rules of Court*, Order 39, r. 3(2), and Appendix A, Form 76(Singapore).

④ See C&R No 4 of the 2003 SC.

⑤ See C&R No 39 of the 2014 SC.

⑥ See HCCH, *Practical Handbook on the Operation of the Evidence Convention*, 3rd ed., The Hague, 2015, p. 59, note 265.

⑦ See HCCH, *Practical Handbook on the Operation of the Evidence Convention*, 3rd ed., The Hague, 2015, p. 64, para 163.

中使用电子印章，以便被请求机关能顺利识别。[①]

3. 附件的使用

《海牙取证公约》并未对附件的使用做出规定，但是，公约起草者反对实践中请求书以多个文件（如卷宗）的形式进行递送。[②] 根据调取证据性质的不同，可将需要向证人提出的问题或需检查的文件清单列于附件上，而非直接列在请求书中。必要时，可适量添加附件，便于请求书的顺利执行。比如，当需要询问某个文件的持有人时，该持有人的信息便可作为请求书的附件进行递送。[③]

此外，附件应被清晰地标识，并牢固地附着于请求书主体部分。假如使用电子请求书，相关附件也应合理地统一发送，如请求书与附件发送于同一封电子邮件中或请求书与附件制作于同一个 PDF 文档中。[④]

（四）请求书的文字（译文）

《海牙取证公约》对请求书使用的文字（包括译文）做了若干规定，[⑤]该规定也同样适用于附件。作为请求书不可或缺的一部分，包含译文的附件能极大地缩减翻译的支出。[⑥] 假如不符合上述规定，请求书可能会被拒绝执行。[⑦]

1. 一般规则

《海牙取证公约》第四条第 1 款中对请求书使用文字（包括译文）的一般规则是，请求书应以被请求执行机关的文字做成或附该种文字的译文。

2. 对一般规则的修改

《海牙取证公约》第四条第 2～4 款规定了对一般规则的修改：①缔约国应该接受以英文或法文做成或附其中任何一种文字译文的请求书，除非缔约国已根据第三十三条第 1 款提出保留；②假如被请求国已根据第四条第 3 款与第三十三条第 1 款分别提出声明和保留，则请求书应使用该国特定区域的文字或译文；③假如被请求国已根据第四条第 4 款提出声明，或该国国内法律及实践允许，则请求书可使用其他文字。

第一，英文或法文的使用。根据《海牙取证公约》第四条第 2 款的规定，请求书可使用（或翻译成）英文或法文，除非被请求国已根据第三十三条第 1 款提出保留。大多数缔约国都对此提出了保留。其中，有些国家仅对其中一种语言（英语或法语）提出保留，由此带来的

---

① See, *e.g.*, Art 202 § 3· of the *Code of Civil Procedure* of Brazil.

② See Explanatory Report on Convention of 18 March 1970 on the Taking of Evidence Abroad in Civil or Commercial Matters, para. 61.

③ See HCCH, *Practical Handbook on the Operation of the Evidence Convention*, 3rd ed., The Hague, 2015, p. 60, para 148.

④ See HCCH, *Apostille Handbook: A Handbook on the Operation of the Apostille Convention*, The Hague, 2013, p. 63.

⑤ 参见《海牙取证公约》第四条。

⑥ See HCCH, Responses to question 66 of the 2008 Questionnaire, available at :〈https://www.hcch.net/en/publications-and-studies/details4/?pid=4457&dtid=33〉[last consulted on 27 June 2019]. See also Ristau B, *International Judicial Assistance (Civil and Commercial)*, International Law Institute, Georgetown University Centre, Washington, D. C., 2000 Revision, § 5-17.

⑦ 参见《海牙取证公约》第五条。

效果是，请求书仍应使用（或翻译成）未提出保留的语言。①

第二，一国特定区域文字的使用。根据《海牙取证公约》第四条第3款的规定，假如一国拥有多种官方文字，则该国可以声明，请求书应使用该国特定区域的文字或译文。缔约国中，仅有瑞士和中国对此提出了声明。然而，上述声明仅是对一般规则（《海牙取证公约》第四条第1款）的修改，并未对《海牙取证公约》第四条第2款产生修改的效果，即请求书仍可使用（或翻译成）英文或法文。因此，假如某被请求国欲使来自外国的请求书“完全地”使用该国特定区域的文字或译文，则须根据《海牙取证公约》第四条第3款提出声明，并对第三十三条第1款提出保留。②

假如请求国无正当理由而未能遵守被请求国根据《海牙取证公约》第四条第3款提出的声明，该请求国须负担译成所需文字的费用。被请求国中央机关可要求请求机关提供相关译文。③

第三，其他文字的使用。《海牙取证公约》第四条第4款规定，缔约国可以声明，送交其中央机关的请求书可以使用其他文字。但是，在实践中只有少数国家提出该声明。例如，荷兰就声明，其接受使用德文的请求书或附有德文的译文；瑞典声明，其接受使用丹麦文和挪威文的请求书；卢森堡也声明，其接受使用德文的请求书。当然，《海牙取证公约》第二十七条中允许被请求国根据其国内法律或惯例，对语言的使用作出更少限制。

二、请求书的执行

（一）一般规则

请求书执行的一般规则如下：①请求书应根据被请求国国内法，由具有相关权限的司法机关（被请求机关）执行；②执行时，被请求机关应适用其本国法规定的方式和程序；③除少数情况外，被请求机关应采纳请求机关提出的采用特殊方式或程序的请求；④在对询问证人或检查文件采取强制措施，以及援引特权或义务拒绝作证时，被请求机关应适用其本国法的规定；⑤被请求国应在特定情况下，遵守请求国或第三国法律规定可拒绝作证的特权或义务；⑥如请求机关提出请求，有关当事人及其代理人可以出席执行请求书的司法程序，在特定情况下，请求机关的司法人员也可以出席。④

（二）被请求国

1. 由“司法机关”执行

按照《海牙取证公约》最初的设想，请求书应由被请求国“司法机关”执行。然而，1978年特委会会议对“司法机关（judicial authority）”的界定进行了讨论，并指出，公约涉及执行

---

① See HCCH, *Practical Handbook on the Operation of the Evidence Convention*, 3rd ed., The Hague, 2015, p. 61, para 153.

② See HCCH, *Practical Handbook on the Operation of the Evidence Convention*, 3rd ed., The Hague, 2015, p. 62, para 155.

③ See HCCH, Responses to question 67 of the 2008 Questionnaire, available at:〈https://www.hcch.net/en/publications-and-studies/details4/?pid=4457&dtid=33〉[last consulted on 1 July 2019].

④ 参见《海牙取证公约》第七至十一条。

的条文仅提出了"主管机关(competent authority)"的概念,而非"司法机关"。[①] 经过长时间讨论,特委会总结出了"折中方案",即"被请求机关"不但包括被请求国的法院和法官,还包括"根据被请求国法律,在特定案件中被赋予司法机关属性的个人",具体包括以下内容:法院指定的询问官、公证人以及法律从业者。[②]

2. 执行请求书的权限

有权执行请求书的机关,一般由被请求国国内法决定。在大多数国家,请求书由法官、地方法官以及其他司法官员负责执行。[③] 在一些普通法国家,请求书通常由法院指定的询问官执行,而该询问官一般由(非公务人员的)法律从业者担任。[④] 在美国,请求书由司法部(美国的中央机关)旗下的律师负责执行。而在其他一些国家,负责执行请求书的主管机关则由地域决定(由证人、文件或财产所在地主管机关负责执行)。[⑤]

值得注意的是,法院指定的询问官只有在征得请求机关的同意后方可指派。[⑥] 虽然《海牙取证公约》第十四条第3款主要是对费用做出规定,但其首句却起到了限制被请求机关对询问官之指派权的效果。然而,对于上述将征得请求机关同意作为前置条件的做法,在特定情况下,显得更为重要。该情况是,证据用于某请求国诉讼中,其国内法规定,证据必须由法官调取,而不能由双方当事人调取。该前置条件的设置,保证了在被请求国获取的证据可以有效地应用于请求国诉讼,从而突出了《海牙取证公约》作为不同法律制度之间沟通桥梁的重要作用。[⑦] 此外,假如被请求机关希望请求机关偿付指派询问官产生的费用,应在征求请求机关的同意时,说明采用这一程序产生的大致费用。[⑤]

(三)方式与程序

执行请求书时,被请求机关适用本国法律(被请求国法律)规定的方式和程序。但是,除少数情况外,被请求机关应采纳请求机关提出的采用特殊方式或程序的请求。

1. 根据被请求国法律规定的方式与程序

根据被请求国法律规定的方式与程序执行请求书是《海牙取证公约》的一般规则(第九条第1款)。具体的方式与程序一般规定在被请求国的民事诉讼法典(规则)或特定的证据法规之中。该方式与程序有可能是为涉外取证专门制定的,也有可能仅是参照适用于无涉外因素之国内诉讼的方式与程序。例如,在荷兰,最高法院就确认,请求书应根据本国《民事

---

① 参见《海牙取证公约》第一条、第二条第1款和第六条。在实践中,有权执行请求书的机关的范围也要比有权签发请求书的机关的范围大:See HCCH, *Practical Handbook on the Operation of the Evidence Convention*, 3rd ed., The Hague, 2015, p.79, para 209.

② See Report of the 1978 SC, § 5.

③ See HCCH, Responses to question 44 of the 2008 Questionnaire, available at:〈https://www.hcch.net/en/publications-and-studies/details4/?pid=4457&dtid=33〉[last consulted on 4 July 2019].

④ See Explanatory Report on Convention of 18 March 1970 on the Taking of Evidence Abroad in Civil or Commercial Matters, para. 146.

⑤ See HCCH, *Practical Handbook on the Operation of the Evidence Convention*, 3rd ed., The Hague, 2015, p.79, para 207.

⑥ 参见《海牙取证公约》第十四条第3款。

⑦ See C&R No 27 of the 2003 SC.

诉讼法典》(该法典适用于国内诉讼)执行。[①]

被请求国法律规定的方式与程序可决定以下事项:①请求书的执行是被请求机关自行启动或是须向中央机关申请,还是由诉讼当事人亲自进行;②请求书的执行能否被质疑;[②]③需通知的个人以及通知的方式;④询问证人的方式;⑤检查文书或其他财产的方式(包括是否能调取电子证据)。[③]

其中,关于询问证人的方式与程序,各国不尽相同,表现在以下方面:①询问程序的安排;②询问证人的地点;③通知证人的方式;④问题是否为证人预先提供;⑤证人须为询问程序做的准备工作;⑥证人是否需要宣誓以及如何宣誓;⑦主持询问程序的人员,如法官或当事人的代表;⑧询问的方式,如交叉询问或连续发问;⑨询问的语言以及翻译的使用;⑩证人是否能被依法代理;⑪证人是否能以视频连线方式作证以及视频连线如何建立;⑫证言保存的方式,如证词或宣誓书;⑬询问程序是否公开;⑭证人是否对逮捕及传唤豁免。[④]

关于检查文书的方式与程序,各国也不尽相同,表现在以下方面:①可被要求出示文书的个人,特别是在要求非当事人出示时,所提供文书的详细程度;[⑤]②可被要求出示文书的类型,以及出示该文书需要满足的条件,包括与案件的密切程度;[⑥]③文书出示与检查的方式,包括文书持有人是否需要提供证言以证明文书的真实性;[⑦]④文书是否需要经过认证。[⑧]

2. 根据被请求国法律规定的方式与程序无法执行

在实践中,可能会出现以下情况,根据被请求国法律的规定,被请求机关无法找到可供执行请求书的方式与程序。在此情况下,请求机关可根据《海牙取证公约》第九条第2款的规定,提出采用特殊方式或程序的请求。但前提是,请求机关知晓请求国与被请求国之间关于执行请求书方式与程序的差异,并且意识到其必须预先向被请求机关提出采用特殊方式或程序的请求。这再次强调了请求机关(或者其他负责起草请求书的个人)提前了解被请求国相关方式与程序的重要性,并保证了获取的证据能有效地应用于请求国诉讼。[⑨]

然而,假如采用特殊方式或程序的请求未被提出,请求书无法执行的部分有可能面临被退回的风险。因此,面对上述情况,被请求机关可联系请求机关,确认其是否提出相关请

---

① See *News Int'l plc v. ABN Amro N.V.*, HR, 18 February 2000, *NJ* 2001, 259.

② See HCCH, Responses to question 42 of the 2008 Questionnaire, available at :〈https://www.hcch.net/en/publications-and-studies/details4/? pid=4457&dtid=33〉[last consulted on 8 July 2019].

③ See HCCH, *Practical Handbook on the Operation of the Evidence Convention*, 3rd ed., The Hague, 2015, p. 80, para 212.

④ See HCCH, *Practical Handbook on the Operation of the Evidence Convention*, 3rd ed., The Hague, 2015, p. 81, para 213.

⑤ 一些国家会对向诉讼中的非当事人取证实施限制措施。

⑥ 例如,瑞士《民事诉讼法典》就规定,出示的证据必须与案件有密切联系:See *Guidelines on International Judicial Assistance in Civil Matters*, 3rd ed., Berne, January 2013, p. 4.

⑦ See *e.g.*, HCCH, Response of Australia to question 48 of the 2008 Questionnaire, available at :〈https://www.hcch.net/en/publications-and-studies/details4/? pid=4457&dtid=33〉[last consulted on 9 July 2019].

⑧ See HCCH, Responses to question 48 of the 2008 Questionnaire, available at :〈https://www.hcch.net/en/publications-and-studies/details4/? pid=4457&dtid=33〉[last consulted on 9 July 2019].

⑨ See HCCH, *Practical Handbook on the Operation of the Evidence Convention*, 3rd ed., The Hague, 2015, p. 83, note 335.

求，[①]甚至重新签发带有该请求的请求书。[②] 或者，被请求机关可对请求书进行"修改"，使其能够在被请求国法律规定的方式与程序下执行。

3. 采用特殊方式与程序的义务

执行请求书时，除少数情况外，被请求机关应采纳请求机关提出的采用特殊方式或程序的请求(《海牙取证公约》第九条第 2 款)。该方式或程序须在请求书中列明(《海牙取证公约》第三条第 1 款第 9 项)。

提出上述请求的权利，保证了在被请求国获取的证据能有效地应用于请求国诉讼中。[③]反之，假如请求国法律规定，获取某证据须依照特定形式与方法，但实际上，被请求国却依照其本国法律规定的另一套形式与方法调取证据，则该证据有可能会变得毫无价值。[④]

在实践中，对于采用特殊方式或程序的请求，有些国家比较陌生，有些国家却习以为常。[⑤] 特别是，假如请求书来自美国，并且需要询问证人，则通常会附带以"普通法模式"进行询问的请求。

采用特殊方式或程序的请求的类型各不相同。[③]在一些案例中，请求机关会提出以请求国法律规定的方式与程序来执行请求书。例如，马恩岛高级法院在一起案件中，命令询问证人须适用美国《联邦证据规则》与《联邦民事诉讼规则》。[⑥] 在其他案例中，各缔约国会提出以下特定请求。

第一，从请求国派遣法官主持询问证人程序。该请求不同于《海牙取证公约》第二章中，法官以特派员的身份到取证国取证，也不同于请求国司法官员出席请求书的执行程序。在一些国家，其法律可能规定，询问证人必须由本国有关机关主持。从外国派遣法官主持该程序，将与上述法律相抵触。因此，被请求国可能会根据《海牙取证公约》第九条第 2 款拒绝该请求。[⑦]

第二，聘任速记员制作证言文稿，或对询问证人的过程进行录音、录像。关于对询问证人进行录音、录像的请求，特委会在 1989 年会议上对此进行了讨论，大多数代表团均表示乐意采纳该请求。[⑧] 2008 年调查问卷也显示，上述请求曾被提出并采纳。[③]案例也表明，请求书在执行询问证人程序时，使用了录像功能。[⑨] 然而，法国巴黎初审法院在一起案件中，拒绝了

---

① See *Uriel Yarkoni v. Boston Scientific Corp.*, D.C. (T.A.), 17 June 2003, No 2962/02.

② 《海牙取证公约》并不反对重新签发带有该请求的请求书：See *Beauty World Wide N.V. v. Bayer A.G. & Bayer Nederland B.V.*

③ See Explanatory Report on Convention of 18 March 1970 on the Taking of Evidence Abroad in Civil or Commercial Matters, para. 95-8.

④ See HCCH, *Practical Handbook on the Operation of the Evidence Convention*, 3rd ed., The Hague, 2015, p. 83, para 218.

⑤ See HCCH, Responses to question 72 of the 2008 Questionnaire, available at :〈https://www.hcch.net/en/publications-and-studies/details4/?pid=4457&dtid=33〉[last consulted on 11 July 2019].

⑥ See *U.S. Securities and Exchange Commission v. Samuel E. Wyly* ORD 2012/24.

⑦ See HCCH, *Practical Handbook on the Operation of the Evidence Convention*, 3rd ed., The Hague, 2015, p. 84, note 342.

⑧ See Report of the 1989 SC, para 38.

⑨ See *e.g. Mitre Sports Int'l Ltd v. Home Box Office, Inc.* [2009] INDLHC 3661, No OMP 516/2009[High Court of Delhi (India)].

来自美国的类似请求，原因是与“现行做法(current practice)”相悖。[①] 但是，此决定却与法国在 2008 年调查问卷的回复存在分歧。该回复称，来自美国并寻求对询问证人的过程进行录像的请求书，通常都会被采纳并执行。

第三，由当事人的代理人对证人进行询问(或交叉询问)或进行连续发问。关于对证人进行交叉询问的请求，特委会在 1989 年会议上也对此进行了讨论，表示该请求不存在任何法律障碍。[②] 2008 年调查问卷也显示，上述请求也曾被提出并采纳。[③] 然而，特委会能预见到一些关于该请求的实际问题，即来自大陆法系国家的律师对此事项经验的缺乏。因此，特委会特别强调，在进行交叉询问之前，须将有关规则与程序明确通知各方当事人。[④]

第四，其他程序性的请求。组织特定形式的宣誓或确认仪式；以特定形式获取证人证言，如使用宣誓书或特定语言；核查录音、视频的真实性与准确性；记录当事人或证人对询问证人程序提出的异议；需要调取电子证据时，具体说明证据文件的格式(如原始或本地档案格式)，以及证据文件的储存媒介(如硬盘)；需要调取血液样本或其他生物样本时，具体说明提取及运输该样本使用的设备或器材。[⑤]

4. 采用特殊方式与程序的例外

根据《海牙取证公约》第九条第 2 款的规定，被请求机关可在以下情况下不采纳请求机关提出的采用特殊方式或程序的请求：①该请求与被请求国国内法相抵触；②因被请求机关国内惯例和程序，或者存在实际困难，导致不可能执行该请求。

特委会认为，上述两个例外应做限缩解释。[⑥] 正如解释报告所述，上述例外的制定是为了国际司法合作的最大化与拒绝合作范围的最小化。[⑦] 事实上，在实践中，各缔约国作为被请求国，均对在其领土上适用请求国的程序持开放的态度。[⑧]

然而，上述例外仅是允许被请求机关不采纳请求机关提出的采用特殊方式或程序的请求，而不是允许其完全拒绝执行请求书(包括拒绝调取证据或履行特定司法行为)。假如其中一个例外被触发，被请求机关可根据《海牙取证公约》第九条第 1 款规定，转而适用其本国法律规定的方式与程序，或者通过修改相关请求，采用“经过修正的(modified)”方式与程序，以避免例外的触发。[⑨] 在此之前，被请求国应根据《海牙取证公约》第十三条第 2 款，及时通知请求机关，说明请求书未能以特殊方式或程序执行的原因。同时，为确保在被请求国获取的证据能有效地应用于请求国诉讼，被请求机关应与请求机关确认，其适用被请求国法律规

---

① See *Manhattan Investment Fund Ltd v. Bear Stearns Securities Corp*. .

② See Report of the 1989 SC, para 39.

③ See HCCH, Responses to question 72 of the 2008 Questionnaire, available at :〈https://www.hcch.net/en/publications-and-studies/details4/? pid=4457&dtid=33〉[last consulted on 14 July 2019].

④ See HCCH, *Practical Handbook on the Operation of the Evidence Convention*, 3rd ed., The Hague, 2015, p. 84, note 344.

⑤ See HCCH, *Practical Handbook on the Operation of the Evidence Convention*, 3rd ed., The Hague, 2015, p. 84-85, para 220.

⑥ See C&R No 43 of the 2003 SC.

⑦ See Explanatory Report on Convention of 18 March 1970 on the Taking of Evidence Abroad in Civil or Commercial Matters, para. 103.

⑧ See Report of the 1985 SC, Part Ⅰ, § 3(B).

⑨ See *Tedesco v. Tomasoni Fittings Srl and RWO Marine Equipment Ltd* C-175/06, EU:C:2007:451.

定的(或者经过修正的)方式或程序调取的证据,是否能被请求机关接受。[①]

1)与被请求国国内法相抵触

根据《海牙取证公约》第九条第2款的规定,被请求机关可在请求机关提出的采用特殊方式或程序的请求与被请求国国内法相抵触的情况下不采纳该请求。[②] 其中,"相抵触(incompatible with)"不仅意味着"不同于"或"未知于",而且意味着某种宪法意义上的不兼容或者法定的绝对禁止。[③] 例如,组织宗教宣誓仪式的请求,就可能会与某国"政教分离"的宪法原则相抵触。又如,使用被请求国非官方语言进行询问证人程序的请求,就可能会与在该被请求国必须使用其官方语言进行上述程序的法律规定相抵触。再如,由特定人员主持询问证人程序的请求,就可能会与某国诉讼程序的法定回避情形相抵触。但是,某国对于民事诉讼中电子文件披露程序的不认可,并不意味着披露电子证据的请求与该国法律相抵触,仅意味着"高门槛(very high threshold)"。[④]

经过多次讨论与协商可以发现,目前为止,没有大陆法系国家表示,针对询问证人程序采用"普通法模式"存在宪法或法律上的禁止条文;也没有普通法系国家表示,针对由法官或者法官指派的官员询问证人的"大陆法模式"存在宪法或法律上的禁止条文。[⑤] 此外,至少有一个国家(法国)通过了法律,确保记载、录制证人询问程序或当事人的代理人向证人进行补充发问等特殊请求,不与该国法律相抵触。[⑥]

2)不可能执行

根据《海牙取证公约》第九条第2款的规定,假如被请求机关因以下情况导致不可能执行请求机关提出的采用特殊方式或程序的请求,可不采纳该请求:①被请求机关国内惯例和程序;②存在实际困难。其中,"不可能(impossible)"仍遵循其原意,程度高于"操作困难""不方便"或"不切实际"等词汇。[⑦] 例如,某请求书递往某大陆法系国家,请求以"交叉询问"方式询问证人。但是,无论是被请求机关还是当地律师,对此程序均无相关经验或资格,导致被请求机关不可能执行。此时,其中一个解决方法是,由请求机关指派询问官至被请求国执行交叉询问。[⑧]

---

① See HCCH, *Practical Handbook on the Operation of the Evidence Convention*, 3rd ed., The Hague, 2015, p. 86, para 225.

② 该规定与《海牙送达公约》第五条第1款第2项规定相似。

③ See Explanatory Report on Convention of 18 March 1970 on the Taking of Evidence Abroad in Civil or Commercial Matters, para. 102. See also the view in *U. S. Securities and Exchange Commission v. Samuel E. Wyly* and *Uriel Yarkoni v. Boston Scientific Corp.*.

④ See HCCH, *Practical Handbook on the Operation of the Evidence Convention*, 3rd ed., The Hague, 2015, p. 87, para 228.

⑤ See HCCH, *Practical Handbook on the Operation of the Evidence Convention*, 3rd ed., The Hague, 2015, p. 87. para 229.

⑥ 参见法国《民事诉讼法典》第739、740条。

⑦ See Explanatory Report on Convention of 18 March 1970 on the Taking of Evidence Abroad in Civil or Commercial Matters, para. 103.

⑧ See Explanatory Report on Convention of 18 March 1970 on the Taking of Evidence Abroad in Civil or Commercial Matters, para. 105 and Report of the 1968 SC, pp. 62-3.

（四）拒绝作证的特权或义务

1. 一般规定

根据《海牙取证公约》第十一条的规定，在请求书的执行过程中，根据下列情况，有关人员有拒绝作证的特权或义务的，可以拒绝提供证据：①被请求国法律；②请求国法律（附条件）；③第三国法律（附条件）。同时，根据《海牙取证公约》第二十八条第1款第4项规定，公约不妨碍被请求国与请求国缔结协定排除上述条款的适用。

根据相关法律，下列情况可作为拒绝作证的特权或义务：[①]①拒绝自证其罪或为相关人士（包括夫妻、亲属等）作证；[②]②外交豁免；③主权豁免；④专业机密；⑤银行业机密；⑥商业机密；⑦记者特权；⑧资料保护（保密）；⑨基于特殊关系的特权（如律师与当事人、医生与患者、神父与忏悔者）；⑩强迫作证豁免。

一般来说，根据《海牙取证公约》第九条第1款的规定，上述特权和义务如何援引及适用，要依据被请求国法律。因此，各国的法律及实践各不相同。例如，在普通法国家，当请求书由法院指派的询问官执行时，是否可援引相关特权或义务拒绝作证，一般不由询问官决定，而是由指派询问官的法院决定。[③] 公约的起草者也承认，虽然证人自身有时会援引相关特权或义务，但更可能出现的情况是，被请求机关会自行适用该特权或义务，拒绝调取相关证据。[④]

需要说明的是，《海牙取证公约》第十一条的规定并不必然意味着证人即使无法提供证据，仍会在请求国免于被追诉。换句话说，假如某证人根据被请求国或第三国法律援引了特权或义务，但该特权或义务并不被请求国法律认可，该证人就可能根据请求国法律受到制裁。[⑤]

2. 根据被请求国法律规定的特权或义务

根据《海牙取证公约》第十一条第1款第1项的规定，在请求书的执行过程中，根据被请求国法律，有关人员有拒绝作证的特权或义务的，可以拒绝提供证据。在此背景下，许多国家制定了阻却立法，对特定人员课以禁止为外国诉讼提供证据的义务。例如，在澳大利亚，1994年《外国证据法》授权司法部长发布命令，禁止相关人员出示本国境内的文件或物品、提供证据或信息，以防止国家安全遭到损害。

3. 根据请求国法律规定的特权或义务

根据《海牙取证公约》第十一条第1款第2项的规定，在请求书的执行过程中，假如有关人员根据请求国法律，援引某特权或义务拒绝作证，该特权或义务满足以下条件的，可以拒绝提供证据：①该特权或义务已在请求书中列明；②该特权或义务应被请求机关的要求，已

---

① See HCCH, *Practical Handbook on the Operation of the Evidence Convention*, 3rd ed., The Hague, 2015, p. 98, para 270.

② See HCCH, Responses to question 65 of the 2008 Questionnaire, available at :〈https://www.hcch.net/en/publications-and-studies/details4/?pid=4457&dtid=33〉[last consulted on 19 July 2019].

③ See *e.g.*, Practice Direction 34A (England) and *Federal Court Rules* 2011, r. 29.18 (Australia).

④ See Report of the 1968 SC, p. 61.

⑤ See HCCH, *Practical Handbook on the Operation of the Evidence Convention*, 3rd ed., The Hague, 2015, p. 99, para 272.

经请求机关另行确认。

在实践中，假如请求书未列明请求国法律规定的任何特权或义务，《海牙取证公约》并不强迫被请求机关向请求机关对相关特权或义务的存在或适用进行确认。也就是说，根据上述情况，当有关人员事后援引了请求国法律规定的某项特权或义务，被请求机关可选择以下做法：第一，拒绝认可该特权或义务，并继续执行请求书；第二，向请求机关对该特权或义务的适用进行确认（在此情况下，该特权或义务相当于被请求机关认可，等同于已由请求机关在请求书中列明）。①

假如请求书已列明请求国法律规定的某项特权或义务，或者请求机关事后在被请求机关的要求下对该特权或义务的适用进行了确认，被请求机关就可联系请求机关，让请求机关对该特权或义务的适用进行阐明或限制。该机制的目的在于，避免对相关法律的内容与理解产生分歧，导致执行的迟延。②

特委会指出，查明请求国法律规定的某项特权存在较大难度，问题可能会在此过程中产生并导致执行的迟延。③ 因此，请求机关应详细列明相关特权和义务，包括提供摘录请求国相关法律规定并翻译成被请求国官方文字。④ 然而，关于上述建议，美国在两个案件中展现出了截然不同的态度与做法。在第一个案件中，美国某地方法院命令对某递往外国的请求书进行修改，列明询问证人过程中因触及某项特权而不应询问的事项。⑤ 在第二个案件中，该做法却遭到了另一地方法院的否定，原因是，特权应由证人援引，而非通过请求书限缩询问的范围。⑥

4. 根据第三国法律规定的特权或义务

根据《海牙取证公约》第十一条第2款的规定，根据请求国和被请求国以外的第三国法律，有拒绝作证的特权或义务的有关人员，可以拒绝提供证据，但前提是，被请求国已声明，尊重该第三国法律规定的特权或义务。该条款意在保护需要跨国作证的特定证人（特别是专业人士）。⑦ 然而，目前为止，仅有保加利亚、爱沙尼亚和列支敦士登提出了上述声明。⑧

（五）拒绝执行请求书

请求书仅可在以下情况下被拒绝执行：①与《海牙取证公约》的规定不兼容；②属于《海牙取证公约》规定的可作为拒绝执行的理由之一。上述拒绝执行请求书的理由均已被特委

---

① See Explanatory Report on Convention of 18 March 1970 on the Taking of Evidence Abroad in Civil or Commercial Matters, para. 123.

② See HCCH, *Practical Handbook on the Operation of the Evidence Convention*, 3rd ed., The Hague, 2015, p. 101, para 278.

③ See Report of the 1985 SC, Part Ⅰ, § 3 C.

④ See HCCH, *Practical Handbook on the Operation of the Evidence Convention*, 3rd ed., The Hague, 2015, p. 57, para 140.

⑤ See *Tulip Computers Int'l B. V. v. Dell Computer Corp.*, 254 F. Supp. 2d 469 (D. Del. 2003).

⑥ See *Pronova BioPharma Norge AS v. Teva Pharmaceuticals USA, Inc.*, 708 F. Supp. 2d 450 (D. Del. 2010).

⑦ See Report of the 1968 SC, p. 61.

⑧ See HCCH, *Practical Handbook on the Operation of the Evidence Convention*, 3rd ed., The Hague, 2015, p. 102, note 402.

会、案例法及评论认可。[①] 在适当的情况下，假如请求书的部分内容仍然符合《海牙取证公约》的规定，或者不属于可作为拒绝执行的理由，该部分内容依然应当执行。

1. 与公约不兼容之请求书及其“修正”

假如请求书不符合《海牙取证公约》的规定，可能会被拒绝执行。公约把各国中央机关置于处理该事项的核心位置(第五条)。但是，在实践中，被请求机关也可能在该事项上扮演重要角色。因为，除了中央机关这条主要传递渠道外，在个案中可能也会出现请求书的其他接收机关，被请求国也会根据《海牙取证公约》第二十四条，指定额外的接收机关。[②]

许多国家的被请求机关通常会以实用主义的态度来处理请求书的兼容性问题，尤其是对于内容的要求，并且会“容忍”某些次要的错误。[③] 同时，在其他案件中，被请求机关也乐意接收请求机关的补充材料，以满足请求书内容的要求。[④] 此外，许多国家的被请求机关更倾向于根据其国内法，对请求书进行“修正(blue-pencil)”，使其符合公约的规定。根据调查问卷的答复，大约有一半的缔约国会采取上述措施。[⑤] 在此情况下，修正的过程通常包含对争议事项、文件开示范围的过度要求等问题的删除或重新措辞，而该过程通常发生在请求书以审判前文件开示为目的的情况下。

常设局表示，上述修正措施须建立在不改变请求性质的前提下，并保证因此获取的证据可以被有效地用于请求国诉讼。因此，被请求机关在修改或限制相关请求时，须与请求机关或当事人进行充分沟通。[⑥]

虽然，许多国家表示愿意对请求书进行修正，但是，也会对此有一定的限制。例如，在英国，被请求法院不会对请求书的内容进行重组或重新措辞，以避免其本质与原有版本偏离；在文件开示方面，该法院也不会以一份新的文件清单代替已在请求书上列明的原有清单。[⑦] 因此，请求机关在起草或签发请求书时，不应依赖被请求机关对请求书进行修正的意愿，尤其是不应忽略公约对请求书内容的要求，以及依赖被请求国法律规定的特殊方式与程序。[⑧] 因为，这种依赖性会导致执行的延迟，甚至不予执行，特别是在修正请求书会超越被请求国法律规定范围的情况下。[⑨]

---

① See C&R No 16 of the 2014 SC and Federal Supreme Court of Switzerland, decisions of 26 August 2002, No 5P. 152/2002 and 20 August 2013, No 5A. 284/2013; *In re Letters Rogatory from Local Court*, 29 F. Supp. 2d 776 (E. D. Mich. 1998) (United States). See also Frigo M & Fumagalli L, *L'assistenza giudiziaria internazionale in Materia Civile*, Padua, Cedam, 2003, p. 140.

② See HCCH, *Practical Handbook on the Operation of the Evidence Convention*, 3rd ed., The Hague, 2015, p. 105, note 424.

③ See *News Int'l plc v. ABN Amro N. V.*, HR, 18 February 2000, *NJ* 2001, 259; *State of Minnesota v. Philip Morris, Inc.* [1998] I. L. Pr. 170.

④ See *Voluntary Purchasing Group, Inc. v. Insurco Int'l Ltd* [1994-95] CILR 84, 93-4.

⑤ See HCCH, Responses to question 46 of the 2008 Questionnaire, available at: 〈https://www.hcch.net/en/publications-and-studies/details4/?pid=4457&dtid=33〉 [last consulted on 29 July 2019].

⑥ See HCCH, *Practical Handbook on the Operation of the Evidence Convention*, 3rd ed., The Hague, 2015, p. 106, para 299.

⑦ See *Westinghouse* case.

⑧ See *Tulip Computers Int'l B. V. v. Dell Computer Corp.*, 254 F. Supp. 2d 469 (D. Del. 2003). 在该案中，签发请求书的法院认为被请求法院(位于荷兰)会对请求书中无法根据荷兰法律执行的部分进行修正。

⑨ See HCCH, *Practical Handbook on the Operation of the Evidence Convention*, 3rd ed., The Hague, 2015, p. 107, para 301.

当被请求机关或其他接收请求书的机关确认某请求书不符合《海牙取证公约》的规定时，被请求机关应将此信息向本国中央机关报告，以便该中央机关根据《海牙取证公约》第五条的规定，及时通知请求机关。在一些国家，被请求机关与请求机关被允许直接联系，以讨论请求书与公约兼容性问题的补救措施。这一做法也被《海牙取证公约》第二十八条允许并被特委会确认。[①] 同时，该做法也会促进请求书的顺利执行。

2. 其他可作为拒绝执行之理由

根据《海牙取证公约》第十二条第 1 款的规定，即使请求书符合公约规定，但在下列情况下，也有可能被拒绝执行：①在执行国，该请求书的执行不属于司法机关的职权范围；②被请求国认为，请求书的执行将会损害其主权和安全。

考虑到《海牙取证公约》制定的目的是增进缔约国在民事或商事方面的司法合作，[②]上述拒绝执行请求书的理由应谨慎应用。事实上，上述理由在实践中的应用也较为罕见。[③] 需要说明的是，除了上述理由之外，假如被请求国根据《海牙取证公约》第二十三条提出声明，以审判前文件开示为目的的请求书也有可能被拒绝执行。

1)不属于司法机关的职权范围

鉴于《海牙取证公约》的规定，请求机关可以请求被请求机关履行某些其他司法行为，公约起草者因此认为，公约应当包含一条拒绝执行请求书的理由。该理由的内容是，某行为虽然在某一缔约国由司法机关履行(称为"司法行为")，但在另一缔约国，却由行政机关履行。[④] 因此，《海牙取证公约》第十二条第 1 款第 1 项允许被请求机关拒绝执行请求书，前提是该请求书的执行不在本国司法机关的职权范围内。为了使该"职权范围"更加清晰，特委会邀请了部分缔约国向常设局提供了不属于其司法机关职权范围的"典型行为"清单。[⑤]

在许多国家，当其国内法律未授予法院调取特定证据或者履行特定司法行为的权力时，这些法院就会援引上述理由拒绝执行请求书。[⑥] 例如，在英格兰的一起案件中，[⑦]其上诉法院认为，《海牙取证公约》并未要求缔约国授予其司法机关"概括的权力(all-embracing powers)"，因此，缔约国可在特定情况下，在授予其司法机关相关权力的事项上加以限制。在荷兰的一起案件中，[⑧]其最高法院认为，《海牙取证公约》第十二条第 1 款第 1 项的规定(结合第九条至第十一条)从未逾越被请求国国内法律规定的范围。在本案中，荷兰法律规定，司法机关不得要求即将被询问的证人出示文件，因此对于出示文件的请求，该法院根据《海牙取证公约》上述条款，拒绝执行。但是，该法院补充道，这并不妨碍该证人在询问期间，被

---

① See C&R No 41 of the 2003 SC.

② 参见《海牙取证公约》前言。

③ See Report of the 1978 SC, Part Ⅰ, § 5(F).

④ See HCCH, *Practical Handbook on the Operation of the Evidence Convention*, 3rd ed., The Hague, 2015, p. 108, para 306.

⑤ See C&R No 17 of the 2014 SC. See also 〈https://www.hcch.net/en/instruments/conventions/authorities1/?cid=82〉 in "practical information charts" [last consulted on 31 July 2019].

⑥ 在这点上，《欧盟取证条例》与《海牙取证公约》第十二条第 1 款第 1 项有相似之处。根据该条例第十四条第 2 款第 2 项的规定，被请求法院可以在其无权实施取证行为的情况下，拒绝执行取证请求。

⑦ See *Re Pan American World Airways, Inc. and Others' Application* [1992] 1 QB 854.

⑧ See *Kilbarr Corp. v. Holland and Teeuwen*, HR, 11 March 1994, *NJ* 1995, 3.

问及关于特定文件的基本信息、所有权或者具体内容等问题。但事实上，为了与制定《海牙取证公约》第十二条第 1 款第 1 项的目的相一致，常设局认为，即使被请求国法律未授予被请求机关调取特定证据的权力，被请求机关也不应以“不属于司法机关的职权范围”为由拒绝执行请求书。毕竟，上述案例体现的不是两国的司法机关在职权上的区别，而是两国国内法规定的方式与程序的区别。[①]

此外，当被请求国仅以“在该国境内，应由当事人调取证据，而非司法机关”为由，则该国不得援引《海牙取证公约》第十二条第 1 款第 1 项拒绝执行请求书。在此，可参考欧洲的一起案件，[②]在本案中，《欧盟取证条例》第十四条第 2 款第 2 项规定的适用引发讨论。根据该规定，欧盟法院否决了英国法院的观点，该观点认为，英国法院可援引上述规定，以“在英国境内，应由当事人调取证据，而非法院本身”为由，拒绝执行取证请求。常设局认为，欧盟法院的观点同样适用于《海牙取证公约》。[③]

2)损害主权和安全

根据《海牙取证公约》第十二条第 1 款第 2 项的规定，假如被请求国认为请求书的执行将会损害其主权和安全，被请求机关可拒绝执行请求书。[④] 换句话说，上述规定的焦点在于“执行”行为本身，至于诉讼的其他方面，或者证据随后的运用是否存在损害被请求国主权和安全的可能性，在所不问。[⑤] 上述观点也得到了判例法的确认。[⑥]

在实践中，因为损害被请求国主权和安全而被拒绝执行请求书的案例比较罕见。从为数不多的案例中可以总结出，执行请求书的过程中，损害被请求国主权和安全的行为包括获取有关该国军事计划、外交会晤等国家机密信息。例如，以色列高等法院在一起案件中，以损害国家安全为由，拒绝了某请求书的执行，因为该请求书中包含获取有关以色列国防行动信息的请求。[⑦]

3)审判前文件开示

《海牙取证公约》第二十三条规定，缔约国可在签署、批准或加入时声明，不执行普通法国家的旨在进行审判前文件调查的请求书。此问题将在“审判前文件开示问题”中详细讨论，在此不做赘述。

3. 部分执行

从《海牙取证公约》的规定可以看出，请求书可被部分拒绝执行，如第十三条第 2 款的规定(“在请求书全部或部分未能执行的情况下……”)。对于被拒绝执行的部分，被请求机关可采

---

① See HCCH, *Practical Handbook on the Operation of the Evidence Convention*, 3rd ed., The Hague, 2015, p. 109, para 308.

② See *Tedesco v. Tomasoni Fittings Srl and RWO Marine Equipment Ltd* C-175/06, EU: C: 2007:451.

③ See HCCH, *Practical Handbook on the Operation of the Evidence Convention*, 3rd ed., The Hague, 2015, p. 109, note 442.

④ 《海牙送达公约》第十三条第 1 款也有相似规定。

⑤ See Explanatory Report of the Service Convention, p. 375.

⑥ See, *e.g.* OLG Frankfurt am Main, 26 March 2008, No 20 VA 13/07, and the High Court of Justice of Israel in *Time, Inc. v. Attorney-General of the State of Israel*.

⑦ See *Time, Inc. v. Attorney-General of the State of Israel & Ors*, H. C., 14 January 1985, No 750/84, 38(iv) P. D. 609.

取类似遇到“根据被请求国法律规定的方式与程序而无法执行”时的解决方法，即联系请求机关，确认其是否提出采用特殊方式或程序的请求，甚至重新签发带有该请求的请求书。被请求机关也可对请求书进行“修改”，使其在被请求国法律规定的方式与程序下能够执行。

特委会确认了上述方法并且建议，在请求书有部分内容不符合公约规定的情况下，被请求机关依然要继续执行请求书符合公约规定的部分，而不是拒绝全部请求。[①] 该方法也被许多国家应用于实践。[②] 值得特别注意的是，对于以审判前文件开示为目的的请求书，特委会建议，各缔约国可根据《海牙取证公约》第二十三条的声明，不执行上述以审判前文件开示为目的的请求，不过，对于请求书中包含的其他请求（如调取言词证据），仍应执行，而不是对该请求书进行全盘拒绝。[③] 实践中就有遵循该建议的案例。例如，在英格兰的一起案件中，调取言词证据被视为“独立的（free-standing）”请求而允许执行。该案中，英格兰上诉法院认为，请求书以审判前文件开示为目的的部分即使被拒绝执行，其请求调取言词证据的部分依然可被执行，因为其与其他事项关联，而非开示的文件。[④] 然而，也有案例显示，欲调取的言词证据的基于文件的开示，在此情况下，假如文件开示无法进行，言词证据的调取也将无法实行。[⑤]

4. 不可作为拒绝执行之理由

1）请求机关的管辖权

被请求机关不能仅以其国内法已对请求国诉讼的标的规定了专属管辖权[⑥]，或者因发生在被请求国的平行诉讼而不承认请求机关的管辖权[⑦]为由，拒绝执行请求书。换句话说，被请求机关无权审查请求机关的管辖权（特别是签发请求书的权力），因为，该事项只能留待请求机关解决。[⑧]

2）不承认请求机关的起诉权

根据《海牙取证公约》第十二条第 2 款的规定，被请求机关不能仅以其国内法不承认请求机关对某事项提起诉讼的权利为理由，拒绝执行请求书。[⑨] 此处，“起诉权”不但包括被请求国国内法未做规定的起诉权，也包括被请求国国内法反对的起诉权。[⑩] 此外，被请求机关也不能仅因在特定情况下（如相同标的已在被请求国产生既判力），根据其国内法，请求国的诉讼将不会在被请求国得到承认为理由，拒绝执行请求书，不论请求机关的起诉权是否被承认。[⑪]

3）公共秩序

《海牙取证公约》未将公共秩序（order public）列为可拒绝执行请求书的理由。此问题将

---

① See C&R No 41 of the 2003 SC.

② See *Tiffany (NJ) LLC v. Andrew*, No. 10 Civ. 9471 (RA) (HBP), 2012 WL 5451259 (United States).

③ See C&R No 52 of the 2009 SC.

④ See *Charman v. Charman* [2006] 1 WLR 1053(Court of Appeal of England).

⑤ See *Netbank v. Commercial Money Center* [2004] Bda LR 46.

⑥ 参见《海牙取证公约》第十二条第 2 款。

⑦ See *A.C. v. C.A.D.P. S.A.*, Trib. Sup. Chubut, 12 November 2002, No 21.

⑧ See HCCH, *Practical Handbook on the Operation of the Evidence Convention*, 3rd ed., The Hague, 2015, p. 123, para 342.

⑨ 《海牙送达公约》第十三条第 2 款中也有相同条款。

⑩ See Explanatory Report of the Service Convention, p. 375.

⑪ See HCCH, *Practical Handbook on the Operation of the Evidence Convention*, 3rd ed., The Hague, 2015, p. 123, para 343.

在“公共秩序问题”中详细讨论,在此不做赘述。

4)执行过于繁重

被请求机关不能仅因执行过于繁重而拒绝执行请求书。例如,以色列特拉维夫地方法院在一起案件中,拒绝了一项执行请求书的异议。该异议认为,执行文件的开示将耗费大量的时间与金钱。① 但是,假如被请求机关或证人认为某些请求的负担过于繁重,则上文所述不影响其援引特权或义务拒绝作证。②

5)不承认后续判决

被请求机关不能仅以被请求国将不会承认或执行请求国诉讼的相关判决为理由,拒绝执行请求书。该观点也被德国法兰克福高等地方法院③与英国上议院④采纳。反之,执行请求书也不会影响被请求国根据其国内法或相关协定,拒绝执行请求国与该请求书相关诉讼产生的判决。⑤

6)缺乏互惠

被请求机关不能仅以请求国未执行曾经由被请求国司法机关签发的请求书为理由,拒绝执行请求书。因为《海牙取证公约》的宗旨是促进多边司法协助,所以,在公约项下的域外取证范畴之内,互惠原则不在考察之列。⑥ 例如,在由瑞士苏黎世州最高法院管理委员会审理的一起案件中,⑦来自美国加州的某法院签发了请求书,请求询问位于瑞士境内的证人。瑞士某下级州法院拒绝执行该请求书,理由是美国有关机关曾经在相关案件中拒绝执行该法院签发的请求书。但是,瑞士苏黎世州最高法院认为,应执行美方请求书,因为根据《海牙取证公约》,不能采取任何形式的报复措施。

7)证据的相关性与可采性

被请求机关不能仅以欲调取的证据与请求国诉讼无相关性或可采性为理由,拒绝执行请求书。上述观点得到了许多国家判例法⑧的确认以及学者⑨的支持。正如来自澳大利亚新南威尔士州上诉法院的观点所述,审查证据的可采性,将会过度地延长诉讼的周期并最终

---

① See *Warner Bros. v. Arutz Zahav*, M. C. (T. A.), 26 January 2004, C. D. 113/03.

② See *First American Corp. v. Sheik Zayed Bin Sultan Al-Nahyan* [1998] 4 All ER 439.

③ See OLG Frankfurt am Main, 26 March 2008, No 20 VA 13/07.

④ See *Re State of Norway's Application* (No1) [1987] 1 QB 433.

⑤ See HCCH, *Practical Handbook on the Operation of the Evidence Convention*, 3rd ed., The Hague, 2015, p. 125, para 349.

⑥ See HCCH, *Practical Handbook on the Operation of the Evidence Convention*, 3rd ed., The Hague, 2015, p. 78, para 204.

⑦ Administrative Commission of the Supreme Court of the Canton of Zurich (Switzerland), 18 May 1998, ZR 97 (1998) No 116.

⑧ For Hong Kong SAR, see *Prediwave Corp. & Another v. New World TMT Ltd* [2007] 4 HKC 207(Court of Appeal). For Australia, see *British American Tobacco Australia Services Ltd v. Eubanks*, (2004) 60 NSWLR 483(New South Wales Court of Appeal). For Germany, see OLG Düsseldorf, 14 June 2006, No I-3 VA 2/06.

⑨ See Chatin L, "Régime des commissions rogatoires internationals de droit privé", *Rev. crit. d. i. p.*, Paris, éditions Sirey, 1977, p. 616. See also Ristau B, *International Judicial Assistance (Civil and Commercial)*, International Law Institute, Georgetown University Centre, Washington, D. C., 2000 Revision, § 2-2-4(9). See also Born G B & Rutledge P B. *International Civil Litigation in United States Courts*, 4th ed., United States of America, Aspen Publishers, Kluwer Law International, 2007, pp. 1003-04, 1006.

破坏由《海牙取证公约》构建起的国际合作的成熟体系。[①]

8)请求书的真实性

根据《海牙取证公约》第三条第3款的规定,被请求国不得要求请求书履行认证或其他类似手续。因此,被请求机关不能仅以请求书的真实性未予证实为理由,拒绝执行请求书。公约起草者认为,只要请求书来自请求国司法机关,其真实性就推定存在。[②] 假如被请求机关对请求书的真实性存在疑问,可直接联系签发机关以解决该事项。[③]

9)被请求机关无权限

被请求国不能仅以被送交请求书的机关无权执行请求为理由,拒绝执行请求书。[④]《海牙取证公约》第六条明晰了上述观点并且规定,该机关必须"及时(forthwith)"转交根据其国内法律规定有权执行的本国其他机关。

10)证据另作他用

被请求国不能仅以证据有可能另作他用为理由,拒绝执行请求书。此问题常见于以下情形,即请求书请求调取证据用于民商事案件,随后也有可能用于非民商事案件(如行政或刑事案件)。该做法已得到特委会的承认[⑤]并反映在案例中。[⑥]

另一方面,假如被请求机关发现,证据事实上准备用于超越《海牙取证公约》规定的案件,便可以不符合公约规定为理由,拒绝执行请求书。[⑦] 特委会也确认了此观点,并补充道,被请求机关拒绝执行请求书的前提是,欲调取的证据与非民商事案件"有直接联系"。[⑧]

第三节 《海牙取证公约》的作用及局限

一、作用

《海牙取证公约》作为民事诉讼领域主要的国际公约之一,已成为民商事跨境司法与行政合作必不可少的工具。它极大地简化了域外取证的程序,缩短了取证所需的时间。稳步增长的缔约国数量[⑨]以及对公约越来越多的应用可以反映出《海牙取证公约》的成功和重要

---

① See *British American Tobacco Australia Services Ltd v. Eubanks*, (2004) 60 NSWLR 483(New South Wales Court of Appeal of Australia).

② See Report of the 1968 SC, p. 59.

③ See HCCH, *Practical Handbook on the Operation of the Evidence Convention*, 3rd ed., The Hague, 2015, p. 127, para 353.

④ 《海牙取证公约》第十二条第1款规定的拒绝理由在此处不能适用。

⑤ See Report of the 1978 SC, Part Ⅰ, § 1.

⑥ See *BCI Finances Pty Ltd (in liq) v. Commissioner of Taxation* [2015] FCA 679 (7 July 2015).

⑦ 相关的规定:《海牙取证公约》第一条第1款,即请求书仅适用于"民事或商事案件";第一条第2款,即请求书仅用于调取即将在"司法"程序中使用的证据。

⑧ See Report of the 1978 SC, Part Ⅰ, § 1.

⑨ 截至2019年3月1日,《海牙取证公约》的缔约国为83个,参见 https://www.hcch.net/en/instruments/conventions/status-table/? cid=82。

性,以及跨境民事诉讼的全球化趋势。[①] 与1954年的《民事诉讼程序公约》相比,《海牙取证公约》进一步完善了原有的请求书制度,扩大了有关外交领事代表取证的权力,在有限的基础上引进了特派员取证制度,保证各国现有的国内立法和双边协定中更为优越和限制更少的做法不受影响,是迄今为止民商事域外取证方面最完善的多边公约。[②]

此外,从海牙国际私法会议调查问卷提供的资料[③](见图1-2至图1-5)来看,从2009年到2018年,《海牙取证公约》项下请求书的接收量和发出量总体呈上升趋势,从一个侧面反映了《海牙取证公约》在各缔约国的应用越来越多。

B1. Statistics – *incoming* Letters of Request (Chapter I)

(6) How many Letters of Request have been received annually by the Central Authority(ies) of your State?

2009	2010	2011	2012	2013	Total	
44*	39*	46*	62*	59*	*250**	Australia
-	-	-	-	12*	*12**	Bosnia and Herzegovina
4	1	-	2	1	*8*	Bulgaria
27	33	365	42	58	*525*	China
6	4	12	14	15	*51*	China (Hong Kong SAR)
3	5	7	6	2	*23*	China (Macao SAR)
2	2	9	5	1	*19*	Cyprus
6	1	7	2	2	*18*	Czech Republic
977*	928*	1013*	1470*	1588*	*5976**	Denmark
0	2	2	3	1	*8*	Estonia
7	14	16	10	20	*67*	Finland
154	168	155	135	104	*716*	France
-	-	-	-	-	*860**	Germany
2	11	3	1	2	*19*	Hungary
86	85	81	68	119	*439*	Israel
3	1	1	3	2	*10*	Kuwait
0	3	0	0	1	*4*	Latvia
3	3	1	4	7	*18*	Luxembourg
-	12	9	11	17	*49*	Mexico
2	4	7	3	6	*22*	Monaco
146	137	163	185	201	*832*	Netherlands
450*	550*	820*	690*	670*	*3180**	Norway
-	-	94	120	139	*353*	Poland
15	8	9	19	11	*62*	Portugal
10	7	3	6	3	*29*	Romania
7	10	8	11	15	*51*	Russian Federation
-	-	-	27	35	*62*	Serbia
4	-	2	-	1	*7*	Slovenia
64	113	83	93	56	*409*	Spain
3	3	3	3	3	*15*	Sri Lanka
-	-	800*	700*	750*	*2250**	Switzerland
31	34	27	26	19	*137*	Ukraine
216	222	189	222	172	*1021*	United Kingdom
Total: 477, Re. Conv: 423	Total: 573, Re. Conv: 529	Total: 536, Re. Conv: 476	Total: 559, Re. Conv: 454	Total: 524, Re. Conv: 472	*Total: 2669, Re. Conv: 2354*	United States of America
2 695*	**2 929***	**4 411***	**4 397***	**4 564***	***19 856****	***TOTAL***
** indicates approximate figures only*						[27]

图1-2 请求书的接收量1

① See HCCH, *Practical Handbook on the Operation of the Evidence Convention*, 3rd ed., The Hague, 2015, p. IX.

② 参见段东辉:《海牙取证公约述评——兼论海牙〈民事诉讼程序公约〉的历史演变和发展》,载《法学评论》,1998年第3期。

③ See〈https://assets.hcch.net/docs/2bdf80df-bde5-48c9-935f-55e82db4bc1c.pdf〉. See also〈https://assets.hcch.net/docs/49179330-3bbb-405c-ae95-97ff46d69f23.pdf〉.

STATE	2013	2014	2015	2016	2017	2018
Australia	29	26	32	49	35	31
Bulgaria	5		4	4	20	28
Czech Republic			2	2	5	5
Estonia						1
France	117	110	111	53	112	138
Greece	5	6	8	6	4	3
Israel	119	57	62	45	51	76
Latvia	1	1	1	1	1	
Portugal	14	30	28	25	52	45
Republic of Armenia						2
Serbia	7	65	14	5	12	19
Singapore	3	1	10	6	8	11
Turkey	224	212	190	174	159	167
United States of America	439	495	461	369	369	340
Venezuela			1	10	6	7
Total	**963**	**1003**	**924**	**749**	**834**	**873**

图 1-3 请求书的接收量 2

B2. Statistics – *outgoing* Letters of Request (Chapter I)

(8) How many Letters of Request have been sent annually by the Central Authority(ies) of your State?

2009	2010	2011	2012	2013	Total	
-	-	-	-	15*	*15**	Bosnia and Herzegovina
5	8	4	2	10	*29*	Bulgaria
0	1	1	3	2	*7*	China
1	1	0	2	2	*6*	China (Hong Kong SAR)
9	11	14	28	15	*77*	China (Macao SAR)
0	0	0	0	0	*0*	Cyprus
14	18	28	24	25	*109*	Czech Republic
0	1	0	1	8	*10*	Estonia
1	0	2	4	2	*9*	Finland
5	9	8	7	6	*35*	France
-	-	-	-	-	*400**	Germany
15	12	16	20	7	*70*	Hungary
3	0	0	1	2	*6*	Israel
-	1	-	-	-	*1*	Kuwait
5	3	5	6	6	*25*	Latvia
18	31	44	52	61	*206*	Mexico
0	0	0	0	0	*0*	Monaco
154	146	147	164	160	*771*	Poland
227	143	211	241	186	*1008*	Portugal
18	27	22	71	36	*174*	Romania
-	-	-	20	16	*36*	Serbia
-	-	1*	2*	2*	*5**	Slovenia
41	44	37	37	38	*197*	Spain
-	-	160*	160*	160*	*480**	Switzerland
24	32	94	69	59	*278*	Ukraine
6	4	4	4	10	*28*	United Kingdom
546*	**492***	**798***	**916***	**828***	***3 982****	***TOTAL***

** indicates approximate figures only*

图 1-4 请求书的发出量 1

可以看到，2009 年，包括中国(香港、澳门特别行政区)在内的 27 个提供资料的国家和地区共接收请求书 2695 封，到 2013 年，该数字则上升到 4564 封。2013 年，15 个提供资料的

STATE	2013	2014	2015	2016	2017	2018
Australia			1	2	1	
Bulgaria	10	13	5	4	12	1
France	7	8	5	2	5	3
Greece	8	4	6	3	4	3
Israel	2	2	1	3	1	4
Latvia	6	16	14	10	7	
Portugal	166	148	113	92	103	96
Singapore	1	2				
Turkey	1606	1614	1443	1453	2273	2015
Venezuela			5	10	5	8
Total	**1806**	**1807**	**1593**	**1579**	**2411**	**2130**

图 1-5 请求书的发出量 2

国家共接收请求书 963 封，到 2018 年，该数字略有下降。根据 21 个国家和地区提供的资料显示，发出请求书的数量从 2009 年的 546 封上升到 2012 年的 916 封，而在 2013 年，该数字回落至 828 封。根据 2019 年调查问卷中 10 个国家提供的资料显示，发出请求书的数量从 2013 年的 1806 封上升到 2018 年的 2130 封。

二、局限

尽管《海牙取证公约》在国际民事诉讼领域扮演着重要角色，但是，其在条款本身、应用以及对各国司法制度的协调等方面，仍存在诸多局限。[①]

第一，条款本身存在局限性。尽管《海牙取证公约》第九条第 3 款规定，请求书应迅速执行。但是，对于何为“迅速”，以及具体的时间限制，公约并未做出解释或规定。因此，在实践中，各缔约国执行请求书花费的时间可谓五花八门，短则 2 个月以内，长则 12 个月以上。[②]许多国家表达了对拖延执行请求书的担忧。[③] 拖延执行可能导致缔约国对公约实施的效率失去信心，减少对公约的适用，并迫使其在公约的框架之外寻找域外取证的替代方案（该替代方案有可能遭到其他国家的抵制）。尽管常设局曾建议，请求书应在 6 个月之内执行完毕，但该建议的约束力以及在实践中产生的效果仍非常有限。造成拖延执行的原因多种多样，上述条款本身存在的局限性也是其中的一大原因。

第二，外交官员、领事代表或特派员取证的应用有限。根据海牙国际私法会议《反映海牙取证公约第 15、16、17、18 及 23 条应用情况的表格》[④]（以下简称《应用情况表》）提供的资料，截至 2017 年 6 月，仅有 4 个缔约国根据《海牙取证公约》第三十三条对第二章（外交官

① 参见陈力：《海牙取证公约在我国涉外民商事审判中的适用》，载《东方法学》，2010 年第 1 期。

② See *e.g.* responses to question 7 of 2013 Questionnaire.

③ See responses to question 9 of 2013 Questionnaire (and more generally questions 12 and 19) and question 9 of 2008 Questionnaire.

④ See 〈https://assets.hcch.net/docs/627a201b-6c7a-4dc2-86ad-c1da582447d4.pdf〉.

员、领事代表或特派员取证,第十五至二十二条)做出完全保留,而有17个缔约国对该章做部分保留,37个缔约国未提出保留。在做部分保留的缔约国中,有1个缔约国排除第十五条的适用,13个缔约国排除第十六条的适用,11个缔约国排除第十七条的适用,12个缔约国排除第十八条的适用。但是,《对2013年调查问卷反馈的分析报告》[①](以下简称《2013分析报告》)提供的资料显示,仅有11个缔约国提供了2009年至2013年使用外交官员、领事代表或特派员取证(包括申请使用与被申请使用)的资料。并且,在这11个提供资料的国家中,除波兰与美国外,其余国家每年申请使用与被申请使用外交官员、领事代表或特派员取证的数量大多为个位数。对比《应用情况表》与《2013分析报告》的两组资料可以发现,尽管绝大部分缔约国(包括未提出保留与部分保留的缔约国)在制度上较为认同外交官员、领事代表或特派员取证,但实践上的使用情况却与上述"制度上的认同"大相径庭。从提供资料的国家数量到实际使用的数量都反映出,相比于请求书取证,外交官员、领事代表或特派员取证的应用是非常有限的。

第三,对各国司法制度的协调成效有限。根据《应用情况表》提供的资料,截至2017年6月,有26个缔约国根据《海牙取证公约》第二十三条对审判前文件开示做出完全保留,17个缔约国对该条做有限保留,15个缔约国未提出保留。从该资料可以看出,即使《海牙取证公约》已经实施了40余年,大多数缔约国仍然不能接受或不完全接受美国式的审判前文件开示制度。《海牙取证公约》制定的目的,就是协调英美法系国家与大陆法系国家在域外取证方面的冲突。《海牙取证公约》允许缔约国对第二十三条做出保留,也是为了减少各国在审判前文件开示制度上产生的摩擦。但是,纵观常设局从1978年到2009年召开的5次特委会会议,尽管常设局不断建议或敦促各国限制或撤销对第二十三条的保留,至今仍收效甚微,相关冲突和摩擦依然存在。造成上述情况的原因是多方面的,其中一个原因就是《海牙取证公约》在公约是否对缔约国强制性(或排他性)适用的规定上至今仍模糊不清,导致美国时常在域外取证时单方面适用其《联邦民事诉讼程序规则》,造成对他国司法主权的侵犯。可以说,上述原因导致《海牙取证公约》在协调各国司法制度上的失败,是公约一个显著的局限性。关于《海牙取证公约》的强制性(排他性)问题,本书将在下一节进行详细探讨,在此不做赘述。

第四节 《海牙取证公约》在我国内地实施中的具体问题

一、实施现状

《海牙取证公约》框架下的取证路径可分为两个类别,即间接路径与直接路径。间接路径为请求书取证,直接路径包括特派员取证、外交领事人员取证以及审判前发现程序下的个人取证。在直接路径中,我国内地仅承认外交领事人员取证,也就是我国加入《海牙取证公约》时依据第三十三条第1款规定对特派员取证做出的保留,即除第十五条外,公约第二章

① See 〈https://assets.hcch.net/docs/2bdf80df-bde5-48c9-935f-55e82db4bc1c.pdf〉, p. 24.

在我国不适用。我国《民事诉讼法》二百八十四条也明确规定，未经中华人民共和国主管机关准许，任何外国机关或者个人不得在中华人民共和国领域内调查取证。

关于请求书取证，分为两个方面。一方面，加入《海牙取证公约》以来，我国主要协助外国进行调查取证。根据司法部的资料统计，我国近五年来(2011 年至 2015 年)每年办理的调查取证请求约 30 件。其中绝大部分是美国、德国、韩国等依照公约向中国发出协助调查取证的请求书。当外国向中国发出请求书请求调查取证时，不到二分之一的案件能在当年得到法院系统的答复，二分之一以上的请求需一年以上才能收到执行部门的答复，个别案件过了两年，甚至更长时间仍无结果。答复结果通常有两种：已经成功调取证据或因种种原因无法调取证据。实际情况是，前者居少，后者居多。[①] 根据《2013 分析报告》反馈的结果，2012 年各缔约国执行请求书的时间如下：38%的请求书在 2 个月内执行完毕，18%的请求书在 2～4 个月执行完毕，5%的请求书在 4～6 个月执行完毕，17%的请求书在 6～12 个月执行完毕。将以上资料汇总可知，总体上，78%的请求书可在一年内执行完毕。中国的相关数据：请求书在 6 个月内执行完毕的数量为 0，42%的请求书可在 6～12 个月执行完毕。另一方面，中国依照《海牙取证公约》向外提出的取证请求寥寥无几，总数不超过 5 件。[①]

关于外交领事人员取证，根据 2013 年调查问卷的回复，我国内地并没有关于这种取证路径的资料。

二、强制性(排他性)问题

上文提到，《海牙取证公约》在公约是否对缔约国强制性(排他性)适用的规定上至今仍模糊不清，导致《海牙取证公约》难以协调各国的司法制度。何谓强制性(排他性)？《海牙取证公约》为何不对此问题做出具体规定？特委会如何应对因此产生的问题？我国内地对此持何种态度？下文将一一探讨。

(一)内涵

《海牙取证公约》的强制性(有时也称为排他性)问题，就是指当某缔约国寻求在另一缔约国的领域内获取证据时，是依照《海牙取证公约》规定的程序进行，还是依照其国内法规定的域外取证程序。[②]

(二)2008 年文件

关于强制性(排他性)问题，海牙国际私法会议常设局于 2008 年起草了专门的文件进行讨论，该文件名为《〈海牙取证公约〉的强制性与非强制性》。[③] 我们可以从该文件中总结出以下几点结论。

---

① 参见 http://www.360doc.com/content/16/0624/00/17508011_570274483.shtml。

② See HCCH, *Practical Handbook on the Operation of the Evidence Convention*, 3rd ed., The Hague, 2015, p.19.

③ See "The Mandatory/Non-Mandatory Character of the Evidence Convention", Prel. Doc. No 10 of December 2008 for the attention of the Special Commission of February 2009 on the practical operation of the Hague Apostille, Service, Evidence and Access to Justice Conventions.

第一，在起草公约时，此问题并未引起广泛重视，直到 1985 年特委会会议，该问题才被提起。在 1989 年特委会会议上，该问题成为主要议题。这是因为，美国最高法院在一起航空公司案中确定，公约是非强制性的。

第二，该议题在随后的特委会会议中均未能达成共识。①

第三，各缔约国对于该议题的观点主要分为两种。总体来说，大陆法系国家更倾向于认为公约是强制性的，普通法系国家则大多认为公约是非强制性的。

第四，支持公约是强制性的国家更关注主权问题，他们认为，未经批准进入一国领域内调取证据将侵犯该国主权。

第五，支持公约是非强制性的国家更关注公约的“非强制性”用语，如“缔约国的司法机关‘可以(may)’……请求另一缔约国主管机关调取证据……”(第一条第 1 款)，以及“外交官员、领事代表以及特派员……，‘可以(may)’……调取证据”(第十五条至第十七条)。

第六，类似的问题在《海牙送达公约》的条款中得到了解答：其排他性是毫无疑问的。②特委会、案例以及评论均一致认为，当某缔约国寻求在另一缔约国的领域内送达文书时，必须依照《海牙送达公约》规定的程序进行。《海牙送达公约》第一条也规定：“在所有民事或商事案件中，如有须递送司法文书或司法外文书以便向国外送达的情形，均应适用本公约”。遗憾的是，《海牙取证公约》并没有类似条款。

《海牙取证公约》的强制性(排他性)问题，归根结底，是条约的解释问题。每当某缔约国寻求在另一缔约国的领域内获取证据时，是否必须依照《海牙取证公约》规定的程序，并因此基于国际义务，排除适用其国内法规定中与公约不兼容的域外取证程序，应取决于条约的用语并参照条约的目的及宗旨所具有的通常意义。③

(三)主权问题

无论各国在该议题上持何种观点，无论特委会能否解决该问题，主权问题始终存在。对于主权问题，《海牙取证公约》自然是无法逾越的，例如，某国即使加入了该公约，也并不意味着该国会放任在其领域内未经批准的取证行为。反而，公约为上述行为的批准提供了路径与框架。对于各缔约国来说，最重要的是能领会在公约框架之外于他国领域内取证的严重性。该行为足以影响两国的关系，尤其在司法协助领域。④ 对此，特委会建议，无论对强制性(排他性)问题持哪种观点，缔约国应遵循优先适用《海牙取证公约》规定程序进行域外取证的原则，即“首要手段原则(principle of first resort)”。⑤

(四)中国的态度

关于《海牙取证公约》的强制性(排他性)问题，各国在调查问卷中的回复不尽相同，其

---

① See C&R No 37 of the 2003 SC and C&R No 53 of the 2009 SC.

② See HCCH, *Practical Handbook on the Operation of the Service Convention*, 4th ed., The Hague, 2016, para. 50.

③ 参见《维也纳条约法公约》第三十一条第 1 款。

④ See HCCH, *Practical Handbook on the Operation of the Evidence Convention*, 3rd ed., The Hague, 2015, p. 12.

⑤ See Report of the 1989 SC, para. 34(c).

中，我国内地并未在调查问卷中对此问题做出回应。[①] 但是，正如上文提到，对于国际公约，我国政府首先依据的是国际法上的条约必须信守原则。同时，我国在历次特委会会议上均明确表示，《海牙取证公约》在缔约国之间的适用应是排他性的。[②] 因此，对于《海牙取证公约》的强制性（排他性），我国持肯定态度。

值得注意的是，对于认为《海牙取证公约》是非强制性的国家，我国应保持关注与警觉，通过制定"阻却立法"、防范私自取证等方式，维护我国司法主权。关于制定"阻却立法"与防范私自取证，下文将详细讨论，在此不做赘述。

三、公共秩序问题

上文提到，《海牙取证公约》未将一般意义上的公共秩序（order public）列为可拒绝执行请求书的理由，而是将"主权和安全"这个更加狭义的概念作为可拒绝执行请求书的理由。[③] 损害"公共政策"不同于违反"主权和安全"，因为"主权和安全"是一个更加狭义的概念，更确切来说，"主权和安全"可以被看作"公共政策"的"子集"。[④] 事实上，把"损害主权和安全"作为拒绝执行请求书的理由早在讨论制定1896年《民事诉讼程序公约》的时候就已被提出。该公约的起草者明确反对把"违反公共政策"作为拒绝执行请求书的理由，因为"公共政策"的概念"过于模糊且模棱两可（too vague and ambiguous）"。在他们看来，相对于"公共政策"，"主权和安全"的概念更加"明确且有限制（precise and limited）"。[⑤]

在国际私法领域，我国学者及法律界人士似乎并未把"公共政策"与"主权和安全"这两个概念进行详细比较，而与域外取证有关的法律条文（如《民事诉讼法》第二百八十三条[⑥]）则把两者定义为并列关系。但是，为了保证国际私法在协调各国法律冲突中的价值，以及国际民商事交往的稳定和安全，顺应当今世界政治、经济一体化的大趋势，就必须对公共秩序加以限制适用，这也是国际社会的普遍要求。[⑦] 上述要求也与《海牙取证公约》的精神相符。所以，为了更好地实施《海牙取证公约》，我国内地法院应在适用《民事诉讼法》第二百八十三条时加以斟酌，必要时可对该条文的适用做出解释。

根据《海牙取证公约》的精神，被请求机关不能仅因为公共秩序的考虑而拒绝执行请求书。即使请求书中体现了以下与被请求国不相同或不为被请求国所知的法律制度或程序，该请求书也不应被拒绝执行：①集体救济诉讼；②提起惩罚性损害赔偿的诉讼；③追讨特定

---

① See HCCH, Responses to the 2008 Questionnaire, https://www.hcch.net/en/publications-and-studies/details4/?pid=4457&dtid=33, 2019年2月8日访问。

② 参见徐宏：《国际民事司法协助》（第二版），武汉大学出版社，2006年版，第188页。

③ 参见《海牙取证公约》第十二条第1款第2项。

④ See, *e.g.* Chatin L, "Régime des commissions rogatoires internationals de droit privé", *Rev. crit. d. i. p.*, Paris, éditions Sirey, 1977, p. 615; and Supreme Court of the Canton of Zurich (Switzerland), 21 April 2008, No NV080003.

⑤ See HCCH, *Practical Handbook on the Operation of the Evidence Convention*, 3rd ed., The Hague, 2015, p. 110, para 312.

⑥ 我国《民事诉讼法》第二百八十三条规定："根据中华人民共和国缔结或者参加的国际条约，或者按照互惠原则，人民法院和外国法院可以相互请求，代为送达文书、调查取证以及进行其他诉讼行为。外国法院请求协助的事项有损于中华人民共和国的主权、安全或者社会公共利益的，人民法院不予执行。"

⑦ 参见马德才：《论公共秩序发展趋势之限制适用》，载《武汉大学学报（哲学社会科学版）》，2010年第1期。

费用的诉讼;④请求履行某项权利或义务的诉讼。[①] 对于上述四类诉讼,我国法律均有相关规定。集体救济诉讼在欧盟层面最早可以追溯到1984年,源于对消费者集体救济的关注,欧盟以备忘录的形式将群体性诉讼作为重点考虑的消费者救济渠道。该诉讼在我国集中体现为消费公益诉讼。[②] 惩罚性损害赔偿制度起源于英国,盛行于美国,是英美法国家侵权领域的一项重要制度。[③] 于我国该制度体现在《中华人民共和国消费者权益保护法》(以下简称《消费者权益保护法》)、《中华人民共和国民法典》(以下简称(《民法典》)、《中华人民共和国食品安全法》(以下简称《食品安全法》)等法律中。追讨特定费用的诉讼与请求履行某项权利或义务的诉讼的种类繁多,在此不一一列举。综上,假如我国作为被请求国,收到体现上述四类诉讼的请求书,即使某些制度与我国公共秩序相违背,也应进行个案分析,谨慎适用公共秩序保留制度。

但是,执行请求书并不妨碍被请求国基于公共秩序的理由拒绝执行请求国判决。[④] 换句话说,域外取证语境下的公共秩序,与承认和执行外国判决语境下的公共秩序,无论在内涵上,还是在适用规则上,都不尽相同。在拒绝执行请求书时,公共秩序的适用,要比拒绝承认或者执行判决时更加严格。因为,根据《海牙取证公约》第十二条的规定,只有在请求书的执行会损害"主权和安全"的情况下,才能拒绝执行请求书;根据2019海牙《承认与执行外国民商事判决公约》第七条的规定,承认与执行和被请求国的"公共政策"明显相悖时可以拒绝承认或者执行。但是,在我国,与承认和执行外国判决有关的法律条文(《民事诉讼法》第二百八十九条[⑤])在公共秩序上的措辞与第二百八十三条近乎相同,这是值得我国内地法院注意的。

四、审判前文件开示问题

上文提到,《海牙取证公约》第二十三条规定,缔约国可在签署、批准或加入时声明,不执行普通法国家的旨在进行审判前文件调查的请求书。该条文经历了历次特委会会议冗长的讨论过程。[⑥] 特委会试图让大陆法国家了解审判前文件调查制度,同样,普通法国家也需要明白,《海牙取证公约》并不是为了审判前文件调查制度的跨领域延伸而设计的。

(一)内涵

审判前文件调查(pre-trial discovery of documents),也称审判前文件开示,是应用于普通法法律体系的程序。它允许诉讼当事人获取或发现与诉讼相关的资料,为庭审做准备。

---

① See HCCH, *Practical Handbook on the Operation of the Evidence Convention*, 3rd ed., The Hague, 2015, p. 124.

② 参见范晓亮:《我国消费公益诉讼实证分析——兼论〈欧盟集体救济建议〉之借鉴》,载《苏州大学学报(法学版)》,2016年第3期。

③ 参见董怡雯:《论惩罚性损害赔偿制度在我国的适用》,载《智富时代》,2018年第7期。

④ See Supreme Court of the Canton of Zurich (Switzerland), 21 April 2008, No NV080003.

⑤ 我国《民事诉讼法》第二百八十九条规定:人民法院对申请或者请求承认和执行的外国法院做出的发生法律效力的判决、裁定,依照中华人民共和国缔结或者参加的国际条约,或者按照互惠原则进行审查后,认为不违反中华人民共和国法律的基本原则或者国家主权、安全、社会公共利益的,裁定承认其效力,需要执行的,发出执行令,依照本法的有关规定执行。违反中华人民共和国法律的基本原则或者国家主权、安全、社会公共利益的,不予承认和执行。

⑥ See Report of the 1978 SC, Part Ⅰ, § 2(B); Report of the 1985 SC, Part Ⅰ, § 4; Report of the 1989 SC, para. 32-4; C&R Nos 29-35 of the 2003 SC; C&R Nos 51-52 of the 2009 SC; C&R No 18 of the 2014 SC.

它是普通法法律体系对抗制民事诉讼程序的产物,双方当事人在收集证据并呈送法庭的过程中扮演着主要角色。法庭并不直接参与取证,尽管其会下令开示文件或证言(通过传唤证人或传票)。[①]

审判前文件开示是普通法系诉讼中主要的取证方式。但是,它不仅在于取证,更在于获取更多资料以引导证据的获得。[②] 换句话说,并非所有通过审判前文件开示获得的资料都能被称为"证据"或作为证据实际应用到诉讼中。按照特委会的观点,审判前文件开示发生在诉讼开始之后、对案件的实体问题做出最终判决之前。因此,特委会提出,某些缔约国错误地认为审判前文件开示发生在诉讼开始之前,并基于此观点,对《海牙取证公约》第二十三条作出保留。[③]

审判前文件开示一般由各国民事诉讼规则做出规定,并在主审法庭的监督下进行。一般来说,它包括以下内容:①向对方当事人公开其掌握或实际控制的文件资料的义务,无论该文件资料对己方是否有利;②给对方当事人检查及复印上述资料的权利。[④] 尽管名称不同,但审判前文件开示制度被多个缔约国法律承认。[⑤] 然而,该制度的内容在很多方面又存在着差异(尤其是英国和美国之间)。

(1)开示的范围。在美国,开示的范围可延伸到"通过合理计算以致获得证据"的资料;[②] 在英国,开示的范围仅限制在请求书中已明确列明的文件,且该文件与诉讼有直接关系。[⑥]

(2)开示的形式。在美国,审判前文件开示可采取笔录证言的形式;英国法律对该形式却是陌生的。

(3)开示的主体。在美国,开示可适用于非当事人;在英国,假如开示适用于非当事人,需要满足许多限制条件。[⑦]

(4)法庭的参与程度。在美国,法庭一般不参与开示的过程;[⑧]在英国,开示需要得到法庭的命令方可进行。

(二)第二十三条的真正目标

《海牙取证公约》第二十三条并非针对所有普通法国家在审判前文件开示阶段提出的开

---

① See HCCH, *Practical Handbook on the Operation of the Evidence Convention*, 3rd ed., The Hague, 2015, p. 113.

② 参见美国《联邦民事诉讼程序规则》第二十六条第2款第1项。

③ See C&R No 31 of the 2003 SC.

④ See HCCH, *Practical Handbook on the Operation of the Evidence Convention*, 3rd ed., The Hague, 2015, p. 114.

⑤ See *e.g. Federal Court Rules* 2011, Part 20 (Australia); *Supreme Court (Civil Procedure) Rules*, 2008, Part 28 (Barbados); *Rules of High Court*, Order 24 [China (Hong Kong SAR)]; *Code of Civil Procedure Act*, 1908, Order XI (India); *Rules of the Supreme Courts*, Order 31 (Ireland); *Rules of Court*, Order 24 (Singapore); *Civil Procedure Rules*, Part 31 (United Kingdom); *Fed. R. Civ. Pro.* 26 (United States).

⑥ See *Civil Procedure Rules*, r. 31.6 (United Kingdom).

⑦ See *e.g.*, *Senior Courts Act* 1981, s. 34.

⑧ 美国在2008年调查问卷回复中表示,《联邦民事诉讼程序规则》已做出修正,加大了审判前文件开示的司法限制。

示请求。上文提到，审判前文件开示是普通法国家庭审中获取证据的主要方式，因此法庭通常会在该阶段签发文件开示的请求书。假如根据第二十三条做出的声明对上述所有文件开示的请求（包括对将直接当作证据的文件的开示请求）产生效力，那么《海牙取证公约》第一章构建的请求书制度将无法协调普通法国家与提出声明的国家的法律冲突。所以，在1978年会议中，特委会认为，根据《海牙取证公约》第二十三条做出声明的国家并非针对所有普通法国家提出证据开示请求。①

实际上，《海牙取证公约》第二十三条的真正目标，是确保文件开示的请求得到充分的证实：并未涉嫌“钓鱼式取证”。② 因此，特委会建议，《海牙取证公约》第二十三条不应适用于“请求的文件已被列明，或能通过其他合理方式确定”的请求书。③ 关于防止“钓鱼式取证”，《海牙取证公约》在起草时已经密切关注，特委会也对该事项进行了确认。④ 此外，对防止“钓鱼式取证”的关注，也可以从英国（第二十三条的支持者）加入公约时做出的声明得到印证。⑤ 类似的关注体现在1984年《美洲国家取证公约附加议定书》。根据该议定书第十六条的规定，请求展示及复制文件的委托书只有在文件能合理地确定以及请求能充分证实的情况下方可执行。⑥

（三）第二十三条仅适用于“文件”

《海牙取证公约》第二十三条仅允许缔约国不执行普通法国家的旨在进行审判前文件调查的请求书。上文提到，在一些普通法国家，审判前证据开示的形式还包括证言。因此，假如请求书以开示证言为目的，根据《海牙取证公约》第二十三条做出的声明不能被援引作为拒绝执行该请求书的依据。

在实践中，在审判前证据开示阶段提取证言的形式可能并不被某些被请求国知晓，即使该国同样为普通法系国家。假如遇到这种情况，相关请求书应根据《海牙取证公约》第三条第1款第9项，列明需采用的特殊方式或程序，以便被请求机关根据《海牙取证公约》第九条第2款，在不存在除外情形的情况下予以采纳。⑦

---

① See Report of the 1978 SC, Part Ⅰ, § 2(B).

② See HCCH, *Practical Handbook on the Operation of the Evidence Convention*, 3rd ed., The Hague, 2015, p. 115.

③ See C&R No 18 of the 2014 SC.

④ See C&R No 29 of the 2003 SC.

⑤ 该声明表明英国政府将“以审判前文件开示为目的的请求”理解为要求某人做以下内容：①说明哪些与请求书涉及的诉讼有关的文件正在或已在其持有、保管或许可权的范围内；②提供在被请求法院看来处于或可能处于该人持有、保管或许可权的范围内，且非请求书中列明的特定文件的其他任何文件。在 *Re Asbestos Insurance Coverage Cases*（[1985] 1 WLR 331）中，Lord Fraser of Tullybelton 指出，英国的声明结合其国内法（1975年《证据法》第2条第4项）旨在防止单纯的“钓鱼式取证”。

⑥ 《美洲国家取证公约附加议定书》第十六条第1款规定：“该议定书成员国应执行请求展示及复制文件的委托书，假如其已满足以下条件：(1)诉讼已经开始；(2)文件能通过日期、内容或其他适当信息合理地确定；(3)委托书已列明相关事实与情形，该事实与情形能致使请求方合理地相信被请求的文件正处于或曾经处于被要求开示文件之人所持有、保管或知晓的范围内。”

⑦ See HCCH, *Practical Handbook on the Operation of the Evidence Convention*, 3rd ed., The Hague, 2015, p. 117.

（四）第二十三条声明

大多数《海牙取证公约》缔约国都根据第二十三条做了声明。其中，许多国家仅做了概括的、非具体的声明，不执行旨在进行审判前文件调查的请求书。同时，也有较多缔约国做了具体的、能体现第二十三条真正目标的声明，即确保文件开示的请求得到充分的证实：并未涉嫌"钓鱼式取证"。[①] 例如，法国就声明，当要求开示的文件在请求书中被限制性地列举，并与相关程序的标的有直接、精确的联系时，其关于第二十三条的声明将不予适用。瑞士的声明是，假如发生以下情况，其将不执行旨在进行审判前文件调查的请求书：①请求与相关诉讼无直接与必要的联系；②某人被要求说明哪些与诉讼有关的文件正在或已在其持有、保管或支配的范围内；③某人被要求出示未在请求书中提及的文件，该文件有可能正在其持有、保管或支配的范围内；④应受保护相关人士的利益遭到损害。根据瑞士联邦最高法院的观点，该声明意味着，当请求的相关性与精确性符合其诉讼法，瑞士将接收审判前调查阶段旨在进行文件开示的请求书。[②] 委内瑞拉则声明，假如满足《美洲国家取证公约附加议定书》第十六条规定的条件，并且请求开示的证据或资料与未决诉讼存在明确的联系，其将执行旨在进行审判前文件调查的请求书。[③]

此外，有些缔约国即便做了上述概括的、非具体的声明，仍可能执行旨在进行审判前文件调查的请求书，只要该请求书对相关文件进行了特别描述。例如，澳大利亚针对第二十三条做了上述概括的、非具体的声明，但其实施《海牙取证公约》的法律却体现了"英国式"的具体声明。[④] 在意大利，尽管存在概括的、非具体的第二十三条声明，但限制性的文件开示请求仍会被执行。[⑤] 在印度，其法院确认，该国做出的概括的、非具体的第二十三条声明不会限制其国内法赋予的权力，去执行寻求获取书面证据的请求书。[⑥]

（五）第二十三条声明的相互作用

第二十三条声明的相互作用，是指假如某旨在进行审判前文件调查的请求书来自对审判前文件调查做出完全保留声明的缔约国，被请求国可以免除执行该请求书的义务。上述相互作用是否存在，仍不明了。[⑦] 事实上，关于该事项的讨论与评析也寥寥无几。在一起发生于2012年，由澳大利亚联邦法院审理的案件中，[⑧]某当事人申请签发前往以色列询问某位

---

① 各国根据第二十三条做出声明保留的情况，可参见海牙国际私法会议《反映海牙取证公约第15、16、17、18及23条应用情况的表格》(《应用情况表》)。

② See decision of 4 December 2007, No 4A 399/2007.

③ 请求开示的证据或资料与未决诉讼存在明确联系的要求源自《美洲国家取证公约附加议定书》第十六条第2款。该条文允许成员国声明，假如上述联系确实存在，其将执行请求展示及复制文件的委托书。委内瑞拉已做出该声明。

④ See discussion of the New South Wales Court of Appeal in *British American Tobacco Australia Services Ltd v. Eubanks*, (2004) 60 NSWLR 483.

⑤ See American Bar Association, Section of Antitrust Law, *Obtaining Discovery Abroad*, 3rd ed., Chicago, ABA, 2005, p. 163.

⑥ See *Upaid Systems Ltd v. Satyam Computer Services* [2009] 164 DLT 45.

⑦ See HCCH, *Practical Handbook on the Operation of the Evidence Convention*, 3rd ed., The Hague, 2015, p. 121.

⑧ See *BCI Finances Pty Ltd v. Commissioner of Taxation* [2012] FCA 855 (9 August 2012).

证人及开示若干文件的请求书。该申请遭到了质疑，其依据部分源自澳大利亚对第二十三条所做的完全保留声明（而以色列则未做保留声明）。虽然未将原因详细阐述，但该法院认为该申请并非旨在进行审判前文件调查并最终同意签发请求书。因此，法院的上述决定可作为对澳大利亚第二十三条声明相互作用的"默认"。或者，它反映了澳大利亚国内法的一种态度：签发域外取证请求书的处理原则应等同于执行外来取证请求书的处理原则。

（六）关于中国的有限保留

关于审判前文件开示，中国内地做了有限的保留，即根据公约第二十三条声明，对于普通法国家旨在进行审判前文件调查的请求书，仅执行已在请求书中列明并与案件有直接密切联系的文件的调查请求。[①] 但是，官方并未针对"列明"以及"直接密切联系"给出具体解释。

列明，是指请求书中应提供一些文件特征用以明确和检索具体的文件，如文件涉及的当事人、文件的形成日期或所处的时间段、文件的形成地点、文件的内容、文件的编号、文件的性状等。[②] 其对应的英文是"specify"，该词在《海牙取证公约》以及相关报告、文献中均有较多使用，可解释为以下内容：①清楚、明确地提及或指定，详细地陈述；②为某物赋予特定的特征；③以说明书的形式阐明。[③] 因此，描述得越详细，罗"列"的特征越多，文件就越"明"确。

"直接密切联系"有两层含义。"直接"代表了由文件特定内容到待证事实的通达关系；"密切"代表了文件的重要性、必要性，甚至是唯一性。探讨"直接密切联系"，就不得不探讨"证据关联性"。证据关联性，又称证据相关性，是证据法上最重要的一个原则，它指作为证据内容的事实与案件的待证事实存在客观联系，具有对案件事实加以证明的实际能力。[④] 其对应的英文是"relevance of evidence"，指证据的指定条款证明或反驳案件中的某个事实，或具有某种证明价值（该证明价值能使某个事实更加可信或不可信）。[⑤] 美国《联邦证据规则》认为，下列情况下的证据具有关联性：①与该证据不存在的情况下相比，它具有某种使某个事实更加可信或不可信的倾向；②该事实对诉讼的判决有重要意义。[⑥] 因此，总结上述观点可知，"直接密切联系"是指实际用于诉讼的文件，能证明或反驳案件中的某个事实，或具有使某个事实更加可信或不可信的证明价值，且该事实对诉讼的判决有重要意义。

此外，上文提到，第二十三条声明是否存在相互作用，仍不明了，但已有国家默认了该制度。第二十三条声明的相互作用在我国内地是否适用、如何适用，值得探讨。换句话说，假如我国内地法院收到某旨在进行审判前文件调查的请求书，而该请求书来自对审判前文件调查做出完全保留声明的缔约国，我国内地法院是否可以免除执行该请求书的义务？根据我国《民

---

① 参见第八届全国人民代表大会常务委员会第二十六次会议《关于批准加入1970年3月18日定于海牙的〈关于从国外调取民事或商事证据的公约〉的决定》做出的保留声明。

② 参见田萌：《美国钓鱼式取证与中国的应对》，载《人民法院报》，2016年第8版。

③ 翻译参见维基百科，原文为"1. to mention or name specifically or definitely; state in detail; 2. to give a specific character to; 3. to set forth as a specification"。

④ 参见卞建林：《证据法学》，中国政法大学出版社，2000年版，第74页。

⑤ 参见维基百科，原文是"the tendency of a given item of evidence to prove or disprove one of the legal elements of the case, or to have probative value to make one of the elements of the case likelier or not"。

⑥ 参见美国《联邦证据规则》第401条，原文是"Evidence is relevant if: (a) it has any tendency to make a fact more or less probable than it would be without the evidence; and (b) the fact is of consequence in determining the action"。

事诉讼法》第二百八十三条的规定，我国在域外取证领域适用互惠原则（或对等原则）。根据此原则，假设我国内地法院向对审判前文件调查做出完全保留声明的缔约国发出旨在进行审判前文件调查的请求书（实际上并不会发出），该请求书很可能被拒绝执行。因此，作者认为，假如我国内地法院收到上述缔约国的上述请求书，是可以免除执行该请求书的义务的。

五、信息技术问题

（一）视频连线技术

1. 内涵

视频连线技术（video-link）允许两个或两个以上的地区同时通过视频和音频进行交流。[①] 当该技术运用于询问证人时，其他常用于描述该技术的术语包括“视讯会议（videoconferencing）”“远端会面（remote appearance）”“视频出席（video presence）”。随着该技术被引进各国国内民商事、刑事法律制度以及各种跨境司法协作机制，越来越多关于该技术的法律定义被创设。例如，在澳大利亚，多个州都通过了相同的法律，允许证人通过视听连线（audio visual link）参与庭审。该技术被定义为“能使不同地区的人员通过音频及视频进行交流的设备（包括闭路电视）”。[②] 又如，在《2010 伊比利亚美洲关于在国际司法合作领域使用视讯会议的公约》中，视讯会议被定义为“根据相关国家的法律，为了获取诉讼中的证据，从一个或多个位于（除主管机关外的）某地提供陈述的人员处实时传递图像、声音及资料的交互式沟通体系”。

2. 在国内法的应用

越来越多国家正在修改其民事诉讼法，为视频连线取证提供法律空间，涉及为诉讼参加者（如证人、当事人、律师）在国境范围内远端参与庭审设定“能力（ability）”。例如，在俄罗斯，其 2011 年修订的《仲裁程序法典》（通过俄罗斯联邦最高仲裁法院的法令增补了条文）允许仲裁程序的当事人、法律代表、证人或其他参与者通过视频连线参与程序，前提是在远端的另一仲裁法院在技术上同样可行。[③]

在其余大部分国家，视频连线仅用于询问证人。在这些国家，通过视频连线询问证人的“能力”既体现在成文法中，也能在判例法中找到蛛丝马迹。例如，新西兰 1908《司法法》第 261B 条允许法官通过视频连线主持庭审。[④] 在印度，其证据规则并未对视频连线技术做出规定，但其最高法院发现，在某些情况下，该技术的运用在上述规则的框架下是被允许的。[⑤]

---

① 虽然本部分聚焦于视频连线的应用，但它也与音频连线取证（如电话会议）有密切联系，一些国家对此也有相关法律规定。

② See *e. g.*, section 3(1) of the *Evidence (Audio and Audio visual link) Act* 1998 of New South Wales.

③ 该远端法院负责提供场地、校验人员身份以及向原审法院发回庭审报告。该远端法院不参与庭审，但是，该法院官员在旁边控制设备以及报告可能出现的技术问题。

④ 该法希望法官、当事人及其法律代表、证人均能通过视频连线参与庭审，除非参与的场地不具备设施条件。同时，使用该技术应在一切情况下保证公平与公正。See HCCH, *Practical Handbook on the Operation of the Evidence Convention*, 3rd ed., The Hague, 2015, p. 232, note 5.

⑤ See HCCH, *Practical Handbook on the Operation of the Evidence Convention*, 3rd ed., The Hague, 2015, p. 232, note 6.

在一些国家，其法律和案例明确接受证人在域外作证。例如，新加坡《证据法》第62A条规定，任何人可在法庭的许可下通过视频连线作证。给予许可的其中一个理由是证人在新加坡国境之外。在美国，《联邦民事诉讼程序规则》第四十三条第1款适用于从“不同地点”获得的证据。该条文则在一起案件中被解释为允许从身处美国境外的证人处获取证据。[①]

在上述大部分国家中，在特定案件中使用视频连线技术往往是基于现实情况或者公平正义的考虑。例如，在爱尔兰，其2008年《民法》规定，假如与公平正义相违背，法院就不能在当事人参与庭审或证人作证时使用视频连线技术。在美国，《联邦民事诉讼程序规则》第四十三条第1款规定，远端证据的“同步传输(contemporaneous transmission)”仅在紧迫情形下具有正当理由，同时具备适当保护措施时方能在联邦法院的诉讼中得到许可。其中，现实情况的考虑包括视频连线设备的使用权限以及使用成本等。公平正义地考虑涉及视频连线状态下，证人可信度的评估。或者说，视频连线状态下，裁判者对证人的行为进行评估的能力下降或者证人本人必须在法庭出席的要求及其带来的“庄重感”的消失，导致证言的证明价值增添了不确定性。上述担忧可能会随着时间的推进、视频连线技术的发展、视频设备使用的增多以及人们对该技术熟悉程度的增加被消除或最小化。[②] 在一些国家，视频连线技术的使用需要经过诉讼双方当事人的同意。[③]

然而，即使视频连线技术在域外证人询问领域的使用越来越频繁，它始终无法跨越主权问题，即证人所在国对其司法主权的关注。例如，在瑞士，由外国机关或律师主持的，对瑞士境内当事人或证人的视频聆讯(hearing)依然会被认定为瑞士境内公共机关的行为，假如其未获授权，将会成为违法行为。[④] 在上述以及类似案例中，假如需要进行视频询问，相关国家的许可是必不可少的，而该过程如果由司法协助协定操作运行，将会得到极大促进。但是，在另外一些国家，则不需要相关许可。例如，根据《加拿大证据法》第四十六条第2款的规定，只要根据第四十六条第1款收到法庭命令，即可在涉外民商事诉讼中使用视频连线询问加拿大境内的证人。在澳大利亚，来自外国的司法机关可以通过视频连线询问在澳大利亚境内的证人，无须澳大利亚有关机关的参与，也无须考虑任何法律条文。根据澳大利亚司法部的观点，澳大利亚并不认为在外国诉讼进行期间，通过视频或音频连线获取澳大利亚境内的证据是对其领土主权的侵犯。[⑤]

3. 在《海牙取证公约》中的应用

《海牙取证公约》并未对视频连线技术做出规定。毕竟，在该公约达成之时，视频连线技术还不为人知。然而，公约条款措辞的中立性为视频连线技术等现代科技的应用预留了空间，特委会也对此进行了确认。在2003年的会议中，特委会指出，无论是公约精神，还是公约条款，均不对现代科技的应用构成障碍，反而，其还会对公约的适用和运行带来深层次的

---

① See *e. g.*, *Garcia v. Bana*, No C 11-02047 LB, 2012 WL 2119157 (N. D. Cal. 25 June 2012).

② See HCCH, *Practical Handbook on the Operation of the Evidence Convention*, 3rd ed., The Hague, 2015, p. 233.

③ 例如，法国《司法法典》第L111-12条规定：“视频连线在双方当事人的同意下方可使用。”

④ See *Guidelines on International Judicial Assistance in Civil Matters*, 3rd ed., Berne, January 2013, p. 20.

⑤ See Attorney-General's Department, “Taking Evidence in Australia for Foreign Court Proceedings”, 2012, p. 5, available at: 〈https://www.ag.gov.au/Internationalrelations/PrivateInternationalLaw/Documents/Taking-of-Evidence-in-Australia-for-Foreign-Court-Proceedings.pdf〉 [last consulted on 13 February 2020].

促进作用。[①] 特委会还指出，视频连线以及类似技术在协助取证领域的使用与现有的公约框架是一致的。[②]

在2009年的会议中，特委会详细讨论了视频连线技术在《海牙取证公约》中的应用，总结了以下两点。

第一，出席和参与请求书的执行（《海牙取证公约》第七条、第八条、第九条）。当请求国诉讼当事人、代理人及司法官员希望通过视频连线在获取证言时出席，或者参与询问证人时，视频连线可以建立在以下两地之间：①请求国特定地点（如请求机关所在地）；②正在执行请求书的地点（如被请求机关的法庭）。此外，被请求国主管机关（如被请求机关）可依据被请求国法律规定的方式与程序进行询问，但是该机关应采纳请求机关提出的采用特殊方式或程序的请求。

第二，领事或特派员获取证言（《海牙取证公约》第十五条至第十七条、第二十一条）。当领事或特派员在取证地国向他代表的请求国国民，通过视频连线获取证言时，视频连线可以建立在以下两地之间：①领事的驻扎地点（如取证地国大使馆或领事馆）或特派员办公地点（如派出国法庭）；②取证地国证人所在地（如办公室或法庭）。此外，如果取证地国法律未禁止，领事或特派员可以依受理诉讼的法院所适用的法律中规定的方式进行询问。

（二）中国的态度

关于信息技术，从各国或地区向海牙国际私法会议常设局递交的调查问卷回复来看，其对在《海牙取证公约》框架下利用视频连接等信息技术手段进行取证持肯定态度。[③] 我国内地在2019年调查问卷中，对信息技术同样持肯定态度，并且表达了强烈的使用意愿。[④] 同时，我国内地法院目前已经具备了利用信息技术进行域外取证国际合作的基础条件，[⑤]以及相关的制度支撑和实践经验。

我国《民事诉讼法》第七十六条规定，经人民法院通知，证人应当出庭作证。有下列情形之一的，经人民法院许可，可以通过书面证言、视听传输技术或者视听资料等方式作证：①因健康原因不能出庭的；②因路途遥远，交通不便不能出庭的；③因自然灾害等不可抗力不能出庭的；④其他有正当理由不能出庭的。该条文自2012年被增补后，已在多起案件中适用于国内跨省关键证人的询问。在这些案件中，许多法院使用的是“QQ”这款软件进行视频连线。[⑥] 此外，该条文已适用于2013年由我国广东省广州市荔湾区人民法院审理的一起涉外案件中。该案使用视频连线技术向位于澳大利亚的证人获取了证言。[⑦]

---

① See C&R No 4 of the 2003 SC.

② See C&R No 55 of the 2009 SC and C&R No 20 of the 2014 SC.

③ See HCCH, Responses to the 2008 Questionnaire, https://www.hcch.net/en/publications-and-studies/details4/?pid=4457&dtid=33，2019年2月8日访问。

④ See HCCH, Response to question 1.1 of the 2019 Questionnaire, https://assets.hcch.net/docs/b516a899-5e9e-4011-848f-e8e1827a8ff3.pdf，2021年4月1日访问。

⑤ 参见乔雄兵：《〈海牙取证公约〉在我国的实施分析》，载《政法论丛》，2010年第4期。

⑥ See HCCH, *Practical Handbook on the Operation of the Evidence Convention*, 3rd ed., The Hague, 2015, p. 232, note 5.

⑦ See HCCH, *Practical Handbook on the Operation of the Evidence Convention*, 3rd ed., The Hague, 2015, p. 232, note 8.

同时，视频连线技术在我国公证领域也得到了应用。其中，浙江省温州市文成县公证处在意大利米兰试点建立全国首个海外公证联络点，通过远端视频方式，实现"面对面"取证，完成公证远端取证。2017 年 9 月，该公证处通过海外调解视频系统，完成居住在国外的周某一家 4 人放弃财产继承的网络取证工作，不到 1 个小时，文成县玉壶镇一宗价值百万元的房产放弃继承公证手续即办理完毕。截至 2018 年 1 月 11 日，该公证处通过海外调解视频系统办理海外华侨放弃继承声明取证 19 件，预约办证 4 件。通过试行远端视频办理相关公证取证，使原先耗时 20 天、须跨国跑 2 趟的时间成本缩短为 1 个小时、无须跨国跑，大大降低在外华侨的办事成本。[①] 该做法得到了司法部、最高人民法院、国务院侨务办联合调研组的肯定，也为我国内地法院在域外取证领域使用视频连线技术提供了更多经验。

第五节 《海牙取证公约》在我国内地实施中的不足与局限

总体来说，《海牙取证公约》虽然已经在我国实施了超过 20 年，但是，从实践来看，公约在我国的实施情况并不理想。[②]《海牙取证公约》在我国内地实施中的不足与局限：第一，内地法院对《海牙取证公约》认识不足；第二，《送达和调查取证规定》和《送达和调查取证规定实施细则》[③]在条款本身和实施上存在缺陷；第三，我国内地利用信息技术执行外国取证请求的实践仍然有限；第四，我国内地执行外国取证请求手段单一；第五，外国当事人私自到我国内地取证的现象越来越严重。

一、对《海牙取证公约》认识不足

（一）制度层面

上文提到，《海牙取证公约》并未对其条文中的部分概念进行详细的定义，而是留待各缔约国自行对此进行解释，如"民事或商事案件""证据"等。虽然我国《民事诉讼法》对上述概念进行了简单定义或给出了大致的范围，[④]但是，该定义或范围都过于模糊，不利于法院和法官对公约进行深入的认识与理解。同时，《民事诉讼法》提供的定义或范围仅适用于国内民事诉讼，并不能涵盖国际民事诉讼领域所有的案件或证据类型。这会导致我国内地法院在适用《海牙取证公约》时尺度不一，造成实践中的混乱现象，甚至无法有效防范"钓鱼式取证"。

（二）案例层面

上文提到，根据司法部的资料统计，2011 年至 2015 年，我国中央机关每年办理的调查取

---

① 参见 https://www.thepaper.cn/newsDetail_forward_1957253。

② 参见乔雄兵：《〈海牙取证公约〉在我国的实施分析》，载《政法论丛》，2010 年第 4 期。

③ 全称为《关于依据国际公约和双边司法协助条约办理民商事案件司法文书送达和调查取证司法协助请求的规定》和《关于依据国际公约和双边司法协助条约办理民商事案件司法文书送达和调查取证司法协助请求的规定实施细则（试行）》。

④ 参见《民事诉讼法》第三条、第六十三条。

证请求仅约 30 件。其中，绝大部分是美国、德国、韩国等国家依照《海牙取证公约》向我国提出协助调查取证的请求。中国依照《海牙取证公约》向外提出的取证请求寥寥无几，总数不超过 5 件。广东省高级人民法院民四庭副庭长辜恩臻甚至在访谈①中提到，她自 2003 年担任法官(包括曾担任广州海事法院法官)至今，从未办理过一起根据《海牙取证公约》向外国请求调查取证的案件。该观点令作者深感惊讶，尤其是在广东作为对外经贸大省，与外国有较为频繁的贸易与法律联系的前提下。虽然辜恩臻副庭长的观点并不能完全反映广东省在域外取证领域的状况，但结合司法部的资料，该观点却能从一个侧面反映出，在广东乃至全国范围内，根据《海牙取证公约》向外国请求调查取证的案例相当匮乏。这导致包括立法人员、法官、律师、学者等在内的法律工作者，以及未经过法律专业培训的当事人，缺少有效的素材去认识和了解《海牙取证公约》，从而阻碍了公约在我国的实施。

(三)法院、法官层面

虽然《海牙取证公约》已在我国实施了超过 20 年，但各级法院对公约的熟悉、认识程度都不尽如人意，原因可总结为以下两点。首先，法官办案压力巨大。据了解，近年来，各级法院的法官每年待审理的案件只升不降，有的法官日均审理案件超过一件，审理、结案压力巨大。虽然法院系统时常组织讲座、研讨会等活动，传授、讨论涉外案件相关制度，但迫于工作压力，多数负责审理涉外案件的法官往往无暇对《海牙取证公约》进行理论学习。辜恩臻副庭长也谈到，即便每天面对大量涉外案件，每周、每月均有固定的理论学习活动，她所在的民四庭，对《海牙取证公约》的了解也极为有限。其次，上文提到，我国根据《海牙取证公约》向外国请求调查取证的案例相当匮乏，法官缺乏参考，因此，在遇到类似案件时，法官往往采取回避态度，这不但错失了在实践中认识公约的机会，更阻碍了公约的实施。

(四)当事人层面

在实践中，一些当事人，甚至其聘请的律师均不了解《海牙取证公约》，更不知道可以通过该公约实现跨国取证。因此，假如案件需要到外国调取证据，会出现因当事人不知如何处理，导致诉讼搁置的情况。同时，有些国家对外国人在本国调取证据的行为持放任态度，或者否认《海牙取证公约》的排他性和强制性。这导致域外取证存在替代途径，正如辜恩臻副庭长所言，一些当事人可以通过律师或其他手段直接在国外取得证据，然后通过公证认证程序，让该证据在国内法庭出示使用。

二、《送达和调查取证规定》和《送达和调查取证规定实施细则》存在的不足

(一)审查制度不完善

虽然《送达和调查取证规定》要求各级人民法院在经手、办理民商事案件调查取证国际司法协助请求时，要依照《海牙取证公约》的规定进行审查，《送达和调查取证规定实施细则》

① 访谈人为于泽；访谈时间为 2019 年 3 月；访谈地点为广东财经大学“粤港澳大湾区建设中的区际法律问题研讨会”会议现场。

第三十四条还对审查的范围和要点做了具体规定，但是，该审查制度仍然不完善。

第一，对相关重要术语缺乏解释说明。《海牙取证公约》第一条就包含了“其他司法行为”“司法程序”“已经开始”“即将开始”“司法机关”等重要术语。这些术语在本书第一编第二章中进行过详细论述，在国际司法协助领域，它们的内涵复杂、外延广泛。对这些术语的深入理解，有助于维护我国司法主权并较好地判断我国司法机关在协助调查取证时应采取的方式。但是，无论是《送达和调查取证规定》《送达和调查取证规定实施细则》，还是其他司法解释，均缺乏对上述术语内涵及范围的解释与说明，这给负责审查的人员带来了不小的困难。尤其是，我国现阶段，有关域外取证的案例匮乏，经验不足，部分地方人民法院的审查意识和审查能力有待进一步提高。这会给我国内地法院的域外取证请求审查工作带来阻碍。

第二，对一些重要术语的理解有待商榷，如关于“无法办理或者办理困难”。《送达和调查取证规定实施细则》第三十四条规定：“最高人民法院国际司法协助统一管理部门……应当按照下列标准进行审查：请求方……所要求的特殊方式……在实践中不存在无法办理或者办理困难的情形”然而，《海牙取证公约》第九条第 2 款的相关表述是“因……存在实际困难而不可能执行(impossible of performance by reason of practical difficulties)”。显然，“因存在实际困难而不可能执行”与“无法办理(执行)或者办理(执行)困难”不能画上等号。前句是因果关系，主体在“不可能执行”，[①]且“实际困难”指向某种“客观性”或“不可抗力”，代表穷尽所有方式仍无法达成；后句是并列关系。在作者看来，“办理(执行)困难”与“操作困难”“不方便执行”等术语含义接近，有可能包含某种主观性，有扩大《海牙取证公约》第九条第 2 款适用范围的嫌疑。

(二)缺少修正与救济制度

人民法院在协助外国办理民商事案件调查取证请求时，假如遇到《海牙取证公约》规定的拒绝提供协助的情形，可依据的制度体系是《海牙取证公约》第五条、第十三条第 2 款与《送达和调查取证规定》第三条。换句话说，根据现有制度的做法仅是法院拒绝执行相关请求并将该情况通过我国中央机关或者与请求机关采用相同的途径通知请求机关。至于请求书的一些“次要的错误”或材料不齐全导致的“不符合公约规定”能否通过某种方式进行“补救式”的处理，或者在请求书“不可能执行”时能否采取某些措施使请求书迅速转化为“可能执行”，《送达和调查取证规定》与《送达和调查取证规定实施细则》并未提及。

上文曾提到，对于遇到《海牙取证公约》规定的拒绝执行请求的情形，除拒绝执行并通知请求机关外，还有四种处理方法。第一，对于请求书的一些“次要的错误”或材料不齐全导致的“不符合公约规定”，被请求机关可通过“修正”或通知请求机关补充材料，使其符合公约的规定。第二，被请求机关可在通知请求机关后，转而适用其本国法律规定的方式与程序，或者通过修改相关请求，采用“经过修正的”方式与程序。第三，在请求书有部分内容不符合公约规定的情况下，被请求机关依然要继续执行请求书符合公约规定的部分，而不是拒绝全部请求。第四，对于“不可能执行”，被请求机关可通知请求机关，由请求机关指派具有执行资格的相关人员至被请求国执行相关请求(如由普通法系国家指派询问官至大陆法系国家执

① 本章第二节曾提到，“不可能(impossible)”仍遵循其原意，程度高于“操作困难”“不方便”或“不切实际”等词汇。

行交叉询问)。

但是,无论是《送达和调查取证规定》与《送达和调查取证规定实施细则》,还是其他法律及司法解释,都未对上述制度或方法做出规定。这会导致在"生硬的"反复转递、退回的过程中,协助调查取证缺乏弹性、效率低下,影响《海牙取证公约》在我国的实施。

(三)缺少询问与解答制度

鉴于国际民商事案件的复杂性,人民法院在协助外国办理该类案件调查取证请求时,无论作为被请求机关还是请求机关,都可能需要与外国相关机关取得联系,咨询、解答或者确认某些制度上或程序上的问题。请求机关(或请求国中央机关)与被请求机关(或被请求国中央机关)在遇到下列事项时,均需要取得联系。第一,假如对请求书是否由"司法机关"签发存在疑问,被请求国负责审查该事项的机关(如中央机关或被请求机关)需要联系请求国中央机关以确认签发机关的性质。第二,被请求机关与请求机关可直接联系,以讨论请求书与公约兼容性问题的补救措施。第三,在向法人调取证据时,如果遇到有关该法人信息提供的疑问,请求机关或负责起草请求书的其他个人,需要联系被请求国中央机关寻求帮助。第四,如果就询问多位证人产生疑问,请求机关或负责起草请求书的其他个人,应联系被请求国中央机关以确认是否需要签发多封请求书。第五,假如采用特殊方式或程序的请求未被提出,请求书无法执行的部分有可能面临被退回的风险。因此,面对上述情况,被请求机关需要联系请求机关,确认其是否提出相关请求,甚至重新签发带有该请求的请求书。第六,为确保在被请求国获取的证据能有效地应用于请求国诉讼,被请求机关应与请求机关确认,其适用被请求国法律规定的(或者经过修正的)方式或程序调取的证据,是否能被请求机关接受。第七,假如请求书已列明请求国法律规定的某项特权或义务,或者请求机关事后在被请求机关的要求下,对该特权或义务的适用进行了确认,被请求机关就可联系请求机关,让请求机关对该特权或义务的适用进行阐明或限制。第八,假如被请求机关对请求书的真实性存在疑问,可直接联系签发机关以解决该事项。第九,其他涉及请求书执行的事项,如被请求国中央机关认为请求书不符合公约规定时的及时告知,以及请求机关要求的对执行进度的实时跟踪等。

遗憾的是,无论是《送达和调查取证规定》与《送达和调查取证规定实施细则》,还是其他法律及司法解释,都未对上述任意一种制度或方法做出规定。这会导致我国与外国对相关法律的内容与理解产生分歧,或者在执行的过程中无法形成默契与合力,导致执行的迟延甚至拒绝执行,影响执行的效率,最终影响《海牙取证公约》的实施。

三、案例、资料统计的公布制度不完善

在域外取证领域,我国内地较少对典型案例、年度资料进行公布,相关制度仍不完善。

(一)关于典型案例

上文提到,辜恩臻副庭长在访谈中谈到,她自 2003 年担任法官至今,从未办理过一起根据《海牙取证公约》向外国请求调查取证的案件,同时,她也未提及任何一宗可能从其他渠道获知的相关典型案例。同时,作者曾在中国裁判文书网、最高人民法院官方网站典型案例库进行检索,但上述网站都鲜有近年来发生的涉外民商事案件协助调查取证典型案例。此外,

作者虽在一些学者的文献中检索到若干典型案例，但是这些案例年代均相对久远，且都在《送达和调查取证规定》与《送达和调查取证规定实施细则》制定之前，[①]无法体现其制定后的实施效果，也无法得知域外取证案件的新发展，尤其在视频连线技术的使用、审判前文件开示等热点、重点领域。相比之下，同在国际司法协助领域内的文书送达和判决的承认与执行，则似乎获得了更多的“关注”，[②]而域外取证作为国际司法协助领域的难点问题，并未获得足够的重视，从官方渠道搜寻相关典型案例比较困难。

（二）关于年度资料

作者曾在司法部网站进行搜索，希望查询到近五年我国接收与发出请求书的数字，结果未能如愿。作者也曾向司法部司法协助交流中心咨询，希望能了解相关数字，但未得到回复。此后，作者通过检索文献、《海牙取证公约》分析报告以及我国法院统计公报，“拼凑”出了 1998 年至 2018 年我国根据《海牙取证公约》收到和发出取证请求的资料。首先，据司法部司法协助外事司统计，1998 年—2007 年，我国根据《海牙取证公约》及其他司法协助条约收到的取证请求资料分别为 13 件、17 件、15 件、19 件、50 件、38 件、42 件、47 件、53 件、53 件。而同一时期，根据公约和条约发出的请求书分别是 2000 年 2 件、2002 年 9 件、2003 年 12 件、2004 年 27 件、2005 年 32 件、2006 年 11 件、2007 年 2 件。其他年度没有提出请求的资料。[③] 其次，根据 2013 年海牙取证公约调查问卷分析报告，2009 年—2013 年，我国根据《海牙取证公约》收到的取证请求资料分别为 27 件、33 件、365 件、42 件、58 件，发出的资料分别为 0 件、1 件、1 件、3 件、2 件。最后，根据 2017 年、2018 年全国法院司法统计公报，2017 年在国际司法协助项下，调查取证收案 31 件、结案 9 件、未结 31 件；2018 年收案 23 件、结案 13 件、未结 52 件。[④]

从上述资料可以看出，该资料分别是从司法部司法协助外事司、司法部司法协助交流中心司法协助处[⑤]以及最高人民法院获得，可见资料的统计与公布缺乏统一性与连贯性，不利于法律界工作者对资料进行收集与分析。相比之下，澳门特别行政区就具有相对成熟的资料公布制度，其自 2000 年开始，就在澳门特别行政区法院网站司法年度年报中，以统一格

---

① 例如 2002 年美国伊利诺伊州北区法院请求取证案、1988 年美国律师直接来华要求取证案。参见乔雄兵：《〈海牙取证公约〉在我国的实施分析》，载《政法论丛》，2010 年第 4 期；陈力：《海牙取证公约在我国涉外民商事审判中的适用》，载《东方法学》，2010 年第 1 期。作者也检索了部分 2013 年（《送达和调查取证规定》与《送达和调查取证规定实施细则》制定）之后发表的文章，其引用的案例均发生在 2010 年之前。

② 通过检索，作者搜索到了近年我国承认与执行外国判决的典型案例。此外，作者虽然未搜索到域外送达典型案例，但也能从近年来发布的官方文件中搜索到对域外送达案件的特点总结：参见《广州法院涉外民商事审判白皮书（2008-2018）》，https://preview-static. clewm. net/cli/view-doc/view. html? url =//alicliimg. clewm. net/817/476/3476817/155531993080385cf8d4954a0dee5265ca30b3418c21b1555319925. pdf&t = 1586775756&filename =% E5% A4% A732%E5%BC%80%200414%E6%B6%89%E5%A4%96%E6%B0%91%E5%95%86%E4%BA%8B%E5%AE%A1%E5%88%A4%E7%99%BD%E7%9A%AE%E4%B9%A6. pdf。

③ 参见乔雄兵：《〈海牙取证公约〉在我国的实施分析》，载《政法论丛》，2010 年第 4 期。

④ 参见 http://gongbao. court. gov. cn/Details/c15ac3fd6bd534567eec8e047941eb. html；http://gongbao. court. gov. cn/Details/c70030ba6761ec165c3c2f0bd2a12b. html。

⑤ 据了解，向 2013 年海牙取证公约调查问卷分析报告提供资料的部门是司法部司法协助交流中心司法协助处。

式，公布民商事司法协助请求书年度资料。[①]

四、取证手段单一

我国加入《海牙取证公约》时，依据第三十三条第1款规定对特派员取证做了完全保留，即除第十五条以外，公约第二章在我国不适用。我国《民事诉讼法》也明确规定："未经中华人民共和国主管机关准许，任何外国机关或者个人不得在中华人民共和国领域内……调查取证。"因此，大部分通过官方渠道进行的取证工作仅由法院通过请求书方式来专属完成，取证手段比较单一。

我国对特派员制度做了保留是否意味着特派员制度毫无可取之处？我国是否可以对此制度加以利用？以下对此进行分析。

（一）特派员制度

1. 各国实践

许多国家和地区的法律都对特派员制度有相应的规定，包括澳大利亚、塞浦路斯、日本、塞舌尔、新加坡、南非、英国和美国。[②] 在许多普通法系国家，特派员也有可能被称作"检查员（examiner）"或"特别检查员（special examiner）"。[③]

2. 特派员的担任

《海牙取证公约》并未对"特派员"进行定义，也未列举成为公约项下的特派员必须满足的先决条件。因此，何人可以成为特派员，须留待请求国（state of origin）法律进行规定。[④] 在各国的实践中，特派员可由执业律师（不论其身处请求国还是取证地国）、司法官员（包括首席法官），甚至书记员担任。例如，在英格兰，大律师（barrister）或执业时间不低于三年的上庭律师（solicitor-advocate）可被指派为特派员（也称"检查员"）。[⑤] 在澳大利亚，法律明确规定，可将首席法官指派为检查员，[⑥]其联邦法院也特别发布了指派法官作为检查员进行域

---

① 参见 http://www.court.gov.mo/zh/subpage/annual。虽然澳门特别行政区法院网站司法年度年报公布的仅是民商事司法协助请求书年度资料，并未对送达、取证、判决承认与执行等案件进行区分，但作者认为，该资料的统计模式与其连贯性仍值得借鉴。

② See *Foreign Evidence Act* 1994 (for proceedings in federal courts) and similar state legislation (for proceedings in state courts, such as the *Evidence on Commission Act* 1995 of New South Wales) (Australia); *Civil Procedure Rules*, Order 37 (Cyprus); *Code of Civil Procedure*, art. 184(1) (Japan); *Evidence Act*, Chapter 74, s. 11 (Seychelles); *Rules of Court*, Order 39, r. 2 (Singapore); *High Court Rules*, r. 38(3) (South Africa); *Civil Procedure Rules*, Part 34 (England); *Rules of the Court of Judicature* (*NI*) 1980, Order 39, r. 2 (Northern Ireland); *Court of Session Rules*, r. 35.11 (Scotland); *Fed. R. Civ. Pro.* 28(b) (1) (United States).

③ See McClean D. *International Co-operation in Civil and Criminal Matters*, 3rd ed., Oxford, Oxford University Press, 2012, p. 125.

④ See HCCH, *Practical Handbook on the Operation of the Evidence Convention*, 3rd ed., The Hague, 2015, p. 133.

⑤ See *Civil Procedure Rules*, r. 34.15. 在一起案件中，法庭表示："在英格兰，法律未禁止审理案件的高等法院法官指派自己成为特别检查员"。在该案中，其首席法官指派自己作为检查员，前往古巴向某证人调取证据：See *Peer Int'l Corp. v. Termidor Music Publishers Ltd* [2005] EWHC 1048 (Ch).

⑥ See *Foreign Evidence Act* 1994, s. 7(1) (a).

外取证的应用指引。[1] 在美国,任何人都可以被指派为特派员。[2] 在实践中,特派员一般由与双方当事人均无关系的书记员担任。

3. 特派员的指派

特派员一般由请求国法院指派。[3] 但是,假如取证地国法律对特派员取证有相关规定,《海牙取证公约》并不禁止特派员由取证地国某机关指派。该观点也被荷兰阿姆斯特丹上诉法院承认。[4] 解释报告也提到,特派员可由请求国司法机关指派,也可由取证地国司法机关指派,[5]但由取证地国司法机关指派的前提是请求国提出请求。

当案件双方当事人的代理人请求对证人进行直接询问和交叉询问时,请求国法律可做出规定,允许各自的代理人被指派为特派员。

4. 取证的许可

特派员只有在得到取证地国的事先许可时,才能调取证据(不论作证人员的国籍),除非取证地国根据《海牙取证公约》第十七条第 2 款声明特派员可在无事先许可的情况下依本条进行取证。

此外,特委会指出,根据《海牙取证公约》第二章(包括领事与特派员)请求调取证据的,取证地国可参照该国根据《海牙取证公约》第二十三条所做的保留及其设定的审判前文件开示请求书特征描述要件,审查并决定是否给予许可。[6]

5. 给予许可的条件

在给予许可时,取证地国主管机关可根据《海牙取证公约》第十九条,规定其认为合适的条件。这些条件包括以下几种:[7]①取证的固定时间和地点;[8]②取证的固定时长;③主管机关要求的有关取证的时间、日期和地点的合理的事先通知;④主管机关代表或其他人员在取证时出席的权利;[9]⑤确定及限制询问的主题与范围;⑥确定及限制文件或其他对象的开示范围;⑦确定及限制进入与检查不动产的范围。

但是,取证地国主管机关不能设定与《海牙取证公约》第二章其他与取证相关条款不相符的条件,尤其是第二十一条。[10] 例如,主管机关不能限制特派员调取证据的种类(不能与第

---

① See Practice Note CM 19 of 21 September 2011.

② See S. Devine & C. Olsen, "Taking Evidence Outside of the United States", (1975) 55 *B.U.L. Rev.* 368, p. 371.

③ See *e.g.* *Foreign Evidence Act* 1994 s. 7(1) (Australia); *Civil Procedure Rules*, r. 34. 13(4) (England); *Fed. R. Civ. Pro.* 28(b) (1) (d) (United States).

④ See *Vereniging van Effectenbezitters* (*Association of Security Holders*) *v. Koninklijke Ahold N.V.*, Hof. Amsterdam, 24 November 2005 JOR 2006/6.

⑤ See Explanatory Report on Convention of 18 March 1970 on the Taking of Evidence Abroad in Civil or Commercial Matters, para. 182.

⑥ See C&R No 19 of the 2014 SC.

⑦ See HCCH, *Practical Handbook on the Operation of the Evidence Convention*, 3rd ed., The Hague, 2015, p. 136.

⑧ 例如,法国就声明,根据《海牙取证公约》第十六条、第十七条进行的取证,必须在请求国大使馆的管辖区域内进行。

⑨ 例如,荷兰就声明,主管机关有权决定,取证须在指定法官的监督下进行。

⑩ See Explanatory Report on Convention of 18 March 1970 on the Taking of Evidence Abroad in Civil or Commercial Matters, para. 198 & 204-8.

二十一条第 1 项违背),或者以取证地国法律规定的方式为由限制特派员的取证方式(不能与第二十一条第 4 项违背)。[①] 此外,公约并未允许取证地国对何人可以成为特派员,或者哪个机关可以指派特派员进行限制。

6. 调取证据

作为一般规则,特派员取证时遵循请求国法律。同时,特派员还须根据《海牙取证公约》第十七条第 1 款第 2 项、第十九条,遵照取证地国主管机关设定的条件进行取证。

1)证人的通知

特派员应以书面形式,通知证人作证的具体时间与地点。该通知应以取证地国文字发出,或附上该国文字的译文,除非该证人是请求国国民。此外,特派员还应向证人通知以下事项:①证人有权被合法代理;②证人作证时不能被采取强制措施,除非取证地国根据《海牙取证公约》第十八条做出声明或该国法律规定特派员取证时可采取强制措施对取证予以适当协助。

在实践中,请求调取证据的当事方通常会在特派员被指派之前与证人取得联系,以确定该证人愿意作证。请求国法律可能将上述做法规定为指派特派员的条件之一。同时,取证地国也可能将上述对证人作证意愿的确认作为给予许可的条件之一。[②]

2)调取证据的类型

根据《海牙取证公约》第二十一条第 1 项,除非与取证地国法律相抵触或违背,根据第十五条、第十六条或第十七条给予的许可,特派员可以调取所有类型的证据。一般来说,特派员大多选择调取证人证言。[③] 但是,请求国法律有可能允许特派员调取其他类型的证据,如检查文件或其他物品(包括动产或不动产)。许多普通法国家的法律仍然只允许特派员询问证人。[④]

其中,“相抵触”应与《海牙取证公约》第九条第 2 款做相同解释,即如本章第二节提到,意味着“高门槛”。该观点也被意大利罗马上诉法院确认,该法院认为,《海牙取证公约》第二十一条第 1 项提到的“相抵触”,与第九条第 2 款一样,要求具备某种宪法意义上的不兼容或者法定的绝对禁止。[⑤]

3)方式与程序

特派员取证的方式与程序,已规定在《海牙取证公约》第二十一条第 4 项。该条款可以保证特派员调取的证据可以在请求国诉讼中使用。[⑥]

特派员取证的方式与程序一般规定在请求国民事诉讼规则中,并在具体个案的派遣文

---

① 例如,在意大利的一起案件中,布雷西亚上诉法院发现,不能仅以“用于询问证人的问题未在许可申请书中列明”为由,拒绝某特派员的取证请求。See *Stanadyne Automotive S. p. A. v. Traverso*, 28 November 1991.

② See HCCH, *Practical Handbook on the Operation of the Evidence Convention*, 3rd ed., The Hague, 2015, p. 137.

③ See McClean D. *International Co-operation in Civil and Criminal Matters*, 3rd ed., Oxford, Oxford University Press, 2012, p. 132.

④ See HCCH, *Practical Handbook on the Operation of the Evidence Convention*, 3rd ed., The Hague, 2015, p. 138.

⑤ See CA Rome, 21 April 1995, *Riv. dir. int. priv. proc.* 1995, p. 753.

⑥ See Report of the 1968 SC, p. 68.

件或委任书中做出补充规定。上述规定可能包含以下内容:①询问证人的地点;②用于询问证人的具体问题或主题;③交叉询问的有关内容(在一些国家,特派员会作为询问的中立监督者;[①]在另一些国家,特派员进行询问);④询问的语言及翻译人员的使用(假如有需要);⑤聘用速记员进行记录,或者使用音频、视频设备对询问进行录制;⑥对证言的准确性及可靠性进行核实;⑦对当事人或证人提出的异议进行记录和处理。

与“相抵触”的含义相似,《海牙取证公约》第二十一条第4项中的“禁止(forbidden)”一般要求取证地国法律条文对特定取证行为明确禁止。[②]

4)宣誓与确认

根据《海牙取证公约》第二十一条第1项的规定,为了调取证据,特派员有权在合适限度内主持宣誓或接受确认,只要与取证地国法律不相抵触并不违背主管机关给予的任何许可。假如取证地国法律将主持宣誓的专有权限授予某个特定机关或人员(如法官或公证人),则由外国特派员主持的宣誓就有可能与该法律相抵触。

主持宣誓的权力不能取代请求国设定的限制条件,如该国民事程序规则或委任状的相关规定。换句话说,假如根据请求国法律规定,特派员未被授权主持宣誓,则《海牙取证公约》也不会对此给予单独授权。[③]

5)强制措施

《海牙取证公约》不允许特派员对取证采取强制措施,也未要求取证地国对此提供协助。取而代之的是,公约第十八条建立了一套机制,允许特派员申请取证地国有关机关给予个案协助。取得该协助需要满足以下条件:[④]①取证地国已根据《海牙取证公约》第十八条第1款做出声明,允许特派员申请协助;②协助的申请已对取证地国指定的主管机关提出;③申请符合上述声明包含的条件;④该申请获得指定主管机关的许可。

关于设定申请的条件以及是否给予许可,《海牙取证公约》将会授予主管机关完全的自由裁量权。主管机关也可根据《海牙取证公约》第十九条设定其认为合适的条件。当协助的许可授予后,取证地国采取的强制措施必须满足以下要求:①合适,即考虑到证据获取的本质,以及取证地国给予许可时设定的条件;[⑤]②根据其国内法规定并适用于国内诉讼程序。

在实践中,上述机制的应用较少,主要是因为极少国家根据《海牙取证公约》第十八条第1款做出声明,即使是做出声明的国家,也表示暂未收到过相关申请。[⑥] 但换个角度分析,《海牙取证公约》第十八条并不妨碍取证地国根据第二十七条第2项,依照其国内法为特派

---

① See Report of the 1968 SC, p. 69.

② See Ristau B, *International Judicial Assistance (Civil and Commercial)*, International Law Institute, Georgetown University Centre, Washington, D.C., 2000 Revision, § 5-3-2(3).

③ See HCCH, *Practical Handbook on the Operation of the Evidence Convention*, 3rd ed., The Hague, 2015, p. 139.

④ See HCCH, *Practical Handbook on the Operation of the Evidence Convention*, 3rd ed., The Hague, 2015, p. 140, para 397.

⑤ See Explanatory Report on Convention of 18 March 1970 on the Taking of Evidence Abroad in Civil or Commercial Matters, para. 193.

⑥ See HCCH, Responses to question 76 of the 2008 Questionnaire, available at: 〈https://www.hcch.net/en/publications-and-studies/details4/?pid=4457&dtid=33〉[last consulted on 30 March 2020].

员取证提供协助。

（二）评价

有学者提出，特派员制度是英美法系国家特有的一种制度，在很多大陆法系国家看来，适用该制度在其领域内取证的行为会侵害其司法主权。[①] 但是，这些学者并未详细提及特派员制度如何侵犯取证地国司法主权。这其中的根本原因，可归结为两种法系之间取证制度的差异。其中，大陆法系国家普遍认为，取证属于一种行使国家司法权力的活动，所以这一活动应主要由法院进行，而当事人仅起协助司法机关的辅助作用；在英美法系（普通法系）国家，法官在调查取证过程中起着一种被动的、消极的、仲裁人的作用。[②] 在我国，调查取证主要是法院的职权，同时当事人对于自己的主张负有举证责任。我国《民事诉讼法》第六十七条规定："当事人对自己提出的主张，有责任提供证据。当事人及其诉讼代理人因客观原因不能自行收集的证据，或者人民法院认为审理案件需要的证据，人民法院应当调查收集。人民法院应当按照法定程序，全面地、客观地审查核实证据。"第七十条规定："人民法院有权向有关单位和个人调查取证，有关单位和个人不得拒绝。人民法院对有关单位和个人提出的证明文书，应当辨别真伪，审查确定其效力。"

1. 潜在的威胁

结合上文的分析，作者认为，特派员制度对取证地国（特别是大陆法系国家）司法主权的侵犯，具体可能存在于以下三个方面。

（1）可成为特派员的人员范围过于广泛。上文提到，担任特派员的人员，可以是法官、书记员和律师，还可以是普通个人。在普通法国家，特别是在美国，律师取证的范围不受限制，只要特派员认为可能与诉讼有一点关系的材料，哪怕是间接有关或关系非常微小，都在其搜寻之列。尤其在贸易、专利、产品责任等诉讼中，特派员往往要调查数以万计的文件，涉及公司的业务记录、账户以及公司运作的许多方面。[③]

（2）取证地国主管机关不能限制特派员调取证据的种类（不能与第二十一条第 1 项相违背）。

（3）取证地国主管机关不能限制特派员的取证方式（不能与第二十一条第 4 项相违背）。

上述三个方面带来的最直接的后果就是面临"钓鱼式取证"的威胁，甚至导致国家秘密的泄露。例如，《中华人民共和国保守国家秘密法》（以下简称《保守国家秘密法》）第十三条规定："下列涉及国家安全和利益的事项，泄露后可能损害国家在政治、经济、国防、外交等领域的安全和利益的，应当确定为国家秘密……（四）国民经济和社会发展中的秘密事项"。因此，该法第五条规定："国家秘密受法律保护。一切国家机关和武装力量、各政党和人民团体、企业事业组织和其他社会组织及公民都有保密的义务。任何危害国家秘密安全的行为，都必须受到法律追究。"也正是基于此原因，我国选择对特派员制度做出保留。

---

① 参见乔雄兵：《〈海牙取证公约〉在我国的实施分析》，载《政法论丛》，2010 年第 4 期；王克玉：《域外取证法律适用问题研究》，中国政法大学 2007 年博士学位论文；侍丹青：《论〈海牙取证公约〉在我国的适用》，复旦大学 2009 年硕士学位论文。

② 参见徐宏：《国际民事司法协助》（第二版），武汉大学出版社，2006 年版，第 169-170 页。

③ 参见徐宏：《国际民事司法协助》（第二版），武汉大学出版社，2006 年版，第 173 页。

此外,特派员制度给取证地国带来的另一个潜在威胁是证人权利的保护。首先,由于我国对特派员制度做了保留,我国多数公民对该制度并不熟悉,对相关程序及其法律后果缺乏清晰的了解。因此,假如遇见外国特派员取证,我国公民的权利可能会受到侵害。例如,为一方当事人作证,特别是知之甚少的外国当事人,轻则遭受非议,重则可能卷入复杂的事件,甚至遭到另一方当事人或相关人员的打击报复,生命财产安全受到严重威胁。① 其次,因为我国公民大多对外国法律制度不了解,假如我国公民作为证人为外国特派员作证,可能会导致自己或他人卷入外国的诉讼,甚至触犯外国的法律。

2. 优点

(1)特派员制度省去了请求书层层转递的复杂程序,操作较为简便,可作为请求书制度的替代方案,用于从不愿入境的证人处获取证言,前提是经过该证人同意。以某些普通法系国家为例,如爱尔兰,特派员制度是调取不愿入境或无法入境的外国证人的证言的主要方式。②

(2)特派员往往对请求国的民事法律制度和证据规则较为了解,所以,其调取的证据符合请求国法律形式要件的可能性更大。如果证人是请求国国民,也熟悉请求国的证据规则,则该优势就更加凸显。

(3)相比领事取证,特派员制度的优势在于更加灵活,其灵活性表现在可成为特派员的人员范围更加广泛、③取证的种类以及方式更加多样。结合上文的分析,特派员制度的上述特点,既是优势,也是潜在的威胁。

(4)相对于到庭作证与请求书取证,特派员制度可缓解证人的紧张感与顾虑,使证人作证的意愿更强,使证言的可靠性更高。特派员制度设立的初衷,就是为了缓解普通法诉讼中“证人只能在陪审团面前以口头方式作证”的规则给证人带来的紧张与焦虑情绪。④ 某些证人因为需要到庭作证或由调查人员寻找其取证,以及由此衍生的不良社会舆论与猜忌,产生心理压力而拒绝作证。同时,某些调查人员素质较低,询问证人时,态度生硬粗暴,也会造成证人对调取证据人员的反感而不愿作证。⑤ 上文提到,特派员制度因其构成人员、取证方式的灵活性与多样性,往往能缓解证人的心理压力和反感情绪。此外,某些因素的介入,如法庭情境与氛围、取证人员不当的询问态度和询问方法,极易对证人形成误导。证人因误导所做的信息表述难以避免虚假的现象的产生,从而对证人的表述和证言的可靠性造成不良影响。⑥ 特派员制度可有效排除上述介入因素,提高证言的可靠性。

3. 结论

虽然特派员制度对我国司法主权、国家秘密的保护存在潜在的威胁,但其也有自身的优势。假如我国采纳特派员制度,对于丰富我国域外取证的方式,提升域外取证的效率与《海

---

① 参见毕海毅:《浅议证人权利及其保护制度》,载《广西大学学报(哲学社会科学版)》,2008 年第 3 期。

② See *Moorview Developments Ltd & Ors v. First Active plc & Ors* [2008] IEHC 274 (31 July 2008).

③ 在领事取证中,由于领事执行职务的地区范围有限,即使取证对象在其辖区内,也还可能存在旅行上的不便。在此情况下,法庭可指定其他人员为特派员,包括法院法官、书记员以及律师等,甚至取证地国的公职人员或律师。参见徐宏:《国际民事司法协助》(第二版),武汉大学出版社,2006 年版,第 193 页。

④ See *Indochina Medical Co Pty Ltd v. Nicolai* [2013] NSWCA 436 (17 December 2013).

⑤ 参见何佩弦:《对“证人拒绝作证”的法律思考》,载《天中学刊》,2000 年第 3 期。

⑥ 参见王洪用:《误证与伪证:论民事诉讼中证人证言的可靠性》,载《时代法学》,2017 年第 6 期。

牙取证公约》的实施效果，将大有裨益。同时，随着我国法制的不断发展，许多法律与司法解释顺应时代的要求以及现实的需要，都进行了补充与修改，包括《海牙取证公约》的实施在内的多个实施细则也相继颁布。反观我国对于特派员制度的态度与做法，仍然停留在1997年笼统的保留声明，该声明距今已超过20年，明显滞后与不合时宜。

事实上，正如多位学者提到的那样，特派员制度在我国的适用确有先例，即1983年美国钻井船“爪哇”号沉船案。[①] 虽然该案是经外交部批准的特例，但却表明，早在我国加入《海牙取证公约》之前，特派员制度在我国就已有适用的可能与空间。结合上文对许可制度的相关分析，只要做好相关的制度设计，对有可能出现的威胁进行及早预判与防护，合理、有效利用特派员制度并非不可能。

五、私自取证现象严重

此处的“私自取证”，主要分为两个方面。一方面，它是指我国民事诉讼的当事人或诉讼代理人直接到外国进行非正式的（如未经有关机关许可的）取证活动。对于我国内地法院来说，它涉及文书公证、认证的问题。该问题已在本编第一章详细讨论，在此不做赘述。另一方面，它是指外国民事诉讼的当事人或诉讼代理人，未经我国主管机关准许，直接到我国进行取证的行为。该行为不但会严重扰乱我国法律服务市场、侵犯我国司法主权，而且可能造成商业秘密或者国家秘密的泄露。以下将对这一现象的现状及造成这一现象的原因进行分析。

（一）现状

外国诉讼代理人私自到我国取证的案例可追溯到1988年。有一位美国律师直接来华要求向某公司取证，由于有关机关认为，未经特别许可，外国律师不能直接在中国境内进行取证活动，从而阻止了这种取证。后来，该美国律师委托中国律师代为取证。当然，因为中国律师无权代为取证，故外交部领事司拒绝对该证词的公证进行认证。[②]

值得庆幸的是，在上述案例中，该美国律师向有关机关进行了“申请”，令该案件“有迹可循”。但是，随着时代的推移，更多外国律师借助“合法”的外衣，在我国进行着大量包括私自取证在内的非法执业活动。根据上海市律师协会一项调查发现：大量外国律所驻沪代表处都严重违反了国务院颁布的《外国律师事务所驻华代表机构管理条例》以及司法部的相关规定，长期非法从事中国法律事务。[③] 这些律所间接从事着中国境内的诉讼和仲裁业务，有的还实际控制诉讼的整个业务流程，如调查、取证、提供法律意见等，仅是在出庭的环节上不

---

① 参见乔雄兵：《〈海牙取证公约〉在我国的实施分析》，载《政法论丛》，2010年第4期；王克玉：《域外取证法律适用问题研究》，中国政法大学2007年博士学位论文；徐宏：《国际民事司法协助》（第二版），武汉大学出版社，2006年版，第194页。

② 参见徐宏：《国际民事司法协助》（第二版），武汉大学出版社，2006年版，第196页。

③ 负责对外国律所代表处执业情况进行调查、评估和分析的上海律协外事委员会王小耘表示：“我国在WTO协议中只是承诺外国律所在中国可以开办事处，但是中国从来没有承诺过要开放中国的法律服务业市场，想在中国从事法律业务，必须有中国律师执照，而外国律所和外国律师根本就没有这样的执照，自然被禁止从事这类业务。”参见《上海律协调查：揭秘外国律师事务所违法执业》，http://www.lawyers.org.cn/info/c45c8fcd7c744ebc9b7b92875df42828，2006-06-07。

得不使用中国律师。①

（二）原因

1. 我国相关立法存在漏洞

针对私自取证行为，我国并没有真正意义上的“阻却立法”，只是在《民事诉讼法》中，对禁止上述行为进行了原则性的规定。该法第二百八十四条规定：“未经中华人民共和国主管机关准许，任何外国机关或者个人不得在中华人民共和国领域内送达文书、调查取证。”但是，该条款既没有规定审查、认定私自取证行为的主管机关以及相关程序，也没有规定违反该条款需要承担的法律责任，可操作性不强，难以执行。

相比之下，针对在《海牙取证公约》（或其他现行公约）框架之外，于一国领域内为外国诉讼调取证据的行为，许多缔约国都制定了“阻却立法”。其中，比较典型的是法国的“阻却立法”，该法禁止本国国民、常住居民，或者总部设在法国境内法人的管理人员，向外国公共机构提供关于经济、商业、工业、财政或技术领域的文件或信息，假如上述行为足以危害法国的主权、安全或基本经济利益。同时，该法也禁止任何人以请求、调查、交流的形式获取上述文件或信息，以作为外国的司法或行政程序中的证据。违反上述规定者，将被并处或单处最高6个月的监禁和最高1.8万欧元的罚金。②

虽然为数不多，但法国的“阻却立法”还是在一些案例中发挥了作用，某些“以身试法”者因此受到了起诉，如发生在2007年的“MAAF案”。③ 法国最高法院（court of cassation）维持了原判，对一名法国律师处以一万欧元的罚款，因为该律师试图为美国的诉讼在法国境内调取证据的行为违反了相应的“阻却立法”。④ 然而，即使“阻却立法”真实存在，却并非总能达到预期的效果。在相关的几起案例中，澳大利亚、美国以及英国的法院都仍然依照其国内法，继续命令法国一方当事人开示文件，尽管当事人主张该文件的开示会违反法国相关“阻却立法”且这些法院也都完全知晓“MAAF案”。⑤

2. 美国的单边主义立法与审判前文件开示制度

上文提到，即使某国存在障碍立法，美国法院仍然会选择绕开《海牙取证公约》，仅根据美国国内法命令当事人在该国进行证据开示。因为，美国已经通过案例确定《海牙取证公约》是非强制性的。即使美国法院可通过国际司法协助的方式获取国外的证据，法院通常也

---

① 事实上，早在2005年9月28日，北京市司法局就曾对原美国高特兄弟律师事务所（曾为进入中国的第一家外国律所，2005年11月宣布解散）北京代表处进行处罚，原因是其辅助人员以代理人身份参加仲裁审理，为当事人提供法律服务。北京市司法局在一份通报中也承认：“外国律所驻京代表机构和人员非法执业的情况，特别是代表处非法从事中国法律事务的现象比较突出。”参见《上海律协调查：揭秘外国律师事务所违法执业》，http://www.lawyers.org.cn/info/c45c8fcd7c744ebc9b7b92875df42828，2006-06-07。

② See *Law No* 80-538，Art 1. 也可参见徐宏：《国际民事司法协助》（第二版），武汉大学出版社，2006年版，第177页。

③ Cass Crim.，12 December 2007，No 07-83.228，*Rev. crit. d.i.p.* 2008，p 626，reported by D. Chilstein.

④ 即 *Law No* 80-538。

⑤ See *Australian Competition and Consumer Commission v. Prysmian Cavi e Sistemi Energia S.R.L.* (*No* 7) (2014) FCA 5 (17 January 2014) (Australia); *National Grid Electricity Transmission plc v. Siemens A.G.* [2013] EWHC 822 (Ch) (High Court of England); *Trueposition, Inc. v. LM Ericsson Telephone Co.*, 2012 WL 707012 (E.D. Pa. 6 March 2012) (United States).

不愿意采用这种方式。因为司法协助方式存在很多不确定因素且非常费时，美国法院通常根据美国《联邦民事诉讼程序规则》发出证据开示的命令，要求受美国管辖的当事人或第三人出示有关文件，不遵守命令将会导致《联邦民事诉讼程序规则》第三十七条以及第四十五条规定的惩罚。[①]

同时，根据美国《联邦民事诉讼规则》第二十六条第 2 款第 1 项的规定，“合理导致可采证据开示的所有任何信息”都被要求开示。在录取证词的过程中，提问的问题也不必限定于庭审中被采纳的事项和认为直接相关的事项。要求对方当事人或者证人出示的文件的范围，也未必是庭审中采信的证据，只要这些文件能够引出一个对相关证据的询问或开示。[②]由此可见，美国的审判前文件开示制度是过于广泛的，与包括我国在内的许多国家的域外取证制度都存在严重的冲突。

综上所述，美国单边主义立法“客观上的强迫”与其审判前文件开示制度“主观上的诱导”，促使许多美国律师秘密地在我国从事着与我国法律制度相违背的取证行为，是造成我国私自取证现象严重泛滥的重要原因。

3. 缺乏疏导制度

当某种事物达到严重泛滥的程度时，相比起一味地阻止，适当的疏导措施或许能起到意想不到的效果。我国面对私自取证现象时，亦是如此。遗憾的是，迄今为止，我国并未采取更加积极有效的措施对私自取证现象进行疏导（如上文所提到的，在完善相关许可制度的前提下，适当引入特派员制度）。当外国当事人或诉讼代理人需要在我国取证时，在《海牙取证公约》项下且被我国认可的合法路径只有请求书取证和特定情况的领事取证。[③] 但是，因为我国关于请求书取证的制度仍不完善且我国认可的领事取证适用范围比较狭窄，很多外国当事人或诉讼代理人并不愿意选择上述两种方式到我国取证。可以说，在某种程度上，这也是导致我国私自取证现象严重的重要原因。

---

① 参见乔雄兵：《民商事域外取证中的障碍立法探析》，载《云南大学学报（法学版）》，2010 年第 4 期。

② 参见王克玉：《域外取证法律适用问题研究》，中国政法大学 2007 年博士学位论文。

③ 即《海牙取证公约》第十五条第 1 款规定的，外交官员或领事代表可以向他所代表的国家的国民在不采取强制措施的情况下调取证据。

第三章 《海牙取消认证公约》以及我国内地的加入

第一节 《海牙取消认证公约》项下的主管机关

一、主管机关的职能

根据《海牙取消认证公约》第六条的规定，每个缔约国均须指定一个或一个以上的机关作为签发附加证明书的主管机关。各国可自主决定主管机关的名称和数量。[①]

主管机关的三个主要职能：第一，核实公文书的来源；第二，签发附加证明书；第三，登记已签发的附加证明书，以便当文书接收者提出请求时，核实附加证明书的来源。[②]

二、主管机关的运行

为保证《海牙取消认证公约》正常运行，主管机关须完成的日常工作有资源与资料处理、指引、培训、附加证明书服务的递送、信息公开以及防止欺诈。

（一）资源与资料处理

资源与资料处理包含一系列独立又相互联系的工作：①接收附加证明书的申请（详见本章第三节“附加证明书的申请”）；②核实每份文书的来源，包括对签发公文书的官员与机关的追踪调查（详见本章第三节“公文书来源的核实”）；③将附加证明书填写完整（详见本章第三节“附加证明书的签发”）；④将附加证明书添附在公文书上（详见本章第三节“附加证明书的签发”）；⑤将附加证明书的具体信息记录在数据库中（详见本章第三节“附加证明书的登记”）；⑥根据文书接收者的申请，核实附加证明书的来源（详见本章第三节“附加证明书的登记”）。

（二）指引

主管机关应制作包含内部流程与注意事项的工作指引，引导工作人员在处理附加证明书的申请时准确无误。其中，工作指引应包含核实公文书来源与添加附加证明书的操作方

---

① See C&R No 78 of the 2009 SC.

② See HCCH, *Apostille Handbook: A Handbook on the Operation of the Apostille Convention*, The Hague, 2013, p. 14, para 41.

法与统一规程。[①]

(三)培训

主管机关应对工作人员进行持续的培训,以便其胜任有关附加证明书的日常工作。在实践中,缔约国时常会召集各国主管机关的代表(有时会包含常设局的参与,有时则不会),分享其经验并交换信息,特别是关于"电子附加证明书计划(e-App)"的实施。此举得到了常设局的推崇。[②]

(四)附加证明书服务的递送

附加证明书服务的递送模式,一般由主管机关决定。一般来说,递送应与附加证明书签发的数量相适应。在大多数缔约国,附加证明书服务的递送一般采取以下两种方式:①申请人于主管机关服务柜台申请或接收附加证明书;②申请人以邮件方式申请或接收附加证明书。[③]

考虑到《海牙取消认证公约》促进公文书全球流动的精神,公约鼓励主管机关实行某种举措,以促进大众更容易地得到附加证明书服务。其中一种举措便是增加附加证明书的服务地点,这是一种提高办事效率、减少大众负担的模式。[④]

此外,公约也鼓励主管机关制作申请签发附加证明书的标准模板,以便帮助申请人得到相关服务并确保主管机关获取签发附加证明书的相关信息(在遵守当地现行资料保护法律规定的前提下)。该信息包括以下内容:①申请人的姓名及联系方式;②需添加附加证明书的文书数量及基本信息;③文书接收国名称;④支付信息(假如签发附加证明书需收取费用);⑤选择递送的方式(假如主管机关提供了不同方式)。[⑤]

(五)信息公开

为确保个人、企业和某些专业人士的利益,有关附加证明书服务的递送信息应向大众公开。因为,个人、企业将会使用附加证明书服务从事某些跨境活动,而某些专业人士(律师、公证人)将会使用附加证明书服务参与公文书的流转过程。除了传统的运营网站以及在主管机关配发传单外,通过经常需要添加附加证明书的公文书签发官员或机关(如公证人、法院、民事登记处等)进行宣传,也不失为一种有效的公开方式。[⑥]

---

① See HCCH, *Apostille Handbook: A Handbook on the Operation of the Apostille Convention*, The Hague, 2013, p. 15, para 47.

② See HCCH, *Apostille Handbook: A Handbook on the Operation of the Apostille Convention*, The Hague, 2013, p. 15, para 48.

③ See HCCH, *Apostille Handbook: A Handbook on the Operation of the Apostille Convention*, The Hague, 2013, p. 15-16, para 49-50.

④ See C&R No 18 of the 2012 SC.

⑤ See HCCH, *Apostille Handbook: A Handbook on the Operation of the Apostille Convention*, The Hague, 2013, p. 97.

⑥ See HCCH, *Apostille Handbook: A Handbook on the Operation of the Apostille Convention*, The Hague, 2013, p. 17, para 56.

（六）防止欺诈

《海牙取消认证公约》禁止以下行为（因此而签发和使用的附加证明书也是无效的）：①冒充主管机关；②制作虚假证明，冒充附加证明书；③使用附加证明书作为公文书内容的证据；[①]④从公文书取下原本的附加证明书并重新添附在另一份公文书上；⑤使用附加证明书，试图赋予假文书（如由"野鸡大学"颁发的虚假学位凭证）法律效力。

特委会认为，面对欺诈与其他附加证明书的不当使用，或者相关违反其国内法的行为，主管机关可采取一系列措施予以应对。[②] 这些措施包括以下内容：①引入监管机制，如发现疑似上述违法行为，立即启动调查程序；②加强执法力度，对上述行为予以严厉打击；③完善立法，填补漏洞，让所有虚假文书（包括附加证明书）签发及使用受到法律制裁；④发现疑似欺诈或不当使用行为，立即停止签发附加证明书。[③]

第二节 《海牙取消认证公约》适用的文书

一、公文书概述

《海牙取消认证公约》仅适用于公文书。依据公约的精神，公约适用的范围（公文书的含义）应做广义理解及扩大解释，以确保更多类型的文书得到适用。此处，公文书泛指除以私人名义签署的文书之外的所有文书。[④] 因此，任何个人或机关，被国家赋予签发文书的权力并以官方名义签发的文书，即公文书。[⑤]

二、公文书性质的决定

上文提到，公文书泛指任何个人或机关以官方名义签发的文书。此处，个人是以私人名义还是官方名义，是由签发国法律决定的。因此，某文书是否成为《海牙取消认证公约》定义下的"公文书"，归根结底，还是由签发国法律决定。[⑥] 所以，即使文书接收国法律认为某文书不是公文书，也不能拒绝接收其附加证明书。但是，该法律可以决定该文书的法律效力。[⑦]

另一种情况是，签发国法律认为某种文书不是公文书，但接收国法律却认为该文书是公

---

① 附加证明书仅证明公文书的来源，不对公文书的内容产生证明效果：See HCCH, *Apostille Handbook: A Handbook on the Operation of the Apostille Convention*, The Hague, 2013, p. 9.

② See C&R No 80 and No 84 of the 2009 SC.

③ See HCCH, *Apostille Handbook: A Handbook on the Operation of the Apostille Convention*, The Hague, 2013, p. 18, para 61-62.

④ See Explanatory Report on the Hague Convention of 5 October 1961 Abolishing the Requirement of Legalisation for Foreign Public Documents, Section B, I. Article 1.

⑤ See HCCH, *Apostille Handbook: A Handbook on the Operation of the Apostille Convention*, The Hague, 2013, p. 29, para 111.

⑥ See C&R No 72 of the 2009 SC; See also C&R No 14 of the 2012 SC.

⑦ See HCCH, *Apostille Handbook: A Handbook on the Operation of the Apostille Convention*, The Hague, 2013, p. 30, para 115.

文书。对于该情况的处理,《海牙取消认证公约》规定,签发国主管机关无权为该文书签发附加证明书,公约也不适用于此类文书。同时,接收国主管机关也无权要求签发国主管机关为该文书签发附加证明书。因此,假如上述文书需要办理认证手续,主管机关可指引申请人前往以下地点寻求解决方法:①文书接收国大使馆或领事馆;②本国公证机关(经过公证的文书,可办理附加证明书)。[①]

三、公文书的种类

在实践中,各缔约国可能会签发多种多样的公文书,无法一一列举,因此,《海牙取消认证公约》第一条第 2 款列举了四类比较为大众认知所接受的“公文书”:①与一国法院或法庭有关的机关或官员发出的文书,包括检察官、法院书记官以及执行员发出的文书;②行政文书;③公证书;④放在以私人身份签署的文件上的正式证书,[②]诸如登记批准书、日期签证及签字公证书。

(一)《海牙取消认证公约》第一条第 2 款的性质

《海牙取消认证公约》第一条第 2 款的目的在于确认所列举的文书为《海牙取消认证公约》定义下的“公文书”,不论各缔约国国内法对此规定存在怎样的差别。但是,该条款列举的公文书类型是“不详尽的”。[③] 因此,假如某种文书不在《海牙取消认证公约》第一条第 2 款之列,但根据某签发国法律,该文书被认定为公文书,则《海牙取消认证公约》依然适用于该文书。况且,在实践中,大多数被添加附加证明书的文书都在该条款之列。[④]

(二)法院或法庭有关的机关或官员发出的文书

对于该条文(《海牙取消认证公约》第一条第 2 款第 1 项),应做以下理解:①对于“法院或法庭”的含义,应做扩大解释,即不应只包含传统意义上的司法法院和法庭,也应包含行政法庭、宪法法庭以及宗教法院等;②法院的决定,明显应在该条文列举的文书范围内;③个人是否及何时成为“法院或法庭有关的机关或官员”,由签发国法律决定。在某些国家,律师被视为公务机关或官员,因此,其签发的文书就可成为《海牙取消认证公约》定义下的公文书;在另一些国家,律师无权签发公文书,其签发的文书只有经过公证,才能适用公约并添加附加证明书。[⑤]

---

① See HCCH, *Apostille Handbook: A Handbook on the Operation of the Apostille Convention*, The Hague, 2013, p. 30, para 116.

② 作者查阅了该公约的多个中文译本后认为,原翻译“以私人身份签署的放在文件上的正式证书”表述不准确,容易引起歧义。经过查阅公约英文版本及相关文件,作者认为该句应翻译成“放在以私人身份签署的文件上的正式证书”。

③ See C&R No 72 of the 2009 SC.

④ See HCCH, *Apostille Handbook: A Handbook on the Operation of the Apostille Convention*, The Hague, 2013, p. 31, para 119-120.

⑤ See HCCH, *Apostille Handbook: A Handbook on the Operation of the Apostille Convention*, The Hague, 2013, p. 31, para 122.

(三)行政文书

顾名思义,行政文书就是行政机关或官员签发的文书。个人是否及何时成为“行政机关或官员”,由签发国法律决定。尽管各缔约国法律规定多种多样,但是,典型的行政文书不外乎以下几个种类:①出生证明、死亡证明和结婚证明,无障碍证书;②官方登记的摘录文件(如企业登记、财产登记、智慧财产权登记以及人口登记等);③专利及其他智能财产权证书;④执照;⑤医疗及健康证明;⑥犯罪记录;⑦学历学位证明。[①]

(四)公证书

此处,公证书有两层含义。一方面,它指公证机关或公证人(notary)按照法定程序制作的,用以记录或认可某项事实或行为的,具有特殊法律效力的证明。经公证人签署或加盖公证机关印章后,该公证书就成为《海牙取消认证公约》定义下的公文书。另一方面,在一些法域,公证书是指公证人(notary public)依据其国内法,履行职责(如执行确认、宣誓或保证)的证明文件,如宣誓证明书(jurat)或确认书。该文书不属于《海牙取消认证公约》第一条第 2 款第 3 项“公证书”,而属于第 4 项“正式证书”。[②]

(五)正式证书

关于《海牙取消认证公约》第一条第 2 款第 4 项,应做以下理解。首先,以私人身份签署的文件(如合同、誓词等),不属于《海牙取消认证公约》定义下的公文书。其次,在一些国家,其法律可能会允许某官员(包括美国公证人,即 US notary public)将其签发的证明文件放置于上述私人文件之上,以证明“文件的签名真实无误”或“该文件系另一文件经核证无误的副本”等信息。该证明文件就是“正式证书(official certificate)”,属于公文书。[③] 再次,公约并未列明有权将证明文件放置于私人文件之上的官员类型,仅列举了一些例子,如签字公证书。该条款列举的例子是不详尽的,有权将正式证书放置于私人文件之上的官员类型最终仍由签发国法律决定。最后,关于上述私人文件是否必须在签发正式证书的官员或主管机关所在国国内签署,公约也未列明。换句话说,即使私人文件来自外国,其正式证书也有可能被允许添加附加证明书。正式证书能否为外国私人文件签发,由正式证书签发国法律决定。[④]

四、排除适用的文书

(一)《海牙取消认证公约》第一条第 3 款的性质

根据《海牙取消认证公约》第一条第 3 款的规定,公约不适用于以下两种文书:①外交或

---

① See HCCH, *Apostille Handbook: A Handbook on the Operation of the Apostille Convention*, The Hague, 2013, p. 32, para 124.

② See HCCH, *Apostille Handbook: A Handbook on the Operation of the Apostille Convention*, The Hague, 2013, p. 32, para 127-128.

③ See HCCH, *Apostille Handbook: A Handbook on the Operation of the Apostille Convention*, The Hague, 2013, p. 32, para 129-130.

④ See HCCH, *Apostille Handbook: A Handbook on the Operation of the Apostille Convention*, The Hague, 2013, p. 32, para 132-133.

领事人员做成的文书;②直接处理商务交易或关税事务的行政文书。对此,应做狭义解释。[1]对以上两种文书的排除适用,是为了避免不必要的手续和问题的复杂化。[2]

(二)外交或领事人员做成的文书

1. 概述

公约之所以排除该文书的适用,是考虑到实践中的便利因素。因为在签发地国看来,该文书一般会被当作外国文书(一份由阿根廷驻荷兰外交人员签发的文书,是阿根廷的文书,而非荷兰的文书)。假如为该文书添加附加证明书,需要将其邮寄回其本国主管机关(如上例中的阿根廷)。假如公约适用于该种类的文书,将与促进公文书自由流动的公约精神相违背。[3]

因此,假如上述文书需要在外交或领事人员驻在国使用,则应交由该国外交部履行认证手续。假如该文书需要在第三国使用,一些国家采取的措施有两种:一是先交由驻在国外交部认证,再交该国主管机关添加附加证明书;二是在该文书签发的同时,一同签发其他形式的正式证书(如公证书),进而在公证书上添加附加证明书。[4]

2. 关于公民身份的文书

大使和领事在涉及其母国公民生活中的重大事件(如出生、死亡、结婚)时,往往发挥着重要作用。通常来说,发生上述事件时,将由事件发生地的政府机关为该事件签发相应的公民身份文书,如出生证、死亡证以及结婚证等,而不论该个人的国籍。除了当地政府机关,驻扎在该国的大使或领事也有可能在发生上述事件时,根据其母国法律,为该母国公民签发相关文书(如公民资格或身份文件)。[5] 根据《海牙取消认证公约》第一条第 3 款第 1 项,大使或领事签发的上述文书,不在公约的适用范围之内。

作为向居住在驻在国的母国公民提供的其中一项服务,大使或领事会帮助该公民从母国获取关于公民身份的文书,如母国政府机关持有的民事登记摘录。例如,爱沙尼亚驻美国的领事,帮助居住在美国但生于爱沙尼亚的某人获取其出生证明。这类文书适用《海牙取消认证公约》,因为它们并不是由大使或领事签发的,只是通过他们转递。[6] 在此情况下,根据上文的结论,判断某文书是否为《海牙取消认证公约》定义下的公文书,由大使或领事的母国法律决定。

---

① See C&R No 15 of the 2012 SC.

② See HCCH, *Apostille Handbook: A Handbook on the Operation of the Apostille Convention*, The Hague, 2013, p. 33, para 136.

③ See HCCH, *Apostille Handbook: A Handbook on the Operation of the Apostille Convention*, The Hague, 2013, p. 34, para 139.

④ See HCCH, *Apostille Handbook: A Handbook on the Operation of the Apostille Convention*, The Hague, 2013, p. 35, para 140.

⑤ See HCCH, *Apostille Handbook: A Handbook on the Operation of the Apostille Convention*, The Hague, 2013, p. 36, para 144.

⑥ See HCCH, *Apostille Handbook: A Handbook on the Operation of the Apostille Convention*, The Hague, 2013, p. 36, para 145.

(三)直接处理商务交易或关税事务的行政文书

对于该文书的排除适用,应做限缩解释。一般规则:假如《海牙取消认证公约》在某国生效前,该类文书需要履行认证手续,则公约在该国生效后,该类文书就需要添加附加证明书;假如《海牙取消认证公约》在某国生效前,该类文书不需要履行认证手续,则公约在该国生效后,该类文书就不需要添加附加证明书。① 该规则直接体现了取消认证手续促进公文书自由流动的公约精神。

事实上,早在公约起草时,参与讨论的国家(主要来自欧洲②)并不要求该类文书履行认证手续,或者已对该类文书的使用做出安排。③ 从本质上说,参与讨论的国家不想在该类文书上施加本不该存在的认证程序。④ 然而,时过境迁,现实情况是大部分缔约国并未参与讨论。这其中的部分缔约国,在公约生效前,是要求该类文书履行认证程序的。所以,在实践中,许多缔约国将《海牙取消认证公约》适用于对跨国商务和交易产生重要作用的行政文书,如进出口许可证、原产地证明以及卫生和安全证明。⑤

因此,根据上文的论述,在特定情况下,对该类文书适用《海牙取消认证公约》是符合公约规定和精神的。该解释已得到特委会的明确肯定。⑥

第三节 《海牙取消认证公约》附加证明书制度

一、签发国签发附加证明书流程

附加证明书在签发国的流程为申请、核实、签发、登记。

(一)附加证明书的申请

1. 申请人

附加证明书可由公文书的持有者(如准备到国外使用文书之人)或公文书的签发者(如官员或公证人)进行申请。《海牙取消认证公约》并未区分自然人和法人,也未对申请人的资格做出规定(如国籍或个人状况)。此外,公约也不要求申请人陈述申请的原因。因此,附加证明书可由代理人代为办理。当然,主管机关会要求代理人提供证据证明其已经过申请人的授权。一些缔约国还会允许协力厂商机构为申请人提供代办服务,公约既不认可也不反

---

① See HCCH, *Apostille Handbook: A Handbook on the Operation of the Apostille Convention*, The Hague, 2013, p. 34, para 137.

② See HCCH, *Apostille Handbook: A Handbook on the Operation of the Apostille Convention*, The Hague, 2013, p. 1, para 1.

③ See *e.g.* Article VIII(1)(c) of the 1947 *General Agreement on Tariffs and Trade*.

④ See Explanatory Report on the Hague Convention of 5 October 1961 Abolishing the Requirement of Legalisation for Foreign Public Documents, Section B, I. Article 1.

⑤ See C&R No 15 of the 2012 SC.

⑥ See C&R No 77 of the 2009 SC. See also C&R No 15 of the 2012 SC.

对。只要相关法律允许，并且确保附加证明书只能由公约规定的主管机关签发，上述协力厂商代办服务就符合公约的规定。[①]

2. 申请的拒绝

1）拒绝的理由

一般来说，主管机关在下列情形下，可拒绝附加证明书的申请：①申请添加附加证明书的公文书不在《海牙取消认证公约》的缔约国或正在成为缔约国的国家使用（尽管在申请人无法确定文书使用国时，主管机关不能拒绝该申请）；②公文书被排除在《海牙取消认证公约》适用范围之外（如第一条第3款）；③根据签发国法律，某文书不是公文书；④某主管机关仅有权为某类公文书签发附加证明书，但该申请的公文书不属此类；⑤某主管机关仅仅有权为本国某地区的公文书签发附加证明书，但该申请的公文书不在此地区；⑥主管机关无法核实公文书的来源。[②]

除了上述理由，在一些国家，其国内法还可能允许或要求主管机关基于某些额外的理由，拒绝附加证明书的申请：①由代理人或者机构申请附加证明书时，该代理人或者机构无法提供证据证明其得到了附加证明书使用人的授权；②申请人未支付申请费用（如需要）；③公文书（或者其他经过公证的文书）含有“攻击性（offensive）”内容；④主管机关认为，公文书有伪造的嫌疑。[③]

此外，特委会指出，公文书的核证副本（certified copy）也有可能基于公共秩序的考虑而被拒绝申请，以避免该副本的伪造以及其他非法的使用（如某主管机关国内法规定，禁止使用护照或其他身份证明文件的副本文件）。[④]

2）申请被拒绝后的救济措施

当附加证明书的申请被拒绝后，有以下救济措施可供选择。第一，假如因为文书使用国不是《海牙取消认证公约》的缔约国或正在成为缔约国，或者属于公约第一条第3款被排除适用的文书而被拒绝，主管机关可指引申请人到本国境内就近的文书使用国使领馆寻求帮助。第二，假如因为申请的文书不是公文书，或者属于公约第一条第3款被排除适用的文书而被拒绝，主管机关可指引申请人到公证机关，以确认该文书是否可以进行公证，并最终确定是否可以在该公证书上添加附加证明书。第三，假如在申请时，因为主管机关无权为某类或者本国某地区的公文书添加附加证明书而被拒绝，该主管机关可指引申请人到具有权限或者相应地区的主管机关办理申请。第四，假如因为主管机关无法核实公文书的来源而被拒绝，该主管机关可指引申请人到可以确认该文书真实性的机关（如签发该文书的官员、机关或者负责处理相关事务的机构）出具证明书，并最终为该证明书添加附加证明书。[⑤]

---

① See HCCH, *Apostille Handbook*: *A Handbook on the Operation of the Apostille Convention*, The Hague, 2013, p. 47.

② See HCCH, *Apostille Handbook*: *A Handbook on the Operation of the Apostille Convention*, The Hague, 2013, p. 48, para 205.

③ See HCCH, *Apostille Handbook*: *A Handbook on the Operation of the Apostille Convention*, The Hague, 2013, p. 48, para 206.

④ See C&R No 11 of the 2003 SC.

⑤ See HCCH, *Apostille Handbook*: *A Handbook on the Operation of the Apostille Convention*, The Hague, 2013, p. 49.

(二)公文书来源的核实

1. 核实公文书来源的重要性

签发附加证明书之前,主管机关需要对下列事项进行核实:①假如公文书含有官员的签名,需要核实签名的真实性;②签署该公文书的官员身份;③假如公文书含有印章(图章),需要核实其真实性。[①]

在签发附加证明书时,主管机关对于公文书来源的核实具有非常重要的意义。因此,在核实公文书的来源时,主管机关需要设定清晰的流程。该观点得到了特委会的确认。[②]

在某些情况下,主管机关可能无法核实所有公文书的来源,特别是在"由单一主管机关核实一国所有公文书"的制度下,上述问题就有可能凸显。为了解决这个问题,主管机关可与某些中介机构进行合作,由中介机构对公文书的来源进行核实和确定并出具相关证书,再由主管机关对该证书添加附加证明书。[③] 虽然上述做法减轻了主管机关的负担,但在事实上增添了申请的步骤,无形中给申请人设置了不必要的障碍,不符合《海牙取消认证公约》的公约精神。因此,特委会建议,缔约国可将主管机关的权限分散,增加提供附加证明书服务的机关数量。第一,可设置额外的主管机关,负责特定类型公文书的签发事宜;第二,可设置主管机关为由特定地区签发的公文书添加附加证明书;第三,可为主管机关设置地方性的专门办事处。[④]

2. 签名、印章(图章)样本数据库

1)数据库的持有

为了达到确认公文书来源的目的,主管机关均应持有或有权使用存有该国官员签名与政府机关印章(图章)样本的数据库,以便对其有权签发附加证明书的公文书进行核对。该数据库可以以纸质形式或电子形式保存。当然,电子数据库是大势所趋,也被许多缔约国采用,其在储存、使用及更新方面的优势极大地保障与促进了公约的运行。此外,假如某缔约国存在多个主管机关,推荐使用"中央电子数据库"。[⑤]

2)数据库的更新

主管机关应确保上述签名及印章(图章)的样本数据库的及时更新,以应对政府机关及官员信息的变更。尤其是在主管机关遇到由"刚上任的新官"签署的公文书的情况下,上述对数据库的更新就显得更为重要。然而,主管机关如果未能在数据库中找到该"新官"的签名(或者相关印章、图章)样本,须建立一套标准化流程来应对该情形,包括联系相关官员、提取样本资料等。但无论是怎样的流程,最核心的要点是主管机关在核实该签名(或者印章、

---

① See HCCH, *Apostille Handbook: A Handbook on the Operation of the Apostille Convention*, The Hague, 2013, p. 50, para 214.

② See C&R No 83 of the 2009 SC.

③ See HCCH, *Apostille Handbook: A Handbook on the Operation of the Apostille Convention*, The Hague, 2013, p. 50, para 217.

④ See C&R No 18 of the 2012 SC.

⑤ See HCCH, *Apostille Handbook: A Handbook on the Operation of the Apostille Convention*, The Hague, 2013, p. 51.

图章)之前,不能签发任何附加证明书。[①]

3)数据的缺失

假如主管机关收到年代久远的公文书,其签名(或者相关印章、图章)可能已经永久缺失。例如,某申请人申请为其50年前办理的出生证明添加附加证明书,但签署该文件的官员已经退休。在此情况下,主管机关应尝试穷尽一切合理手段核实该签名(或者印章、图章),如联系相关政府部门寻找署名官员或查找档案。假如主管机关最终仍未能确定公文书的来源,应拒绝签发附加证明书,申请人可重新办理相关公文书。[②]

4)资料不匹配

假如公文书上的签名、印章(图章)与数据库里的样本不匹配,主管机关不应签发附加证明书并应知会相关政府机关或官员可能存在的造假行为。假如在匹配过程中存在疑问(如官员在公文书上的签名与数据库样本存在拼写或构成上的不一致),主管机关应联系相关政府机关或官员,对签名、印章(图章)进行核实,在有需要时进行资料更新。

(三)附加证明书的签发

1. 签发的权力

《海牙取消认证公约》第三条第1款规定,附加证明书只能由主管机关签发。主管机关的指派和内部架构交由各缔约国自行决定。[③] 在某些缔约国,主管机关由司法机关担任;在另一些缔约国,主管机关由行政机关担任。无论哪种情况,主管机关的内部规则都可能将签发附加证明书的权力授予特定的官员,该授权的合法性来源于适用于该主管机关的国内立法。[④]

2. 纸质附加证明书与电子附加证明书

由于大多数公文书仍然以纸质形式签发,因此大部分附加证明书也依旧以纸质形式添加在这些公文书上。然而,部分国家已经开始通过扫描的方式,将纸质形式的公文书转换成电子形式。因此,假如文件签发国法律将公文书的"扫描副本(scanned copy)"归为公文书的一种形式,则电子形式的附加证明书(e-Apostille)可以在该扫描副本之上签发。[⑤]

同时,随着越来越多国家的法律承认电子签名与传统手写签名的同等作用,公文书也更多地以电子形式签发,而电子附加证明书自然可以为之添加。添加的形式多种多样,不拘一格,其中最常用的形式就是可移植文档格式(PDF)。[⑥]

---

① See HCCH, *Apostille Handbook: A Handbook on the Operation of the Apostille Convention*, The Hague, 2013, p. 52, para 223.

② See HCCH, *Apostille Handbook: A Handbook on the Operation of the Apostille Convention*, The Hague, 2013, p. 52, para 226.

③ See Explanatory Report on the Hague Convention of 5 October 1961 Abolishing the Requirement of Legalisation for Foreign Public Documents, Section B, V. Article 6.

④ See HCCH, *Apostille Handbook: A Handbook on the Operation of the Apostille Convention*, The Hague, 2013, p. 54, para 233.

⑤ See HCCH, *Apostille Handbook: A Handbook on the Operation of the Apostille Convention*, The Hague, 2013, p. 38, para 158.

⑥ See HCCH, *Apostille Handbook: A Handbook on the Operation of the Apostille Convention*, The Hague, 2013, p. 54, para 236-237.

3. 附加证明书的添加

1)直接添加

根据《海牙取消认证公约》第四条第1款的规定,附加证明书须直接添加在文书上或"文书附页"上(并将该附页粘贴在文书上)。

2)其他添加方式

《海牙取消认证公约》并未具体说明附加证明书如何添加在文书上,或者"文书附页"如何粘贴在文书上。因此,具体的方法仍然由各主管机关决定。无论何种方法,附加证明书的添加必须确保牢固。① 特委会建议使用防拆封(tamper-evident)的方式,其中最简单且安全的方式就是电子附加证明书。②

(1)纸质附加证明书。

在实践中,主管机关会采用多种方式为公文书添加纸质附加证明书。假如选择直接添加,可使用橡皮图章、胶水、缎带、蜡封以及不干胶等;假如选择将附页粘贴在公文书上,可使用胶水、金属扣眼或订书钉。③

(2)电子附加证明书。

相对于纸质形式,电子附加证明书的添加相对简单,主要使用可移植文档格式(PDF),即将电子附加证明书与电子公文书合并在同一个 PDF 文档之中。此外,电子附加证明书也可与电子公文书放置于同一个独立的资料夹中。④

(四)附加证明书的登记

根据《海牙取消认证公约》第七条第1款的规定,各主管机关必须对其签发附加证明书所记录的信息进行登记。登记可以有效防止欺诈并让接收者准确核实文书来源。登记的格式包括纸质格式(如卡片索引)、电子格式(不可联网)以及可联网电子格式(e-Register)。⑤

无论是哪种格式,每份附加证明书均须记录以下内容:①签发数量;②签发日期;③公文书签署者姓名;④公文书签署者职位;⑤无签署者时,加盖印章机关名称。⑥

二、文件接收国对于附加证明书的接收与拒绝

(一)接收义务

根据《海牙取消认证公约》第三条第1款的规定,各缔约国有义务给予其他缔约国根据

① See HCCH, *Apostille Handbook: A Handbook on the Operation of the Apostille Convention*, The Hague, 2013, p. 62, para 266.

② See C&R No 91 of the 2009 SC and C&R No 24 of the 2012 SC.

③ See HCCH, *Apostille Handbook: A Handbook on the Operation of the Apostille Convention*, The Hague, 2013, p. 63, para 268.

④ See HCCH, *Apostille Handbook: A Handbook on the Operation of the Apostille Convention*, The Hague, 2013, p. 63, para 270.

⑤ See HCCH, *Apostille Handbook: A Handbook on the Operation of the Apostille Convention*, The Hague, 2013, p. 66, para 279、para 281.

⑥ See HCCH, *Apostille Handbook: A Handbook on the Operation of the Apostille Convention*, The Hague, 2013, p. 67, para 284.

公约签发的附加证明书法律效力。

(二)可作为拒绝附加证明书的理由

虽然《海牙取消认证公约》并未规定,某缔约国可拒绝来自另一缔约国的附加证明书,但是,假如附加证明书本身或者其签发过程存在以下重大缺陷,文书接收国依然可以拒绝接收。

第一,文书被明确排除适用。根据《海牙取消认证公约》第一条第3款的规定,假如某文书属于该条款中明确排除适用的文书,其附加证明书有可能被拒绝接收。但是,值得注意的是,鉴于上文所述,对该条款的限缩解释,以及现实情况的不断发展,特别是关于第一条第3款第2项(直接处理商务交易或关税事务的行政文书),特委会希望文书接收国有关机关能秉承加强合作的精神,遵从文书签发国主管机关就上述条款文书性质的判断。尤其是鼓励各缔约国接收为进出口许可证、健康证明以及原产地证明等文书签发的附加证明书,即使该国本身并不会为此签发。[①]

第二,签发国并非缔约国。假如某份附加证明书来自《海牙取消认证公约》非缔约国,文书接收国可以拒绝给予其法律效力。[②]

第三,文书并非签发国公文书。上文提到,《海牙取消认证公约》仅适用于公文书且文书的性质由签发国决定。因此,假如某文书在签发国内并非公文书,接收国可以拒绝接收附加证明书。[③]

第四,附加证明书并非由主管机关签发。假如根据附加证明书上的签发日期,签发机关在该时间段没有签发附加证明书的权限,接收国可以拒绝接收附加证明书。[④]

第五,主管机关对于特定公文书没有签发权限。假如根据附加证明书上的签发日期,主管机关在该时间段对于特定公文书没有签发附加证明书的权限,接收国可以拒绝接收附加证明书。[⑤]

第六,未包含10项必填信息。附加证明书须填写10项必填信息,[⑥]可选择填写附加信息。[⑦] 假如附加证明书未完整包含上述必填信息,接收国可以拒绝接收附加证明书。但是,未包含附加信息不能成为拒绝附加证明书的理由。[⑧] 不过,提示附加证明书的有限效力,以

---

① See C&R No 15 of the 2012 SC.

② See HCCH, *Apostille Handbook*: *A Handbook on the Operation of the Apostille Convention*, The Hague, 2013, p. 70, para 297.

③ See HCCH, *Apostille Handbook*: *A Handbook on the Operation of the Apostille Convention*, The Hague, 2013, p. 70, para 298.

④ See HCCH, *Apostille Handbook*: *A Handbook on the Operation of the Apostille Convention*, The Hague, 2013, p. 70, para 299.

⑤ See HCCH, *Apostille Handbook*: *A Handbook on the Operation of the Apostille Convention*, The Hague, 2013, p. 70, para 300.

⑥ See HCCH, *Apostille Handbook*: *A Handbook on the Operation of the Apostille Convention*, The Hague, 2013, p. 59, para 258.

⑦ See HCCH, *Apostille Handbook*: *A Handbook on the Operation of the Apostille Convention*, The Hague, 2013, p. 58, para 255.

⑧ See C&R No 13 of the 2003 SC and C&R No 92 of the 2009 SC.

及列明相关网站(供文书接收人核实附加证明书来源)的附加信息是被推荐填写的。[①]

第七,附加证明书脱离文书。假如附加证明书未添加或者已经与文书分离,接收国可以拒绝接收附加证明书。主管机关应提醒文书使用者,将已添加附加证明书的公文书进行复印,以防其失去效力。[②]

第八,伪造或变造附加证明书。文书接收者如果对附加证明书的真实性和完整性有疑问,应联系相关主管机关,通过查询附加证明书上的细节对其来源进行核实。[③]

(三)不可作为拒绝附加证明书的理由

即使附加证明书本身或者其签发过程存在以下缺陷,文书接收国也不可以拒绝接收。

第一,根据文书接收国法律规定,被添加文书不是公文书。上文提到,文书的性质由签发国法律决定,因此,附加证明书不能仅因为文书接收国法律认为被添加文书不是公文书而被拒绝接收。[④] 但是,该类附加证明书不会以任何方式影响该文书作为证据在文书接收国诉讼中的可接受性、可采性以及证明力。[⑤]

第二,形式上的缺陷。附加证明书只要遵照《海牙取消认证公约》签发,且能清晰辨认,则不能因为其尺寸大小、形状以及设计上的缺陷而被拒绝接收。[⑥] 即使出现下列情形,也不能拒绝接收:①并非方形;②边长大于或小于 9 cm;③标题与必填信息处无边框包围。但是,文书接收国须将缺陷通知签发主管机关。[⑦]

第三,电子附加证明书。附加证明书不能仅因为其以电子形式签发(如电子附加证明书)而被拒绝接收。该观点已被采纳并在随后被再次确认。[⑧] 为了使电子附加证明书在域外更容易被接受,文书签发国可在即将签发电子附加证明书时,事先通知文书接收国,同时,通知荷兰外交部和海牙国际私法会议常设局。[⑨] 但是,上述观点并不妨碍文书接收国机关因其国内法对公文书纸质形式的硬性要求,或者因该国不承认电子签名与传统手写签名的同等作用拒绝接收电子形式公文书。[⑩]

第四,添加的方法。附加证明书不能仅因为其添加在公文书上的方法不同于文书接收国主管机关而被拒绝接收。[⑪]

---

① See HCCH, *Apostille Handbook*: *A Handbook on the Operation of the Apostille Convention*, The Hague, 2013, p. 58, para 253.

② See HCCH, *Apostille Handbook*: *A Handbook on the Operation of the Apostille Convention*, The Hague, 2013, p. 71, para 302.

③ See HCCH, *Apostille Handbook*: *A Handbook on the Operation of the Apostille Convention*, The Hague, 2013, p. 71, para 303.

④ See C&R No 14 of the 2012 SC.

⑤ See C&R No 82 of the 2009 SC and C&R No 14 of the 2012 SC.

⑥ See C&R No 13 of the 2003 SC and C&R No 92 of the 2009 SC.

⑦ See HCCH, *Apostille Handbook*: *A Handbook on the Operation of the Apostille Convention*, The Hague, 2013, p. 71, para 305-306.

⑧ See C&R No 6 of the Sixth (Madrid) Forum and C&R No 9 of the Seventh (Izmir) Forum.

⑨ See C&R No 9 of the Seventh (Izmir) Forum.

⑩ See HCCH, *Apostille Handbook*: *A Handbook on the Operation of the Apostille Convention*, The Hague, 2013, p. 72, para 310.

⑪ See C&R No 92 of the 2009 SC.

第五，翻译。附加证明书不能仅因为其未使用文书接收国的文字而被拒绝接收。根据《海牙取消认证公约》第四条第2款的规定，附加证明书可用签发主管机关的官方文字写成。同时，根据第三条第1款的规定，附加证明书在缔约国行使其效力时，不得再添加其他手续，包括翻译。但是，上述条款并不妨碍文书接收国国内法的规定。假如外国公文书未使用该接收国官方文字写成，或者未附该接收国官方文字译文，接收国机关可拒绝接收该文书。[①]归根结底，为使附加证明书产生效力，各主管机关均应使用英文或法文制作附加证明书，并附上本国官方文字（假如其官方文字不是英文或法文）。[②]

第六，"老旧"附加证明书。鉴于附加证明书永不失效，[③]所以其不能仅因为年代久远而被拒绝接收。但是，上述观点并不妨碍文书接收国国内法的规定。假如外国公文书签发时间过于久远，接收国机关可拒绝接收该文书。最典型的例子是，某国机关可能会要求无犯罪记录证明在某个时间段内签发。[④]

第七，未经认证或其他证明手续。《海牙取消认证公约》第五条第3款规定，附加证明书上的签字、印记和图章不需再做任何证明。同时，根据公约第三条第1款的规定，附加证明书是缔约国之间证实公文书来源唯一可能需要的手续。因此，在《海牙取消认证公约》项下，任何添加在附加证明书上的证明文件均不会产生效力，各主管机关也不应对附加证明书进行认证或其他证明手续。[⑤] 但是，假如缔约国将附加证明书视为认证程序的一部分，则不适用上述条款。[⑥] 值得注意的是，文书接收国机关不应以要求签发国主管机关提供描述签发过程的证明（如要求文书使用人从该主管机关获取类似文件）为条件，来决定是否接收附加证明书。特委会强调，主管机关应拒绝提供类似证明，收到上述要求时应将该事项通知常设局。[⑦] 文书接收国机关假如对附加证明书的来源或者签发国主管机关的权限有疑问，可在该主管机关数据库或者海牙国际私法会议官方网站进行核实。

第八，公文书既被认证又被添加附加证明书。在实践中，文书使用者可能会在多个国家出示公文书，因此，该文书可能既获得传统的领事认证用于《海牙取消认证公约》非缔约国，又被添加附加证明书用于《海牙取消认证公约》缔约国。正如上文提到的，只要认证手续与附加证明书无关，公约并不反对任何添加在公文书上的认证文件。[⑧]

---

① See HCCH, *Apostille Handbook: A Handbook on the Operation of the Apostille Convention*, The Hague, 2013, p. 72, para 313.

② See C&R No 90 of the 2009 SC.

③ See HCCH, *Apostille Handbook: A Handbook on the Operation of the Apostille Convention*, The Hague, 2013, p. 10, para 28.

④ See HCCH, *Apostille Handbook: A Handbook on the Operation of the Apostille Convention*, The Hague, 2013, p. 73, para 315.

⑤ See HCCH, *Apostille Handbook: A Handbook on the Operation of the Apostille Convention*, The Hague, 2013, p. 73, para 316.

⑥ See HCCH, *Apostille Handbook: A Handbook on the Operation of the Apostille Convention*, The Hague, 2013, p. 24, para 87.

⑦ See C&R No 27 of the 2012 SC.

⑧ See HCCH, *Apostille Handbook: A Handbook on the Operation of the Apostille Convention*, The Hague, 2013, p. 74, para 319.

三、电子附加证明书

（一）概述

虽然《海牙取消认证公约》最初制定时设想的运行方式仅是纸质附加证明书，但是，无论公约精神还是条文，都不妨碍现代科技手段的应用。反而，现代科技手段的应用将促进公约的运行。[①] 于是，电子附加证明书计划（e-App）在 2006 年应运而生，它包含签发（e-Apostille）和数据库（e-Register）两个部分。[②]

（二）实施

缔约国可选择上述计划的其中一个部分单独实施，也可选择两个部分同时实施。在实践中，大多数缔约国仅选择其中一个部分实施，即电子数据库（e-Register）。[③] 特委会鼓励各主管机关对实施及运行电子附加证明书计划（e-App）的经验进行交流与分享，[④]并推荐了西班牙模式。[⑤]

虽然加入电子附加证明书计划不需要签署任何协定及承诺，但假如某主管机关开始签发电子附加证明书，应将这一事项告知其他主管机关，告知的方式可以是通知荷兰外交部以及常设局。[⑥] 同时，假如某主管机关开始运行电子数据库，常设局也鼓励其将此事项进行告知。

1. 签发

签发电子附加证明书，需要具备两个基本条件：①填写附加证明书的相关计算机设备（硬件及软件），包括支持电子签名的文书处理软件（如 PDF）；②电子附加证明书的传输工具，如电子邮件、可供下载档案的网页等。[⑦]

1）为电子（扫描）公文书而签发

在实践中，某些缔约国仅为电子公文书签发电子附加证明书，同时为纸质公文书签发纸质附加证明书。在另一些缔约国，电子附加证明书都为电子公文书与（经过扫描或数字化的）纸质公文书的签发。[⑧] 需要注意的是，当电子附加证明书为非电子公文书签发时，可能需

---

① See C&R No 4 of the 2003 SC.

② See HCCH, *Apostille Handbook: A Handbook on the Operation of the Apostille Convention*, The Hague, 2013, p. 75, para 325.

③ See HCCH, *Apostille Handbook: A Handbook on the Operation of the Apostille Convention*, The Hague, 2013, p. 78, para 338.

④ See C&R No 3 of the Seventh (Izmir) Forum.

⑤ 即实现国内全部主管机关均能签发电子附加证明书，保有可联网、包含所有附加证明书信息的中央数据库，同时简化了纸质附加证明书的签发流程：See Report on the exportability of the Spanish e-App system, Ministry of Justice of Spain, May 2011.

⑥ See C&R No 8 of the Seventh (Izmir) Forum.

⑦ See "Electronic Apostille Pilot Program (e-App) - Memorandum on some of the technical aspects underlying the suggested model for the issuance of electronic Apostilles (e-Apostille)'', Prel. Doc. No 18 of March 2007 for the attention of the Council of April 2007 on General Affairs and Policy of the Conference.

⑧ See HCCH, *Apostille Handbook: A Handbook on the Operation of the Apostille Convention*, The Hague, 2013, p. 80, para 347.

要符合签发国设定的某些条件，如纸质公文书仅可以由主管机关进行扫描。[①]

2)数位凭证

为了将电子签名应用于附加证明书，主管机关必须从可信赖的商业证书授权机构(commercial CA)或者官方证书授权机构(government CA)获取数位凭证。数位凭证颁发与处理的等级越高，电子附加证明书的接收度就越高。此处所谓的高等级，包括以下内容：①证书授权机构被高度认可；②其颁发的数位凭证能在所有主流浏览器运行；③符合主管机关选择的档案格式。[②]

因为附加证明书没有失效期限，所以，只要电子附加证明书签发时数位凭证是有效的，即使签发电子附加证明书的个人使用的数位凭证超过使用期限，该电子附加证明书依然有效。因此，主管机关在选择数位凭证时，应着重考虑上述因素，使用即使数位凭证过期后仍然有效的“永久签名(long term signature)”，如 PDF 高级电子签名(PAdES)以及加盖时间戳记的数位签章(XAdES-T)。[③]

2. 电子数据库

为开发电子数据库，主管机关可使用开放原始程序码软件(open source software)，[④]如超文本前置处理器(PHP)[⑤]以及关系型数据库管理系统(MySQL)，[⑥]或者依靠专有软件(proprietary software)(如 Oracle)。

假如缔约国设置了多个主管机关，或者为一个主管机关设置了多个办事处，建议在遵循该国国内法的前提下，运行一个中央数据库，供所有主管机关或办事处使用。[⑦] 此外，除主管机关所在国官方文字外，建议数据库同时设置英文或者法文版本。[⑧]

1)电子数据库的分类

假如文书接收者需要查询公文书或者附加证明书的信息以核实其来源，可登录电子数据库。目前，根据向文书接收者显示信息的不同，电子数据库主要划分为三个级别。

(1)基础级别：电子数据库仅核实附加证明书的编号及签发日期，通常显示“是”“否”或类似回答。

(2)附加级别：电子数据库不仅核实附加证明书的编号及签发日期，还提供附加证明书以及公文书的相关信息，如对上述文件进行预览。

(3)高等级别：除上述功能外，电子数据库还提供附加证明书以及公文书资料的核实，如

---

① See C&R No 7 of the Sixth (Madrid) Forum.

② See C&R No 7 of the Seventh (Izmir) Forum.

③ See C&R No 6 of the Seventh (Izmir) Forum.

④ 开放原始程序码软件(open source software)是可以自由和免费获得各种原始程序码的软件的总称，它的许可特性允许每个人免费来扩展或改进该软件以及发布该软件。

⑤ PHP 即超文本前置处理器，是一种通用开源指令码语言。PHP 是在服务器端执行的指令码语言，与 C 语言类似，是常用的网站程序设计语言。PHP 独特的语法混合了 C、Java、Perl 以及 PHP 自创的语法，利于学习，使用广泛，主要适用于 Web 开发领域。参见韦永凯：《论 PHP 的优点与缺点》，载《魅力中国》，2018 年第 17 期。

⑥ MySQL 是一个关系型数据库管理系统，由瑞典 MySQL AB 公司开发，目前属于 Oracle 旗下产品。MySQL 是最流行的关系型数据库管理系统，在 Web 应用方面，MySQL 是最好的 RDBMS (relational database management system，关联式数据库管理系统) 应用软件。

⑦ See C&R No 5 *d*) of the Sixth (Madrid) Forum.

⑧ See C&R No 5 *e*) of the Sixth (Madrid) Forum.

核实附加证明书的电子签名或者电子公文书的完整性。[①]

尽管基础级别电子数据库为核实附加证明书的来源提供了便利，但其妨碍了相关主管机关履行《海牙取消认证公约》第七条规定的义务。这是因为，上述数据库未向文书接收者显示公文书签字人姓名及其作成公文书所依据的身份，或者加盖印或戳记的机关的名称（如文件没有签名）。再者，基础级别电子数据库不能保证相关附加证明书仍然添加在其原始的公文书上。例如，某文书接收者在上述数据库查询到了某附加证明书的编号及签发日期，但实际上，该附加证明书已脱离原始公文书并被添加到其他公文书上，然而该数据库仍然会显示"肯定（或匹配）"的答复且不会给予任何关于该附加证明书被盗用的提示。[②]

因此，特委会鼓励主管机关运行附加级别电子数据库（至少为文书接收者提供附加证明书或者公文书的基本描述或文件预览）或运行高等级别电子数据库（提供附加证明书以及公文书的资料核实）。[③]

然而，运行上述数据库必须要对文书签发国与个人信息保护相关的法律法规进行考察，因为其有可能禁止披露电子数据库的某些信息，如与公文书内容有关的信息。[④] 在某些缔约国，其国内法甚至不允许对电子数据库中的附加证明书进行浏览。[⑤] 因此，需要在符合《海牙取消认证公约》的规定与遵守文书签发国的法律法规（特别是个人信息与机密信息的保护）之间寻找平衡点。

2）电子数据库的登录

（1）防止"钓鱼式登陆"。

"钓鱼式登陆"是指电子数据库的使用者以非法获取信息为目的，查看其未收到的其他附加证明书的行为。为了防范这一行为，电子数据库应要求使用者在登录时使用独一无二的登录信息，该信息与其收到的附加证明书联系。实现上述目的最有效的方法就是，将附加证明书进行乱序或随机编号，并要求用户登录时输入该唯一的编号以及签发时间。假如主管机关已将附加证明书进行顺序编号，特委会建议在附加证明书必填信息的外围区域附上由字母和数位组成并由电子随机生成的编码。文书接收者填写该编码、附加证明书编号以及签发时间方可登陆电子数据库。[⑥] 此外，使用随机验证码以及二维码登陆电子数据库，也是特委会推崇的安全登录方式。[⑦]

（2）增强型 EV SSL 数位凭证。

为了保护电子数据库的完整性，特别是防止协力厂商侵入主管机关的资料系统，发布有

---

① See HCCH, *Apostille Handbook: A Handbook on the Operation of the Apostille Convention*, The Hague, 2013, p. 81, para 354.

② See HCCH, *Apostille Handbook: A Handbook on the Operation of the Apostille Convention*, The Hague, 2013, p. 82, para 356.

③ See C&R No 11 *b*) and *c*) of the Seventh (Izmir) Forum.

④ See C&R No 5 *b*) of the Sixth (Madrid) Forum.

⑤ See HCCH, *Apostille Handbook: A Handbook on the Operation of the Apostille Convention*, The Hague, 2013, p. 82, para 358.

⑥ See C&R No 11 *d*) of the Seventh (Izmir) Forum.

⑦ See C&R No 11 *e*) and *f*) of the Seventh (Izmir) Forum.

关附加证明书的错误信息，特委会建议主管机关使用增强型 EV SSL 数位凭证[①]或类似技术。[②]

第四节 《海牙取消认证公约》的作用及局限

一、作用

《海牙取消认证公约》旨在促进公文书的全球流动并为此在史无前例的全球互通时代中寻找突破口。该公约极大地促进了缔约国对公文书的相互认可、国际贸易与投资以及人员的跨境流动。[③]《海牙取消认证公约》的作用主要体现在以下几个方面。

第一，简化公文书认证程序，大幅提高公文书国际流转效率。公约旨在用简化的认证代替传统的连锁认证。《海牙取消认证公约》框架内使用的"一步式"与"多步式"证明书方式[④]如图 1-6 所示。

第二，公约适用频率非常高。据不完全统计，仅二分之一的成员国每年在公约框架下签发的证明书总量就已近五百万份。部分成员国签发附加证明书的数量[⑤]如图 1-7 所示。

由表中数据可以看出，仅根据向海牙国际私法会议 2016 年调查问卷做出反馈的 49 国及中国香港、澳门特别行政区提供的数字来看，2015 年这些国家和地区总共签发的证明书数量就已达 4 844 732 份。由此估计，公约全部 120 个成员国签发的证明书数量或超千万份。

另外，从对海牙国际私法会议调查问卷的反馈看，大部分国家明确表示，每年签发的证明书数量呈上升趋势。分析显示，证明书数量不断增长的主要原因有两个：一是公约成员国数量在不断增加，因此证明书适用范围在扩大；二是本国国民向国外迁移日益频繁和国际人员商贸往来日益密切，需要通过证明书认证的公文数量在增加。[⑥]

---

① EV SSL 证书的英文全名为 extended validation SSL certificate，是全球领先的数位凭证颁发机构和主流的浏览器开发商共同制定的一个新的 SSL 证书严格身份验证标准，让新一代安全浏览器(如 IE7)能识别出 EV SSL 并在地址栏显示为绿色，让使用者能确信正在访问的网站就是通过权威协力厂商严格身份验证的现实世界的真实实体，从而增强使用者的信心。增强型 SSL 证书(EV SSL 证书)是最高级别的 SSL 数位凭证，其最大的特色是激活网站浏览器的栏位使其变成绿色，利用鲜明的标示告诉用户：这个网站正受到最严密的信息安全防护。

② See C&R No 11 *g*) of the Seventh (Izmir) Forum.

③ See HCCH, *Apostille Handbook*: *A Handbook on the Operation of the Apostille Convention*, The Hague, 2013, p. xiii.

④ 参见 https://assets.hcch.net/upload/wop/2008china_macao12.pdf，第 11 页。

⑤ 根据海牙国际私法会议提供的 2016 年调查问卷反馈报告，仅有 49 个成员国及中国香港、澳门特别行政区提供了 2012 年到 2015 年其中一年到四年签发证明书的数位，其他成员国未提供。参见 https://www.hcch.net/en/publications-and-studies/details4/?pid=6537&dtid=33，第 39-40 页。

⑥ 各国证明书数量增长的主要原因参见 https://www.hcch.net/en/publications-and-studies/details4/?pid=6537&dtid=33，第 41-42 页。

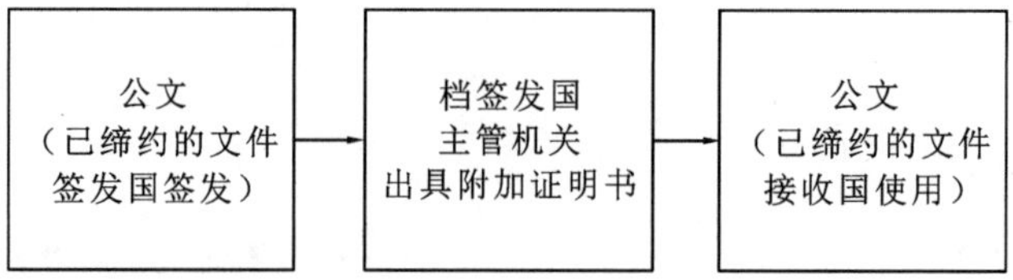

（a）“一步式”

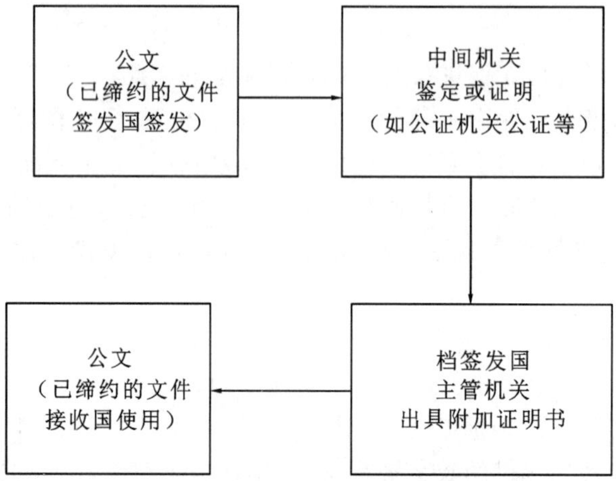

（b）“多步式”

图 1-6 《海牙取消认证公约》框架内使用的“一步式”与“多步式”证明书方式

二、局限

（一）附加证明书无法证明公文书内容的真实性

附加证明书的效力是有限的，它仅证明公文书的来源。[①] 根据《海牙取消认证公约》第五条第 2 款的规定，附加证明书仅通过证明签字的真实性、文书签字人作成该文书所依据的身份，以及在适当的情况下文件印章或戳记的可靠性，来证明公文书的来源。换句话说，附加证明书无法对公文书内容的真实性进行证明。同时，附加证明书对于签字或印章本身呈现的效力也不产生任何加强作用，或附加任何其他法律意义。

（二）附加证明书无法证明公文书制作的合法性

由于附加证明书仅证明公文书的来源，该公文书的制作是否符合文书签发国国内法规定的要件，就不在附加证明书的证明范围之内。缺少上述要件是否会导致公文书无效，以及

① See HCCH, *Apostille Handbook: A Handbook on the Operation of the Apostille Convention*, The Hague, 2013, p. 9, para 24.

4.2 Statistics on issued Apostilles				
a) How many Apostilles were issued in your jurisdiction for each of the following years?				
2012	2013	2014	2015	Contracting Party
254,500	233,000	248,130	256,500	Argentina
26,853	26,828	28,829	30,809	Armenia
45,260	48,027	50,477	53,982	Australia
16,496*	16,925*	17,916*	17,527*	Austria
0	0	1,947	3,661	Bahrain
49,124	51,746	49,517	48,815	Belgium
95,505*	119,420*	114,782*	117,994*	Bulgaria
26,616	28,751	32,645	37,221	China (Hong Kong SAR)
609	659	702	1,216	China (Macao SAR)
1,093,830	1,634,739	622,141	533,707	Colombia
59,373	63,881	69,471	76,913	Costa Rica
22,258	18,742	19,872	20,088	Croatia
441,864	474,829	412,092	452,730	Cyprus
25,310*	26,630*	28,661*	28,374*	Czech Republic
48,993	53,444	52,314	52,233	Denmark
206,766*	219,439*	222,959*	219,815*	Dominican Republic
96,452	84,674	81,889	87,012	Ecuador
7,610	7,357	6,453	7,058	Estonia
N/A	38,443	38,330	38,249	Finland
264,500**	265,317	242,183	228,211	France
28,530	34,791	40,556	43,603	Georgia
309,762	328,131	328,163	341,976	Germany
-	-	-	177,604*	Greece
27,470	42,617	49,180	57,909	Honduras
19,482*	20,374*	20,988*	22,499*	Hungary
216,596*	227,026*	186,162*	287,112*	Israel
65,762	70,075	79,750	90,729	Japan
77,024	91,255	96,077	100,103	Republic of Korea
-	-	-	13,757*	Kosovo
10,829	11,091	11,385	13,067	Latvia
13,021	14,488	15,207	16,165	Lithuania
47,500	50,000	58,000	55,000	Luxembourg
17,995	20,773	24,814	27,923	Malta
24,954	26,944	25,485	27,888	Mauritius
218,000	228,500	245,000	255,900	Mexico
4,103	3,720	4,357	4,662	Monaco
-	-	-	309	Montenegro
-	-	-	2,000	Namibia
12,498	13,888	13,013	13,423	New Zealand
42,891	46,045	42,439	44,965	Norway
265,574	266,714	255,802	248,960	Peru
36,886	40,616	39,133	36,005	Portugal
229,524*	199,742*	195,691*	204,623*	Romania
15,183*	16,190*	54,270*	94,065*	Russian Federation
11,456***	12,370***	13,489***	14,527***	Serbia
20,221*	18,774*	19,101*	20,369*	Slovakia
12,674	13,501	11,969	11,978	Slovenia
12,875	16,619	19,486	18,767	South Africa
28,249	29,964	28,929	28,002	Turkey
-	57,960	50,239	48,394	Uruguay
-	-	44,362	210,333	Venezuela
4,550,978. [43]	5,315,019. [45]	4,314,357. [47]	4,844,732. [51]	TOTAL [51]

图 1-7　部分成员国签发附加证明书的数量

主管机关需要对该事项做何种程度的审查，均由该国国内法决定。[①] 例如，某缔约国国内法可能会规定，主管机关须审查某公证人是否有权根据该国国内法签发某种公证书。当然，《海牙取消认证公约》无法将上述审查义务施加给各主管机关，因为附加证明书除了证明公文书的来源以外，再无其他法律效力。即使公文书的签字或印章是真实可靠的，有时也并不能掩盖它的某些缺陷。

---

① 在某些缔约国，其国内法会要求主管机关审查公文书的合法性，包括权力的正当性以及内容、格式的完整性等：See HCCH, *Apostille Handbook: A Handbook on the Operation of the Apostille Convention*, The Hague, 2013, p. 53, para 230.

(三)附加证明书无法影响公文书的可接受性、可采性或证明价值

附加证明书无法影响文书接收国对外国公文书的可接受性、可采性或证明价值进行判断的权利。[①] 该局限性体现在以下三个方面。

(1)附加证明书无法影响文书接收国对外国公文书的接收设定某些限制,如时间限制,即某公文书必须在签发之后某个时间段内出示。

(2)附加证明书无法影响文书接收国对外国公文书是否伪造、变造或合法制作的判断及是否采纳的权利。

(3)附加证明书无法影响公文书在文书接收国诉讼中作为证据的证明价值。文书能在何种程度上被用来证明某项事实,仍留待文书接收国证据法进行判断。

(四)欺诈行为无法受到有效监管及制裁

对于违反《海牙取消认证公约》规定的欺诈行为(见本章第一节"防止欺诈"),除了因此制作的附加证明书须被认定为无效外,公约并未规定其他任何处罚或制裁措施,而是将此寄希望于各缔约国国内法。假如某国国内法并未将其中某些欺诈行为列入处罚或制裁的范围,"防止欺诈"的目标有可能会无法实现。此外,公约未制定任何条款以监管附加证明书制度的运行,常设局也无权对《海牙取消认证公约》的实施进行监管。对于实施或运行中遇到的问题,解决的方法仅是将问题提交常设局或在特委会会议上进行讨论。

第五节 《海牙取消认证公约》在我国澳门、香港特别行政区的运行状况及启示

一、利用情况

(一)澳门特别行政区

《海牙取消认证公约》在澳门特别行政区生效的时间是 1969 年 2 月 4 日。[②] 根据海牙国际私法会议常设局(Hague Pernament Bureau)2012 年以及 2016 年发布的《中国澳门特别行政区关于取消要求外国公文书认证的问卷调查的答复》[③](以下简称《澳门问卷答复》)提供的统计资料显示,澳门特别行政区 2008 年到 2015 年签发的附加证明书的数量,总体来说呈上升的趋势,如表 1-1 所示。

① See C&R No 14 of the 2012 SC and C&R No 82 of the 2009 SC.

② 《海牙取消认证公约》在澳门特别行政区生效的时间参见 https://www.hcch.net/en/instruments/conventions/status-table/notifications/? csid=914&disp=resdn。

③ 《中国澳门特别行政区关于取消要求外国公文书认证的问卷调查的答复》来自 https://assets.hcch.net/docs/f874e3c2-b8b2-449b-bc7b-3554e00f0e14.pdf. https://assets.hcch.net/upload/wop/apostille2012_cn.pdf。

表 1-1　澳门特别行政区 2008 年到 2015 年签发的附加证明书的数量

年份	2008	2009	2010	2011	2012	2013	2014	2015
附加证明书数量/份	488	472	711	930	609	659	702	1216

(二)香港特别行政区

《海牙取消认证公约》在香港特别行政区生效的时间是 1965 年 4 月 25 日。[①] 根据海牙国际私法会议常设局 2012 年以及 2016 年发布的《中国香港特别行政区关于取消要求外国公文书认证的问卷调查的答复》[②](以下简称《香港问卷答复》)提供的统计资料显示,香港特别行政区 2008 年到 2015 年签发的附加证明书的数量,总体来说呈上升的趋势,如表 1-2 所示。

表 1-2　香港特别行政区 2008 年到 2015 年签发的附加证明书的数量

年份	2008	2009	2010	2011	2012	2013	2014	2015
附加证明书数量/份	20 657	19 174	21 570	23 757	26 616	28 751	32 645	37 221

二、运作情况

第一,关于适用范围。在澳门特别行政区,有三种形式的"文书"(written documents):公文书(authentic documents)、经认证的文书(authenticated documents)、私文书(private documents)。每种文书都具有法律价值,尤其在证明力方面。《澳门民法典》设立了一套准则来确定文书的种类与其法律价值。其中,根据第三百五十六条(文书之种类)的规定,"公文书"系指公共当局在其权限范围内,或公证员或被授予公信力的官员在其所获授权的行事范围内依法定手续缮立的文书;其他文书为私文书。在香港特别行政区,可被添加附加证明书的公文书大致分为两类:①由公职人士(如香港特别行政区政府认可的公职人员)签发,具备公共性质的文书,包括结婚证书、无结婚纪录证明书、出生/死亡登记证明书、登记事项证明书、商业登记证、公司注册证书以及宣誓书;②由香港特别行政区法律公证人签署的文书,包括授权书以及核证副本。[③]

第二,关于被申请附加证明书的公文种类。在澳门特别行政区,最多被申请附加证明书的公文有以下三大类:第一,验证副本(verified true copy);第二,签名属实公证(notarial authentications of signatures);第三,公民身份文件(如出生证明、死亡证明和婚姻证明)与无障碍证书(certificates of non-impediment)。[④] 在香港特别行政区,最多被申请附加证明书的公文有以下三大类:第一,签名属实公证(notarial authentications of signatures);第二,商业登记册以及其他登记册内资料的摘录(extracts from commercial registers and other

① 《海牙取消认证公约》在香港特别行政区生效的时间参见 https://www.hcch.net/en/instruments/conventions/status-table/notifications/?csid=914&disp=resdn。

② 《中国香港特别行政区关于取消要求外国公文书认证的问卷调查的答复》来自 https://assets.hcch.net/docs/6f67fca0-5ecd-4da8-84a5-b08c19661e6b.pdf. https://assets.hcch.net/upload/wop/apostille2012_cn.pdf。

③ 参见 https://assets.hcch.net/upload/wop/2008hongkong12.pdf,第 8 页。

④ 参见 https://assets.hcch.net/docs/f874e3c2-b8b2-449b-bc7b-3554e00f0e14.pdf,第 6-7 页。

registers)；第三，监誓员签署的宣誓书（declarations signed by the commissioner for oaths）。[①]

第三，关于申请附加证明书的流程。在澳门特别行政区，政府采用的是“多步式”的方式。[②] 具体来说，相关部门签发的公文，须先到第一公证署制作缮本，再到主管机关（通常是法务局）申请制作附加证明书，完成制作后，公文即可到已缔约的文件接收国进行使用，如图1-8所示。在香港特别行政区，附加证明书的制作采用“一步式”的方式。[③]

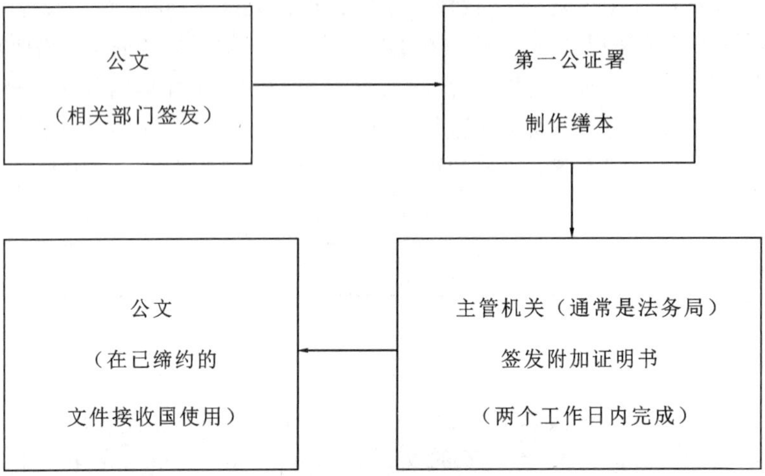

图 1-8　澳门特别行政区附加证明书制作的“多步式”方式

第四，关于签发附加证明书的主管机关。在澳门特别行政区，有权签发附加证明书的主管机关（负责人）依次是行政长官、行政法务司司长、法务局局长。[④] 在香港特别行政区，有权签发附加证明书的主管机关是高等法院。澳门、香港特别行政区主管机关完整的联系方式（邮寄地址、电话和传真号码、电子邮件）都会在海牙国际私法会议网站上予以公布，并会及时保持这些信息的更新。[⑤]

第五，关于附加证明书的申请与制作。在澳门特别行政区，申请附加证明书，需要申请人亲自到主管机关（通常是法务局）办理，而不接受邮件、电子邮件、网上申请等方式。在大多数情况下，主管机关会要求申请者对文件接收国进行详细描述。[⑥] 附加证明书的制作，通常在提交申请之后下一个工作日起算，并在两个工作日之内完成。例外的情况是，假如在法务局登记数据库（register database）中不具备相应的签名式样，或者对文件的真实性存在质

---

① 参见 https://assets.hcch.net/docs/6f67fca0-5ecd-4da8-84a5-b08c19661e6b.pdf，第 4-5 页。

② 根据《澳门问卷答复》，澳门特别行政区官方给出的答复是“一步式”的证明书方式。但是根据作者的走访调研，作者认为，澳门特别行政区实际上采用的是“多步式”的证明书方式。参见 https://assets.hcch.net/upload/wop/2008china_macao12.pdf，第 11 页。

③ 参见 https://assets.hcch.net/upload/wop/2008hongkong12.pdf，第 12 页。

④ 根据 2016 年问卷答复，行政长官、行政法务司司长、法务局局长均有权签发证明书，而法务局负责日常的实际操作。参见 https://assets.hcch.net/docs/f874e3c2-b8b2-449b-bc7b-3554e00f0e14.pdf，第 9 页。

⑤ 澳门、香港特别行政区主管机关信息，参见 https://www.hcch.net/en/states/authorities/details3/?aid=634 和 https://www.hcch.net/en/states/authorities/details3/?aid=633。

⑥ 参见 https://assets.hcch.net/docs/f874e3c2-b8b2-449b-bc7b-3554e00f0e14.pdf，第 18 页。

疑,附加证明书的制作将在有关部门对相关文件的真实性做出确认后的下一个工作日起算,并在两个工作日内完成。[①] 在香港特别行政区申请附加证明书时,申请人可选择亲自到主管机关(高等法院登记处加签服务组)办理,也可选择邮寄办理。与澳门特别行政区不同,香港特别行政区的主管机关(高等法院登记处加签服务组)不会要求申请者对文件接收国进行详细描述。[②] 在香港特别行政区,办理附加证明书服务的申请,一般需要两个工作日。至于费用,在澳门特别行政区,主管机关(法务局)对于附加证明书的制作不收取任何费用;在香港特别行政区,添加附加证明书的费用为每次 125 港元。[③]

第六,关于附加证明书的签发。

(1)签发前,须对公文书进行核实。在澳门特别行政区及香港特别行政区,对签署公文书所使用的签名及印章样本,主管机关均能查阅。然而,假如某公文书的签名及印章与数据库或登记册中的样本不符,两地的做法不尽相同。在澳门特别行政区,主管机关会联系公文书签署机关,确认签名或印章的真实性,假如发现疑似伪造情况,主管机关会联系检察官调查相关疑似罪行;在香港特别行政区,主管机关除确认签名或印章的真实性外,仅会通知相关机关或公证人更新签名或印章。[④]

(2)附加证明书签发时,澳门特别行政区主管机关使用的是带有澳门特别行政区区徽和签发机关标识水印的纸张。具体来说,附加证明书被复制在印有澳门特别行政区区徽和签发机关标识抬头的信笺上,以"附笺"的形式,用小型环状订书钉附在文件上,并在它们之间的连接处加盖主管机关的印章。语言方面,申请人可申请中文版本或者葡萄牙语版本的附加证明书,并附上相关的英文译本。[⑤] 在香港特别行政区,主管机关使用的是计算机打印的不干胶贴纸,将附加证明书贴在公文书的背面(假如公文书为单页)或者带有签名或印章的页面(假如公文书为多页)。同时,主管机关会附上"有限效力"及电子数据库网址等附加信息。语言方面,香港特别行政区的附加证明书使用中文与英文两种文字。[⑥]

第七,关于保存记录。在澳门特别行政区,主管机关(法务局)会记录每一份附加证明书的详细情况,包括以下内容:①日期和编号;②公文签署人的姓名以及签发时的职权,或者无签字文件上盖章机关的名称;③文件内容的描述;④申请人姓名;⑤附加证明书复印件;⑥被证明文件的复印件;⑦申请人身份证复印件。这些记录将以电子资料的形式由主管机关(法务局)无限期保存并不对外公布。[⑦] 在香港特别行政区,主管机关(高等法院登记处加签服务组)仅会记录以下信息:①日期和编号;②公文签署人的姓名以及签发时的职权,或者无签字文件上盖章机关的名称。与澳门不同,香港的主管机关会将上述信息以电子资料的形式保存十年或十年以上并在相关网站上对大众公开,但前提是,为防止"钓鱼式登录",使用者查

---

① 参见 https://assets.hcch.net/docs/f874e3c2-b8b2-449b-bc7b-3554e00f0e14.pdf,第 19 页。

② 参见 https://assets.hcch.net/docs/6f67fca0-5ecd-4da8-84a5-b08c19661e6b.pdf,第 15 页。

③ 参见 https://www.judiciary.hk/zh/court_services_facilities/apostille.html。

④ 参见 https://assets.hcch.net/docs/f874e3c2-b8b2-449b-bc7b-3554e00f0e14.pdf,第 21 页,8.1 d);https://assets.hcch.net/docs/6f67fca0-5ecd-4da8-84a5-b08c19661e6b.pdf,第 17 页。

⑤ 参见 https://assets.hcch.net/docs/f874e3c2-b8b2-449b-bc7b-3554e00f0e14.pdf,第 21 页,8.2 a)-b)。

⑥ 参见 https://assets.hcch.net/docs/6f67fca0-5ecd-4da8-84a5-b08c19661e6b.pdf,第 19-20 页。

⑦ 参见 https://assets.hcch.net/docs/f874e3c2-b8b2-449b-bc7b-3554e00f0e14.pdf,第 26-27 页。

看上述信息时需要输入验证编码。[①]

第八，促进公文书认证程序简化的法律及协定。在澳门特别行政区，对于域外公文书，适用“场所支配行为(locus regit actum)”的原则，即除特殊情况外，澳门特别行政区普遍承认域外公文书的效力，无须其他认证手续。该原则体现在《澳门民法典》第三百五十八条(澳门以外地方发出之文书)的规定中。[②] 此外，在澳门特别行政区与其他国家缔结的双边司法协助协定中，也有关于免除公文书认证程序的条款。[③] 在香港特别行政区，在其政府与外国签署的司法协助协定中，也包含了免除公文书认证程序的条款。[④]

三、启示

《海牙取消认证公约》已在我国香港特别行政区及澳门特别行政区分别实施了 59 年和 55 年，因此，港澳特区对公约的实际操作已经有了比较完善的制度和丰富的经验。从上文可以看出，无论是从主管机关的设置到附加证明书的申请，还是从附加证明书的签发到记录的保存，均显示了港澳特区对《海牙取消认证公约》较为严格的执行和较好的实施，以至于，正如上文表格附加证明书签发数量所显示的那样，附加证明书制度在这两个地区有着较高的接受度。这为我国内地加入与实施《海牙取消认证公约》提供了合适的参照与模板。

其中，关于港澳特区对《海牙取消认证公约》的实施，有两点值得内地参考与借鉴。首先，对于公文书的定义，两地均有法律的定义[《澳门民法典》第三百五十六条(文书之种类)]或官方的解答(《香港问卷答复》第 8 页)。反观内地，作者仅搜寻到学理上的定义。[⑤] 因此，关于公文书的定义，亟待我国法律或官方做出解释，以更好地指导实践。其次，关于申请附加证明书的流程，作者认为澳门特别行政区采用的是“多步式”的方式，即在公文书送往主管机关之前，增加公证环节。由于我国内地和澳门特别行政区均秉承大陆法系“实质公证”原则，公证制度存在相似性，内地可借鉴澳门模式，采取“多步式”流程。

但是，港澳特区的实践也并非完美，内地加入《海牙取消认证公约》后，可在以下方面根据港澳两地的模式做出改善。第一，在澳门特别行政区，申请附加证明书，不接受邮件、电子邮件、网上申请等方式，仅接受亲自办理。内地在网络技术日趋发达的前提下，完全可以提供更加多元化的申请、办理方式。第二，对于附加证明书添加的牢固性，无论是使用订书钉还是不干胶，港澳两地的做法均有完善的空间。内地可在此基础上，研究出更加合理的固定方式，以更大程度地确保附加证明书的牢固性。第三，关于保存记录，澳门特别行政区会以电子资料的形式无限期保存并不对外公布，而香港特别行政区则会以相同形式保存十年或

---

① 参见 https://assets.hcch.net/docs/6f67fca0-5ecd-4da8-84a5-b08c19661e6b.pdf，第 21-22 页。

② 《澳门民法典》第三百五十八条(澳门以外地方发出之文书)规定：由澳门特别行政区以外的地方按照当地法律发出的公文书或私文书，与在澳门特别行政区缮立的同类性质文书具有同等的证明力；如法院有充分理由怀疑文书或其认定的真确性，则由法院自由判断该文书的证明力，但另有规定者除外。

③ 参见《中华人民共和国澳门特别行政区与葡萄牙共和国法律及司法协助协定》第五条(https://images.io.gov.mo/bo/ii/2001/06/avce-10-2001.pdf)，以及《中华人民共和国澳门特别行政区与东帝汶民主共和国法律及司法互助协定》第九条(https://images.io.gov.mo/bo/i/2008/50/avce-31-2008.pdf)。

④ 例如《香港政府与法兰西共和国政府关于刑事司法协助的协定》第十三条。

⑤ 参见周振想：《法学大辞典》，团结出版社，1994 年 1 月第 1 版，第 211 页。

十年以上并在相关网站上对大众公开。两种做法均有利弊，内地可考虑将其融合，如无限期保存并在确保资料安全的前提下对大众公开。

第六节 外国简化或免除认证程序的经验及启示

在国际民商事诉讼日益增多的今天，跨境文书证据的使用频率越来越高。因此，越来越多的国家希望简化或免除烦琐的认证程序，为国际民商事诉讼当事人减轻负担，促进跨境文书在国家间的快速流动。其中，很多双边或多边区域性条约包含免除对特定类型公文书的认证要求。例如，国际民事身份委员会于 1977 年 9 月 15 日通过的《雅典公约》规定，缔约国签发的有关民事身份关系的公文书无论其用途为何均无须认证；欧洲理事会于 1968 年 6 月 7 日通过的《关于取消使领馆人员出具的文书认证要求的伦敦公约》规定免除使领馆人员出具的公文书的认证要求；南方共同市场于 1992 年 6 月 27 日通过的《关于民事、商事、劳动和行政事务的司法合作和协助的拉斯莱纳斯议定书》规定免除依据该议定书转递的公文书的认证要求；欧洲共同体（欧盟前身）于 1987 年 5 月 25 日通过的《取消欧洲共同体成员国间文书认证的布鲁塞尔公约》免除了成员国间有关公文书的认证要求。[①]

欧盟在司法合作领域也制定了一系列涉及取消有关公文书认证要求的指令、条例，包括 2000 年通过的第 44/2001 号条例(《关于民商事案件管辖权和判决承认与执行规则》)、2001 年通过的《关于成员国法院间民商事取证合作第 1206/2001 号条例》、2003 年通过的第 2201/2003 号条例(《关于婚姻事项和父母责任事项的管辖权和判决的承认和执行条例》)、2007 年通过的第 1393/2007 号条例(《关于成员国对在民事或商事中司法及司法外文书的服务以及废除理事会第 1348/2000 号条例》)、2008 年通过的第 4/2009 号条例(《关于赡养义务的决定的管辖权、适用法律、认可和强制执行以及有关事项的合作条例》)以及 2016 年通过的《简化欧盟境内公文书出示要求以促进公民自由流动的第 2016/1191 号条例》。值得一提的是，上述第 2016/1191 号条例在涉及欧盟居民自由流动权的公文书范围内直接免除所有形式的认证要求。该条例的通过还是在欧盟成员国之间签订了关于取消公文书认证的 100 多个双边协定和 25 个多边协定且其成员国均为《海牙取消认证公约》缔约国的前提下，其制度完善程度可见一斑。

外国在探索简化或免除认证方面积累了丰富经验并取得了良好成效，为中国实现与其他国家间公文书自由、快速转递提供了借鉴经验。[①] 在“一带一路”“人类命运共同体”等倡议的基础上，在千变万化的国际新形势下，我国内地需要以解决认证的困境为基础，借鉴国际社会的先进经验，进一步简化或取消认证程序并扩大其适用范围，通过促进这种形式，统一域外文书的证明程序，为快速、准确解决跨境民商事纠纷奠定基础。

---

① 参见连俊雅：《“一带一路”背景下中国与沿线国家间简化认证要求问题研究——以〈海牙取消认证公约〉和欧盟第 2016/1191 号条例为参考》，载《国际法研究》，2017 年第 3 期。

第七节 我国内地加入《海牙取消认证公约》的背景解析

港澳特区与国际社会的经验，以及我国国内法与《海牙取消认证公约》的可衔接性，①为我国内地加入公约提供了有效实施途径。

一、法律上具备可实施性

首先，在国内法律规定方面，与该公约相关的主要是《民事诉讼法》《2019 证据规定》和 2020 年通过的《民法典》。《民事诉讼法》第二百七十一条规定，在中华人民共和国领域内没有住所的外国人、无国籍人、外国企业和组织委托中华人民共和国律师或者其他人代理诉讼，从中华人民共和国领域外寄交或者托交的授权委托书，应当经所在国公证机关证明，并经中华人民共和国驻该国使领馆认证，或者履行中华人民共和国与该所在国订立的有关条约中规定的证明手续后，才具有效力。《2019 证据规定》第十六条第 2 款规定，中华人民共和国领域外形成的涉及身份关系的证据，应当经所在国公证机关证明并经中华人民共和国驻该国使领馆认证，或者履行中华人民共和国与该所在国订立的有关条约中规定的证明手续。因此，《民事诉讼法》《2019 证据规定》与《海牙取消认证公约》不存在法律冲突。《民法典》第一千一百零九条规定，外国人依法可以在中华人民共和国收养子女。外国人在中华人民共和国收养子女，应当经其所在国主管机关依照该国法律审查同意。收养人应当提供由其所在国有权机构出具的有关其年龄、婚姻、职业、财产、健康、有无受过刑事处罚等状况的证明材料，并与送养人签订书面协议，亲自向省、自治区、直辖市人民政府民政部门登记。前款规定的证明材料应当经收养人所在国外交机关或者外交机关授权的机构认证，并经中华人民共和国驻该国使领馆认证，但是国家另有规定的除外。《民法典》第一千一百零九条是根据 1998 年修改的《中华人民共和国收养法》（以下简称《收养法》）制定的，而《收养法》在 1998 年修改时，未考虑到中国将来加入《海牙取消认证公约》的可能性。所以，《民法典》第一千一百零九条与《海牙取消认证公约》存在一定程度上的法律冲突。此外，大多数司法解释和部门规章均有“对于外国公文书的认证要求，中国缔结或者参加的国际条约或者外交部另有规定的除外”或类似规定，②所以它们都能与《海牙取消认证公约》兼容。少数未做出上述规定的司法解释、部门规章需要修正，但这种修正不会造成重大原则性困难，也不会给当事人和相关部门的工作带来额外负担。

其次，值得注意的是，根据《海牙取消认证公约》第三条，公约不仅不禁止缔约国根据公文书接收国现行的法律、法规或司法实践，或者根据两个或两个以上缔约国间的协议，采取更为简便的认证程序，还鼓励缔约国尽可能简化对外国公文书的认证手续。因此，上文提到的中国已缔结或加入的简化认证要求的多边或双边条约不会与《海牙取消认证公约》产生法律冲突。

---

① 参见杜涛、杨育文：《中国批准〈取消认证公约〉的法律问题及对策——以国际贸易行业为重点》，载《武大国际法评论》，2017 年第 6 期。

② 例如 2015 年经国务院批准的《领事认证办法》第十九条、第二十条。

二、程序上具备可操作性

《海牙取消认证公约》只是用简化的认证代替传统的连锁认证，并不涉及公文书的实质法律效力，不会给中国有关机构增加额外的义务。采用公约中规定的附加证明书制度，仍能保证中国认证主管部门行使把关职能，不会造成重大原则性困难；也有助于减轻外交或领事机关的工作压力，使其真正聚力于行使外交和领事职能；还能为当事人节省认证时间和费用。[①] 目前，涉外文书的认证一般包含三个程序，即签发国公证、签发国外交部认证、我国驻签发国使领馆认证。除必须履行认证程序的身份关系证据外，当事人可能会因为烦琐的程序，选择对其他纯事实证据不做认证，给我国内地法院在证据采纳上增加负担。我国加入《海牙取消认证公约》后，认证将被简化，取消了我国驻签发国使领馆认证程序。如此一来，当事人会更倾向于对纯事实证据添加附加证明书，以增加证据被采纳的可能性。

三、结论

综上所述，加入《海牙取消认证公约》并不会与中国现有的法律体系产生重大冲突，还将推动我国域外证据证明程序的统一，有利于涉外民商事纠纷的快速解决，促进我国与外国的经济交往。

---

① 参见连俊雅：《"一带一路"背景下中国与沿线国家间简化认证要求问题研究——以〈海牙取消认证公约〉和欧盟第2016/1191号条例为参考》，载《国际法研究》，2017年第3期。

DI ER BIAN

第二编 我国区际取证及文书证明

第一章　我国关于区际取证及文书证明的一般规定

第一节　关于区际取证的规定

一、区际取证的范围

（一）两个区际安排的界定

1. 适用案件的范围

《内地与香港取证安排》与《内地与澳门送达取证安排》适用案件的范围都是“民商事案件”，不同的是，《内地与澳门送达取证安排》特别指出民商事案件包括“劳动争议案件”（澳门称其为“民事劳工案件”）。

虽然内地与港澳签订的区际司法协助安排均采用了“民商事案件”并列的提法，但这并不意味着各法域对“民商事案件”的识别标准完全一致，特别是在内地与普通法系的香港之间。例如，由于司法体制不同，内地的行政案件在香港也被作为民事案件对待，“主要由民事诉讼中的司法复核程序承担”。随着区际取证协助业务的发展，此类由民商事案件识别标准不同而导致的法律冲突必然会出现。[①]《内地与香港取证安排》第三条第 3 款规定，“如果受委托方认为受托事项不属于本安排规定的委托事项范围，可以予以退回并说明原因”，授权受委托方根据本地法识别何为安排中的“民商事案件”。《内地与澳门送达取证安排》中没有类似条文，其原因可能在于澳门与内地都属成文法区域，对“民商事”的理解也相对趋于一致。但 2006 年《内地与澳门特别行政区相互认可和执行民商事判决的安排》在明确将行政案件排除在“民商事案件”之外的同时，将刑事附带民事案件包括在其中。对《内地与澳门送达取证安排》中的“民商事案件”似乎应做同一理解。在实践中，内地法院向澳门特别行政区法院请求取证协助的案件类型较多样化，包括买卖、贷款、租赁、离婚、人身或财产损害赔偿、股权、继承、分产、夫妻财产、抚育费、财产返还、破产、智慧财产权纠纷等类别。[①]

2. 调取证据的范围

关于取证的范围，《内地与香港取证安排》第五条规定，“委托方获得的证据材料只能用

---

① 参见江保国：《内地与港澳民商事取证安排比较研究：以香港安排为重点》，载《河南财经政法大学学报》，2017 年第 5 期。

于委托书所述的相关诉讼”。第六条规定，内地法院请求香港特别行政区法院协助的范围如下：讯问证人；取得文件；检查、拍摄、保存、保管或扣留财产；取得财产样品或对财产进行试验；对人进行身体检验。第六条规定香港特别行政区法院委托内地法院协助的范围如下：取得当事人的陈述及证人证言；提供书证、物证、视听资料及电子数据；勘验、鉴定。《内地与澳门送达取证安排》第十六条规定，委托方法院请求调取的证据只能是用于与诉讼有关的证据；第十八条规定，代为调取证据的范围包括：代为询问当事人、证人和鉴定人，代为进行鉴定和司法勘验，调取其他与诉讼有关的证据。

由上文可以看出，《内地与澳门送达取证安排》第十六条强调证据要“与诉讼有关”，第十八条则表明，两地代为取证的范围相同。《内地与香港取证安排》则有所变化，第五条强调“证据材料只能用于委托书所述的相关诉讼”。但是，在请求协助的范围上，两地有所区别。

造成上述现象的原因可以归结为以下几点。

首先，《内地与澳门送达取证安排》取证范围的相同，源自内地与澳门实体法规定的民事诉讼证据种类的相似性与重叠性，尽管其内涵不尽相同。内地的民事诉讼证据种类规定在《民事诉讼法》第六十六条中，分为八种，即当事人的陈述、书证、物证、视听资料、电子数据、证人证言、鉴定意见、勘验笔录。澳门的民事证据规定在《澳门民法典》和《澳门民事诉讼法典》之中。在《澳门民法典》第四分编第二章“证据”中规定的证据有六种，即推定、自认、书证、监定证据、勘验、人证；在《澳门民事诉讼法典》第三卷第一编第三章“诉讼之调查”中规定的证据有五种，即书证、透过当事人陈述之证据、监定证据、勘验、人证。

其次，《内地与香港取证安排》取证范围的差异，源自内地与香港两地证据制度的差异。具体而言，内地法院请求香港特别行政区协助提取证据的类型主要来源于香港《证据条例》第七十六条(香港法院将某项协助申请实现的权力)第 2 款：①以口头或书面方式讯问证人；②交出文件；③检查、拍摄、保存、保管或扣留任何财产；④取得任何财产的样品及对任何财产或以任何财产进行任何试验；⑤对任何人进行身体检验。可以看出，上述证据类型与内地《民事诉讼法》规定的证据类型存在较大差别。进行区别规定是为了使《内地与香港取证安排》在不改变两地实体法的情况下尽快通过。

(二)与《海牙取证公约》的比较分析

首先，关于适用案件的范围。与《海牙取证公约》相似，《内地与香港取证安排》与《内地与澳门送达取证安排》对于何为“民商事案件”均未做说明。但是，与两个安排不同的是，《海牙取证公约》采用列举特定案件(“正面清单”加“负面清单”)的方式理解界定“民商事案件”，即包括但不限于破产案件、保险案件、雇用案件、消费者权益保护案件、家事案件、身份关系案件以及智慧财产权案件。同时，对其性质具有一定争议的案件，如反垄断(竞争)案件、刑事(附带民事)案件和税务案件等，进行个案分析，区别处理。总之，不管是对两个安排还是《海牙取证公约》，就其宗旨和原则而言，都希望对民商事案件做宽泛的解释，以包容各国家或法域的不同规定，提高协助的成功率。假如《内地与香港取证安排》与《内地与澳门送达取证安排》能借鉴《海牙取证公约》“正面清单”加“负面清单”的方式，并且就“民商事案件”的范围加强沟通，则能进一步增强其可操作性。

其次，关于证据的种类。与两个安排不同，《海牙取证公约》并未做出定义，并且希望“证据”一词的含义由各缔约国“自主地”“自由地”界定。同时，《海牙取证公约》第三条第 2 款还指明，请求书应用于询问"个人"，检查文书或其他财产，包括不动产或动产。该条款体现了公约包含的证据种类。该定义方法虽然存在不确定性，但为公约的适用留下了较大空间。反观两个安排，《内地与澳门送达取证安排》的规定较为合理，即列举了特定种类，也为"其他证据"留有余地，为两地进行沟通创造了可能性。《内地与香港取证安排》的规定虽然不存在不确定性，但作为照搬法条的产物，较为机械化、定式化，可操作性与《内地与澳门送达取证安排》相比仍有待提升。

二、区际取证的基本原则

（一）"一国两制"原则

"一国两制"，即"一个国家，两种制度"，是中国政府为实现国家和平统一而提出的基本国策。按照邓小平的论述，"一国两制"是指在一个中国的前提下，国家的主体坚持社会主义制度，香港、澳门、台湾保持原有的资本主义制度长期不变。[①] 该原则体现在区际取证领域，可以分为两个方面，即"一国"原则与"两制"原则。首先，区际取证的法律依据是《香港基本法》第九十五条与《澳门基本法》第九十三条。取证时使用的语言是中文。上述两点共同体现了"一国"原则。其次，区际取证的范围（特别是《内地与香港取证安排》[②]）存在差异。同时，《内地与香港取证安排》第七条第1、2款规定，受委托方应当根据本辖区法律规定安排取证。委托方请求按照特殊方式提取证据的，如果受委托方认为不违反本辖区的法律规定，可以按照委托方请求的方式执行。《内地与澳门送达取证安排》第七条也规定，受委托方法院应当根据本辖区法律规定执行受托事项。委托方法院请求按照特殊方式执行委托事项的，受委托方法院认为不违反本辖区的法律规定的，可以按照特殊方式执行。上述取证范围及适用法律条款的规定共同体现了"两制"原则。

（二）司法互信与便利化原则

司法互信与便利化原则体现在两个方面。首先，《内地与香港取证安排》和《内地与澳门送达取证安排》都规定了有条件的司法特派员取证，作为委托书取证的有效补充。《内地与香港取证安排》第七条第3款规定，如果委托方请求其司法人员、有关当事人及其诉讼代理人（法律代表）在受委托方取证时到场，以及参与录取证言的程序，受委托方可以按照其辖区内相关法律规定予以考虑批准。批准同意的，受委托方应当将取证时间、地点通知委托方联络机关。《内地与澳门送达取证安排》第二十条也规定，受委托方法院在执行委托调取证据时，根据委托方法院的请求，可以允许委托方法院派司法人员出席。必要时，经受委托方允许，委托方法院的司法人员可以向证人、鉴定人等发问。其次，《内地与香港取证安排》《内地

① 参见中华人民共和国国务院新闻办公室：《〈"一国两制"在香港特别行政区的实践〉白皮书（全文）》，http://www.scio.gov.cn/ztk/dtzt/2014/31039/31042/Document/1372893/1372893.htm。

② 参见《内地与香港取证安排》第六条。

与澳门送达取证安排》所规定的联络机关制度，比《海牙取证公约》的中央机关制度[①]更为简化。其中，《内地与香港取证安排》第二条规定，双方相互委托提取证据，须通过各自指定的联络机关进行。其中，内地指定各高级人民法院为联络机关；香港特别行政区指定香港特别行政区政府政务司司长办公室辖下行政署为联络机关。最高人民法院可以直接通过香港特别行政区指定的联络机关委托提取证据。《内地与澳门送达取证安排》第二条也规定，双方相互委托送达司法文书和调取证据，通过各高级人民法院和澳门特别行政区终审法院进行。最高人民法院与澳门特别行政区终审法院可以直接相互委托送达和调取证据。经与澳门特别行政区终审法院协商，最高人民法院可以授权部分中级人民法院、基层人民法院与澳门特别行政区终审法院相互委托送达和调取证据。

（三）公共秩序保留原则

公共秩序保留原则体现在《内地与澳门送达取证安排》第九条第 2 款，即"受委托方法院在执行受托事项时……内地人民法院认为在内地执行该受托事项将违反其基本法律原则或社会公共利益，或者澳门特别行政区法院认为在澳门特别行政区执行该受托事项将违反其基本法律原则或公共秩序的，可以不予执行，但应当及时向委托方法院书面说明不予执行的原因"。但是，《内地与香港取证安排》第三条第 3 款仅规定，"如果受委托方认为受托事项不属于本安排规定的委托事项范围，可以予以退回并说明原因"。对于涉及公共秩序的内容，该安排并无要求。

三、区际取证的方式

（一）间接方式——委托书

1. 联络机关

《内地与香港取证安排》与《内地与澳门送达取证安排》均采用联络机关转递制，该制度借鉴了《海牙取证公约》。具体来说，内地的联络机关是各高级人民法院，但最高人民法院可以直接通过港澳特区的联络机关委托提取证据；香港的联络机关是特区政府政务司司长办公室辖下行政署，澳门则指定了特区终审法院作为联络机关。联络机关在收到委托请求后，需要将其转递给本法域内相关法院或其他有权机关执行取证协助的请求。但与《海牙取证公约》采用的"一对一"模式不同，《内地与香港取证安排》和《内地与澳门送达取证安排》都采用了"有控制的多对一"的模式。[②] 其原因在于，一方面，《海牙取证公约》的模式转递环节较多，效率不高，无法体现"一国"原则的优势；另一方面，考虑到内地与港澳在面积、人口、经济总量以及法院数量上的不对称性，如果放手让全部有管辖权的法院直接委托而没有过滤机制，可能会导致特区法院或相应机关不堪重负，也容易导致执行中的混乱。[①] 因此，内地折中

---

① 《海牙取证公约》第二条规定，每个缔约国应指定一个中央机关负责接收来自另一缔约国司法机关的请求书，并将请求书转交给执行请求的主管机关。中央机关根据被请求国规定的方式组成。请求书应直接交给请求国的中央机关，而不受该国其他机关干预。

② 参见江保国：《内地与港澳民商事取证安排比较研究：以香港安排为重点》，载《河南财经政法大学学报》，2017 年第 5 期。

地将高级人民法院设置为联络机关。

2. 基本程序

1)《内地与香港取证安排》

《内地与香港取证安排》第七条规定，受委托方应当根据本辖区法律规定安排取证。委托方请求按照特殊方式提取证据的，如果受委托方认为不违反本辖区的法律规定，可以按照委托方请求的方式执行。如果委托方请求其司法人员、有关当事人及其诉讼代理人(法律代表)在受委托方取证时到场，以及参与录取证言的程序，受委托方可以按照其辖区内相关法律规定予以考虑批准。批准同意的，受委托方应当将取证时间、地点通知委托方联络机关。同时，第十条规定，受委托方应当尽量自收到委托书之日起六个月内完成受托事项。受委托方完成受托事项后，应当及时书面回复委托方。如果受委托方未能按委托方的请求完成受托事项，或者只能部分完成受托事项，应当向委托方书面说明原因，并按委托方指示及时退回委托书所附全部或者部分材料。如果证人根据受委托方的法律规定，拒绝提供证言时，受委托方应当以书面方式通知委托方，并按委托方指示退回委托书所附全部材料。此外，第十一条规定，如《内地与香港取证安排》在执行过程中有问题或者需要修改，应当通过最高人民法院与香港特别行政区政府协商解决。

上述规定体现了《内地与香港取证安排》的以下特点。首先，该安排既吸收了《海牙取证公约》的精神，也参照了《内地与澳门送达取证安排》的内容，还充分顾及了内地、香港取证司法合作的实际需要和必要的灵活性。[①] 其次，鉴于两地证据制度的差异性及取证程序的复杂性，《内地与香港取证安排》只对双方达成一致的事项做出规定；未达成一致的，根据第七条“受委托方应当根据本辖区法律规定安排取证”的表述，双方以其各自法域的法律确定具体做法。最后，《内地与香港取证安排》在操作性上仍有待提高。例如，第七条规定了委托方司法人员、有关当事人及其诉讼代理人要求到场时的请求批准程序，第八条却并未特别要求委托方说明上述人员是否要求在取证时到场；这意味着，委托方有可能经历包括提出委托与请求上述人员到场两个程序，这势必会增加到两地取证的时间成本，消耗无谓的人力物力。又如，第十条只规定受委托方应当尽量自收到委托书之日起六个月内完成受托事项；受委托方完成受托事项后，应当及时书面回复委托方；如果受委托方未能按委托方的请求完成受托事项，或者只能部分完成受托事项，应当向委托方书面说明原因。第十条却没有规定在取证过程中双方的联系，这与《送达和调查取证规定》的问题类似。这使得委托方最终只是得到一个是否成功取证的结果，却不能通过持续沟通互动提高成功率或根据情况做出及时有效的补充或变通。[①]

2)《内地与澳门送达取证安排》

(1)程序。

第一，取证期限及优先处理原则。根据《内地与澳门送达取证安排》第六条的规定，委托方法院应当在合理的期限内提出委托请求，以保证受委托方法院收到委托书后，及时完成受托事项；受委托方法院应当优先处理受托事项；完成受托事项的期限，调取证据最迟不得超

---

① 参见张宪初:《我国内地与香港特别行政区〈委托取证安排〉评析》，载《中国国际私法与比较法年刊》，2017 年卷，第 181 页。

过自收到委托书之日起三个月。委托方法院优先处理受托事项有利于尽快解决两地当事人的纠纷。

第二,取证费用。根据《内地与澳门送达取证安排》第八条的规定,委托方法院无须支付受委托方法院在调取证据时发生的费用、税项;但受委托方法院根据其本辖区法律规定,有权在调取证据时,要求委托方法院预付鉴定人、证人、翻译人员的费用,以及因采用委托方法院在委托书中请求以特殊方式调取证据所产生的费用。

第三,委托的执行。根据《内地与澳门送达取证安排》第七条、第九条的规定,受委托方法院应当根据本辖区法律规定执行受托事项。委托方法院请求按照特殊方式执行委托事项的,受委托方法院认为不违反本辖区的法律规定的,可以按照特殊方式执行;受委托方法院收到委托书后,不得以其本辖区法律规定对委托方法院审理的该民商事案件享有专属管辖权或者不承认对该请求事项提起诉讼的权利为由,不予执行受托事项。同时,上文提到,受委托方法院在执行受托事项时,适用"公共秩序保留原则"。

第四,委托书的内容。根据《内地与澳门送达取证安排》第十七条的规定,双方相互委托代为调取证据的委托书应当写明以下内容:①委托法院的名称;②当事人及其诉讼代理人的姓名、地址和其他一切有助于辨别其身份的情况;③委托调取证据的原因,以及委托调取证据的具体事项;④被调查人的姓名、地址和其他一切有助于辨别其身份的情况,以及需要向其提出的问题;⑤调取证据需采用的特殊方式;⑥有助于执行该委托的其他一切情况。该安排对委托书内容的详细规定,增强了实践中的可操作性。

第五,委托书的语言。《内地与澳门送达取证安排》第五条规定:"委托书应当以中文文本提出。所附司法文书及其他相关文件没有中文文本的,应当提供中文译本。"

第六,取证完成后的书面说明义务。根据《内地与澳门送达取证安排》第二十一条的规定,受委托方法院完成委托调取证据的事项后,应当向委托方法院书面说明;未能按委托方法院的请求全部或者部分完成调取证据事项的,受委托方法院应当向委托方法院书面说明妨碍调取证据的原因,采取邮寄方式委托的,应及时退回委托书及所附文件;当事人、证人根据受委托方的法律规定,拒绝作证或者推辞提供证言的,受委托方法院应当书面通知委托方法院,采取邮寄方式委托的,应及时退回委托书及所附文件。

第七,关于证人、鉴定人的规定。根据《内地与澳门送达取证安排》第二十二条的规定,受委托方法院可以根据委托方法院的请求,并经证人、鉴定人同意,协助安排其辖区的证人、鉴定人到对方辖区出庭作证;证人、鉴定人在委托方地域内逗留期间,不得因在其离开受委托方地域之前,在委托方境内所实施的行为或者针对他所做的裁决而被刑事起诉、羁押,不得为履行刑罚或者其他处罚而被剥夺财产或者扣留身份证件,不得以任何方式对其人身自由加以限制;证人、鉴定人完成所需诉讼行为,且可自由离开委托方地域后,在委托方境内逗留超过七天,或者已离开委托方地域又自行返回时,该豁免终止;证人、鉴定人到委托方法院出庭而导致的费用及补偿,由委托方法院预付。在澳门,出庭作证人员还包括当事人。第二十三条规定,受委托方法院可以根据委托方法院的请求,并经证人、鉴定人同意,协助安排其辖区的证人、鉴定人通过视频、音频作证。第二十四条规定,受委托方法院取证时,被调查的当事人、证人、鉴定人等的代理人可以出席。

(2)与《2001年安排》的比较分析。

《内地与澳门送达取证安排》与最高人民法院《关于内地与澳门特别行政区法院就民商

事案件相互委托送达司法文书和调取证据的安排》(2001 年 8 月 7 日最高人民法院审判委员会第 1186 次会议通过,法释〔2001〕26 号)(以下简称《2001 年安排》)相比,进行了多处修改。以下对此做出比较分析。

第一,关于联络机关。根据《2001 年安排》第二条的规定,双方相互委托送达司法文书和调取证据,均须通过各高级人民法院和澳门特别行政区终审法院进行。最高人民法院与澳门特别行政区终审法院可以直接相互委托送达和调取证据;在执行过程中有问题时,应当通过最高人民法院与澳门特别行政区终审法院协商解决。《内地与澳门送达取证安排》第二条(特别是第 2 款)对此做了修正,即"最高人民法院可以授权部分中级人民法院、基层人民法院与澳门特别行政区终审法院相互委托送达和调取证据"。这意味着在经过内地与澳门协商的前提下,增加了最高人民法院授权的部分中级人民法院、基层人民法院作为联络机关,精简了以往由高级人民法院审查和转递的环节,有助于进一步提升双方司法协助的效率。

第二,关于电子方式传递。《内地与澳门送达取证安排》第三条规定,双方相互委托送达司法文书和调取证据,通过内地与澳门司法协助网络平台以电子方式转递;不能通过司法协助网络平台以电子方式转递的,采用邮寄方式;通过司法协助网络平台以电子方式转递的司法文书、证据材料等文件,应当确保其完整性、真实性和不可修改性;通过司法协助网络平台以电子方式转递的司法文书、证据材料等文件与原件具有同等效力。该条为新增条文,确定了主要采取司法协助网络平台传递文件的新方式,同时赋予该方式以合法性、有效性。通过新增条文确立司法协助电子传递形式,是以信息技术深化内地与澳门区际司法协助的重要措施,鼓励双方利用网络技术平台实现送达取证案件"资料化""在线化",这一规定旨在进一步缓解双方委托送达与调取证据过程中的地域性限制,提高两地司法协助的高效性与便捷性。①

第三,委托事项存在问题时的处理。根据《2001 年安排》第三条第 2 款的规定,如果受委托方法院认为委托书不符合安排规定,影响其完成受托事项,应当及时通知委托法院,并说明对委托书的异议;必要时可以要求委托方法院补充材料。《内地与澳门送达取证安排》第四条第 2、3 款②删去"必要时"三字,将"可以要求"改为"应当及时通知";相较于此前以说明异议为主、补充材料为辅的处理办法,此条款释明了受委托方法院在委托事项存在问题情形下所享有的及时通知对方法院补充材料或者做出说明的权利。依据《内地与澳门送达取证安排》第三条(电子方式传递)的有关规定,电子平台传递方式简化了双方区际文书及证据传递过程,同时鼓励双方通过在线传递方式补充材料、做出说明,提高了双方委托事项处理效率。此外,《内地与澳门送达取证安排》对经授权法院的管辖权做了规定,认为不属于其管辖的,应当报请高级人民法院处理。

第四,未能完成调取证据的处理。根据《2001 年安排》第二十条第 2、3 款的规定,假如受委托方法院未能全部或部分完成调取证据事项,或者当事人、证人拒绝作证或推辞提供证

---

① 参见最高人民法院《关于内地与澳门特别行政区法院就民商事案件相互委托送达司法文书和调取证据的安排》。

② 《内地与澳门送达取证安排》第四条第 2、3 款:受委托方法院发现委托事项存在材料不齐全、信息不完整等问题,影响其完成受托事项的,应当及时通知委托方法院补充材料或者做出说明;经授权的中级人民法院、基层人民法院收到澳门特别行政区终审法院委托书后,认为不属于本院管辖的,应当报请高级人民法院处理。

言，受委托方法院应当向委托方法院书面说明妨碍调取证据的原因（或书面通知），并及时退回委托书及所附全部文件。《内地与澳门送达取证安排》第二十一条第2、3款[①]则明确在调取证据过程中未能按委托完成调取证据且采取邮寄方式委托调取证据的，应及时退回委托书及所附文件；采取电子方式委托的，则无退回要求。

第五，视频、音频作证。《内地与澳门送达取证安排》第二十三条[②]为新增条文，明确在经委托方法院请求并经证人、鉴定人同意的情况下，可以通过视频、音频方式作证。此新增条文是以信息技术深化司法合作的又一重要规定，明确以电子方式作证的合法性，维护和保障当事人的合法权益。与以往经委托方法院请求并经受托方同意才可出席、发问相比，利用信息技术手段服务于双方委托调取证据，有助于进一步提升区际司法协助效率。

第六，所遇问题的解决。《内地与澳门送达取证安排》第二十六条[③]为新增条文，解释了该安排在执行过程中所遇问题的解决方法，即由最高人民法院与澳门特别行政区终审法院协商解决。此条款有助于完善双方民商事领域司法协助框架，进一步明确司法实践过程中双方协商解决问题的重要性，进一步落实本安排所体现的强化两地司法协助、维护社会公平正义的内涵。[④]

3. 与《海牙取证公约》请求书的比较分析

第一，《内地与香港取证安排》在联络机关制度、委托书制度，以及依被请求方法律规定和程序执行取证请求的原则和模式上，与《海牙取证公约》（中央机关制度、请求书制度）存在相似之处。此外，虽然根据香港《证据规则》第七十五条，[⑤]香港允许审判前文件开示，但《内地与香港取证安排》第五条与第八条实际上排除了依据审判前文件开示程序收集证据的可能性。[⑥] 这与内地在《海牙取证公约》中的态度相同，即不实行审判前文件开示制度。

第二，《内地与香港取证安排》第三条第2款规定，如果受委托方认为委托材料不符合本辖区相关法律规定，影响其完成受托事项，应当及时通知委托方修改、补充。委托方应当按照受委托方的要求予以修改、补充，或者重新出具委托书。第三条第3款规定，如果受委托方认为受托事项不属于本安排规定的委托事项范围，可以予以退回并说明原因。这与本书第一编提到的《海牙取证公约》建立的修正救济与询问解答制度类似，只是《海牙取证公约》的制度似乎更加完备，《内地与香港取证安排》对此仍有借鉴与完善的空间。

第三，对于委托书的内容，《内地与澳门送达取证安排》在要求上更接近《海牙取证公

---

① 《内地与澳门送达取证安排》第二十一条第2、3款：未能按委托方法院的请求全部或者部分完成调取证据事项的，受委托方法院应当向委托方法院书面说明妨碍调取证据的原因，采取邮寄方式委托的，应及时退回委托书及所附文件；当事人、证人根据受委托方的法律规定，拒绝作证或者推辞提供证言的，受委托方法院应当书面通知委托方法院，采取邮寄方式委托的，应及时退回委托书及所附文件。

② 《内地与澳门送达取证安排》第二十三条：受委托方法院可以根据委托方法院的请求，并经证人、鉴定人同意，协助安排其辖区的证人、鉴定人通过视频、音频作证。

③ 《内地与澳门送达取证安排》第二十六条：本安排在执行过程中遇有问题的，由最高人民法院与澳门特别行政区终审法院协商解决；本安排需要修改的，由最高人民法院与澳门特别行政区协商解决。

④ 参见最高人民法院《关于内地与澳门特别行政区法院就民商事案件相互委托送达司法文书和调取证据的安排》。

⑤ 香港《证据规则》第七十五条允许法庭在信纳当事人申请域外取证是为已提出的诉讼请求或预期（contemplated）在该法院提起的民事法律程序而必须取得时，发出取得证据的命令。

⑥ 《内地与香港取证安排》第八条要求在委托书中详细提供案件的基本情况，包括案情摘要、涉及诉讼的性质及正在进行的审理程序等；第五条规定，委托方获得的证据材料只能用于委托书所述的相关诉讼。

约》。对于委托书的必填信息,《内地与香港取证安排》第八条第 2 款第 3 项值得讨论。该条强调“提供的协助详情,包括但不限于:与委托事项有关的案件基本情况(包括案情摘要、涉及诉讼的性质及正在进行的审理程序等),需向当事人或者证人取得的指明文件、物品及询(讯)问的事项或问题清单,需要委托提取有关证据的原因等,必要时,需陈明有关证据对诉讼的重要性及用来证实的事实及论点等。”《海牙取证公约》第三条第 1 款第 3 项“需要证据的诉讼的性质,及有关的一切必要资料”的表述则相对模糊,且根据公约及特委会报告,“案情摘要、正在进行的审理程序(程序是否已经开始)、需取得的文书、财产及询问事项或问题清单”都仅为建议载明或选填信息。[①] 可以看出,《内地与香港取证安排》对于必填信息的规定比《海牙取证公约》更为详细、严格。

第四,《内地与澳门送达取证安排》第二十二条特别规定,证人、鉴定人在委托方地域内逗留期间,不得因在其离开受委托方地域之前,在委托方境内所实施的行为或针对他所做的裁决而被刑事起诉、羁押,不得为履行刑罚或者其他处罚而被剥夺财产或者扣留身份证件,不得以任何方式对其人身自由加以限制;证人、鉴定人完成所需诉讼行为,且可自由离开委托方地域后,在委托方境内逗留超过七天,或者已离开委托方地域又自行返回时,特别豁免即行终止。该规定保障了证人、鉴定人到对方辖区出庭作证。但目前《海牙取证公约》未对证人刑事责任豁免问题做出规定。

第五,关于费用的支付。《内地与澳门送达取证安排》第八条的规定与《海牙取证公约》第十四条的规定基本相同。《内地与香港取证安排》第九条[②]则出现了“一般性开支”与“非一般性开支”的表述。这一规定不但会引发如何定义“一般性开支”的问题,而且隐含了“非一般性开支”需事先协商的程序以及其规模会影响取证执行的可能性。如此一来,这似乎与内地法院依法行使其审判职权不相吻合,因为费用似乎不应直接影响法定诉讼程序和公正审理。在香港,实行“当事人主义”,即当事人及其诉讼代理人是诉讼主体,诉讼费用由当事人承担,法官仅对审理公正做出法律判断,似乎难以代表当事人与内地协商取证费用问题。[③]根据香港《高等法院规则》命令第 39 号规则第 3 项,[④]在委托书发出前,支付相关费用的问题应已得到确认和承诺。

经过上述比较分析,大致可以看到,虽然从《海牙取证公约》的条文中似乎仅可以看到协助取证的路径和框架,但数十年来,公约通过调查问卷与特委会报告等形式,逐渐形成了详细的机制设计。《内地与香港取证安排》达成时间很短,虽基本沿用了《海牙取证公约》的原则,但大多仍停留在表述合作的意愿和建立协助的框架,缺乏详细的机制设计。《内地与澳门送达取证安排》在经历了修正后,某些机制的设计已初具雏形,如证人刑事责任豁免问题、

---

① 参见《海牙取证公约》第三条第 1 款第 6、7 项;See also Report of the 1985 SC, Part Ⅰ, § 2(C).

② 《内地与香港取证安排》第九条:受委托方因执行受托事项产生的一般性开支,由受委托方承担;受委托方因执行受托事项产生的翻译费用、专家费用、鉴定费用、应委托方要求的特殊方式取证所产生的额外费用等非一般性开支,由委托方承担;如果受委托方认为执行受托事项或会引起非一般性开支,应先与委托方协商,以决定是否继续执行受托事项。

③ 参见张宪初:《我国内地与香港特别行政区〈委托取证安排〉评析》,载《中国国际私法与比较法年刊》,2017 年卷,第 183 页。

④ 香港《高等法院规则》命令第 39 号,规则第 3 项规定,在法官做出域外取证许可后,申请取证的当事人一方要按照法定形式准备请求书并呈交法院登记处,同时做出承诺,负责支付政府就域外取证请求书所招致的所有开支,会在收到该开支款额的正式通知时,向政府库务署缴付该笔款项及向司法常务官交出付款收据。

信息技术的应用等;其模式更接近《海牙取证公约》,在某些方面甚至更优。

(二)直接方式——法院特派员或当事人及其诉讼代理人取证

1. 法院特派员取证

上文提到,根据《内地与澳门送达取证安排》第二十条以及《内地与香港取证安排》第七条第3款的规定,我国在区际取证领域允许法院特派员取证。我国区际取证采用特派员取证方式的意义有三点。其一,区际特派员取证为一国域内不同法域间所为,不存在危害国家主权、安全的问题,也不至于因取证造成取证地的社会秩序受伤害,真正体现主权统一在区际司法协助上的积极意义。① 其二,特派员制度的优势在于更加灵活、取证的种类以及方式更加多样,日渐受到国际社会的推崇。我国虽对《海牙取证公约》项下的特派员制度做出保留,但《海牙取证公约》不适用于区际取证,区际取证制度中适用该方式不存在法律障碍。其三,特派员制度省去了复杂的程序,操作较为简便,可作为委托书制度的替代方案,有利于降低诉讼成本,提高区际司法协助的效率。

2. 当事人及其诉讼代理人取证

根据《内地与香港取证安排》第七条第3款的规定,我国在区际取证领域也允许当事人及其诉讼代理人取证。

尽管许多国家对当事人或其代理人取证方式持反对态度,但实际上,包括我国在内的不少国家,并没有禁止本国当事人和代理人到域外取证,即对其自行到域外调查取证的方式表示默许。香港采取的是"完全当事人主义",调查取证由当事人或其代理律师进行。同时,从我国区际民商事纠纷解决的实践来看,内地法院也采用了这种方式,如果不允许港澳特区的当事人或律师前来取证,不符合各法域民商事法律地位平等原则。①因此,对于香港与澳门当事人及其代理人在内地取证,参照《民事诉讼法》第二百八十四条的规定,应经"我国主管机关准许"。

(三)横琴粤澳深度合作区:创新取证方式的孵化器

2009年8月14日,国务院正式批准实施《横琴总体发展规划》,将横琴岛纳入珠海经济特区范围,逐步把横琴建设成为"一国两制"下探索粤港澳合作新模式的示范区。横琴作为粤港澳紧密合作的新载体,将会助推广东与澳门乃至内地与澳门的司法合作进入一个新的高度。

2021年9月5日,中共中央、国务院印发了《横琴粤澳深度合作区建设总体方案》(以下简称《横琴方案》)。它结合国家发展大局和澳门实际情况,提出了横琴粤澳深度合作区(以下简称深合区)建设分步走的发展目标,并赋予深合区"丰富'一国两制'实践的新示范"的战略定位,旨在"一国两制"框架内,鼓励探索,大胆创新,利用有利时机和条件,研究解决制约发展的突出问题。在《横琴方案》中,与粤澳民商事司法合作相关的条文主要可以概括为以下三点。

(1)对深合区进行分区管理、分类政策管理。横琴与澳门特别行政区之间设为"一线";

---

① 参见于飞:《论我国区际民商事直接取证》,载《澳门法学》,2017年第3期,第5页。

横琴与中国关境内其他地区之间设为“二线”。澳门大学校区和横琴口岸澳门管辖权，由全国人大常委会授权澳门特别行政区政府行使，适用澳门有关制度和规定。

(2)强化横琴法治保障。允许珠海立足深合区改革创新实践需要，研究制定深合区条例，根据授权对法律、行政法规、地方性法规做变通性规定。加强粤澳司法交流协作，建立完善国际商事审判、仲裁、调节等多元化商事纠纷解决机制。研究强化拓展横琴新区法院职能和作用，为深合区建设提供高效便捷的司法服务和保障。

(3)建立深合区开发管理机构。粤澳双方在粤港澳大湾区建设领导小组的领导下，联合组建深合区管理委员会，在职权范围内统筹决定深合区的重大规划、重大决策、重大项目。

1. 深合区的理论基础

1)“一国两制”理论

“一国两制”是邓小平同志提出的具有中国特色社会主义理论之一，[①]更是建设深合区的基石。根据《横琴方案》，建设深合区是深入实施《粤港澳大湾区发展规划纲要》的重点举措，是丰富“一国两制”实践的重大部署。建设深合区既是推动“一国两制”事业发展的新实践，也是全面推进粤澳民商事司法合作的新机遇。建设深合区，为全面贯彻党的十九大精神，全面准确贯彻“一国两制”方针，充分发挥粤澳综合优势，促进内地、澳门司法合作与规则衔接，进一步提升粤澳两地在粤港澳大湾区民商事司法合作中的先锋作用，注入新的活力。

2)区域协调发展理论

区域协调发展理论来源于党的十六届三中全会提出的“五个统筹”中的“统筹区域发展”。党的十七大报告则明确提出要“突破行政区划界限”“推动区域协调发展”。十九大报告中更是明确指出要实施区域协调发展战略，建立更加有效的区域协调发展新机制。2020年，时任国务院总理的李克强同志在政府工作报告中提出，加快落实区域发展战略，继续推动粤港澳大湾区建设。

2018年出台的中共中央、国务院《关于建立更加有效的区域协调发展新机制的意见》将区域协调发展进行了细化，即“在完善市场一体化发展机制、深化区域合作机制、优化区域互助机制、健全区际利益补偿机制等方面取得新进展，区域协调发展新机制在有效遏制区域分化、规范区域开发秩序、推动区域一体化发展中发挥积极作用”。在法律层面，此意见指出，要建立健全区域协调发展法律法规体系：研究论证促进区域协调发展的法规制度，明确区域协调发展的内涵、战略重点和方向，健全区域政策制定、实施、监督、评价机制，明确有关部门在区域协调发展中的职责，明确地方政府在推进区域协调发展中的责任和义务，发挥社会组织、研究机构、企业在促进区域协调发展中的作用。作为粤港澳大湾区发展的重点举措，建设深合区，无论是在机制层面还是在法律层面，都体现着区域协调发展理论的精神内涵。

3)他山之石：孵化器理论

孵化器，本意指人工孵化禽蛋的专门设备，后被引申为一种新型社会经济组织，也称为企业孵化器。它通过提供研发、生产、经营的场地与办公设施以及政策、法律等方面的支持，降低企业的创业风险与成本，提高企业成活率与成功率。其中，区域创新理论是孵化器理论

---

① 参见中国台湾网，http://www.taiwan.cn/wxzl/stcs/cs/200511/t20051125_215247.htm。

的一个重要支撑。区域创新理论体系是一个网络，是在一个地区范围内有关机构和人员组成的复杂的相互作用的社会网络。区域创新体系的要素包括有关技术发展和扩散的企业、大学、研究机构和孵化器等中介服务机构。

根据区域创新理论，企业孵化器是一种重要的企业中介服务机构，其存在的作用在于它是一种联系区域创新体系中各成员的有力工具。科技企业孵化器把初创科技企业汇集到一起，提供各种有利于它们成长的服务，成为联系这些企业的桥梁。孵化器运用自身的政府背景和优良的软件环境、硬件环境，可以比较合理地协调政府、科研机构和企业之间的利益关系。由于拥有数量很多的有发展潜力的高科技企业，孵化器可以通过提供系列的服务平台有效地解决中小型科技企业面临的问题，有利于更广范围的知识等创新要素的流动、高效配置以及科技优势的集成提升，促进资源的互补共享、产业链的合理分工，从而提升区域整体竞争力。[①] 孵化器原理如图 2-1 所示。[②]

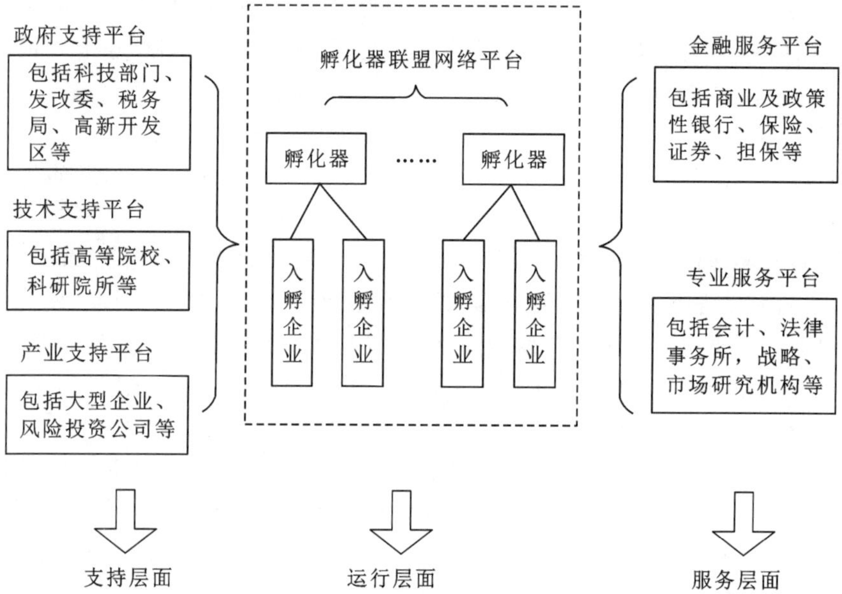

图 2-1　孵化器原理

孵化器理论虽然不是法学的概念，但在深合区与粤澳民商事司法合作的关系问题上，有着重要的参考价值。企业孵化器与企业、深合区与粤澳民商事司法合作，在要素上存在着许多相似之处，可使用类比法对两者进行比较。类比推理就是根据两个(类)对象之间在某些方面的类似或同一，推断它们在其他方面也可能类似或同一的逻辑思想的方法。它是以比较为基础的，通过对两个(类)不同的对象进行比较，找出它们的相似点或相同点，然后以此为依据，把其中某个(类)对象的有关知识或结论推移到另一个(类)对象中。[③] 类比原理可用

① 参见王守英:《科技企业孵化器理论与实践研究》，南京理工大学 2009 年硕士学位论文，第 11 页。

② 参见 https://baike.baidu.com/pic/%E4%BC%81%E4%B8%9A%E5%AD%B5%E5%8C%96%E5%99%A8/3682792/1/77094b36acaf2eddd23b78c18f1001e9380193cb?fr=lemma#aid=1&pic=77094b36acaf2eddd23b78c18f1001e9380193cb。最后访问日期为 2022 年 11 月 17 日。

③ 参见袁希娟、龚耘:《浅谈类比法》，载《河北理工学院学报(社会科学版)》，2003 年第 1 期。

下列方式解释。[①]

对象 A 具有属性 a、b、c、d，对象 B 具有属性 a、b、c，所以，对象 B 具有属性 d。

根据《横琴方案》，有可能在深合区"孵化"出的粤澳民商事司法合作方案，有与企业孵化器类似的五个支持平台，即政府支持平台（包括构建制度体系、制定合作区条例、运用特别行政区立法权、做变通规定）、技术支持平台[包括高等院校（如澳门大学）、科研机构等]、行业支持平台（包括各地司法机关、法律服务机构等）、风险管理机制（类似于企业孵化器金融服务平台中的保险、担保服务，它能及时研究处置合作区改革开放过程中的各种风险，该机制的建立也属于横琴新区法院的职能[②]）以及司法服务平台（横琴新区法院），如图 2-2 所示。

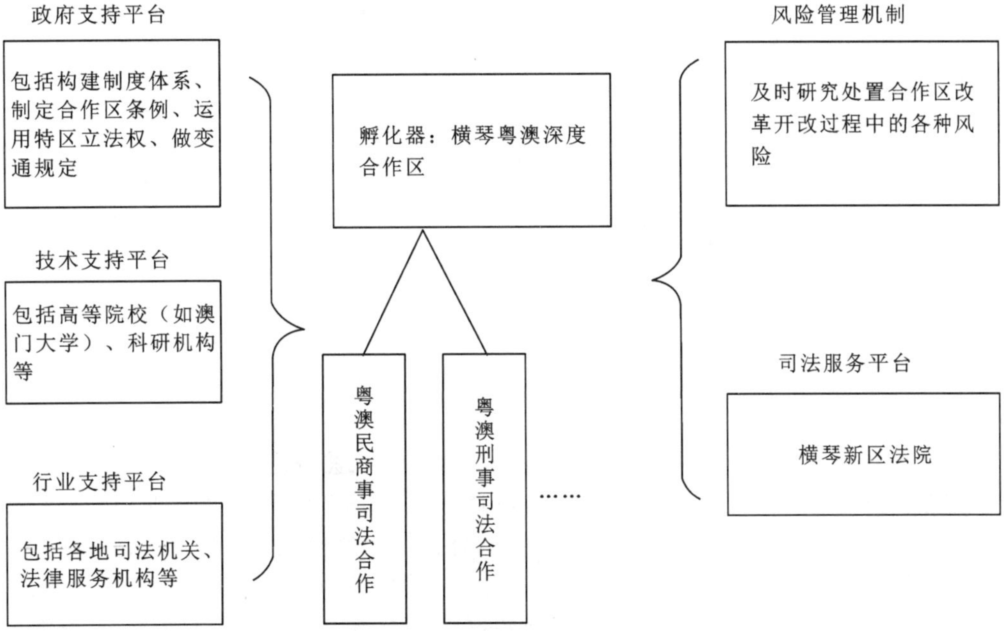

图 2-2　粤澳民商事司法合作方案

综上，根据类比推理法，可以得出以下结论：企业孵化器需要得到五个平台（即政府、技术、产业支持平台和金融、专业服务平台）的支持，才能提高企业成活率与成功率。同样，深合区在得到平台[③]支持的情况下，更有可能"孵化"出打破现有瓶颈且更具合理性和操作性的民商事司法合作具体方案。将企业孵化器与企业、深合区与粤澳民商事司法合作进行类比的意义在于，作为丰富"一国两制"实践的重大创新，深合区肩负着"健全粤澳共商共建共管共享的新体制"的艰巨任务。在包括民商事司法合作等诸多领域缺乏经验，需要"摸着石头过河"的情况下，孵化器理论能带来许多有益的借鉴与参考。

① 公式中，A、B 指不同的对象；A 对象的属性 a、b、c 与 B 对象的属性 a、b、c 可能相同，也可能相似；推理结果 d，与 A 对象的属性 d 可能相同，也可能相似。

② 最高人民法院《关于支持和保障横琴粤澳深度合作区建设的意见》（法发〔2022〕4 号）第 8 点。

③ 即政府支持平台、技术支持平台、行业支持平台、风险管理机制以及司法服务平台。

2. 粤澳民商事司法合作的现状

1)两地合作呈现之障碍一:法律依据

迄今为止,内地与澳门就民商事司法协助领域共签署了四项司法协助安排,包括2001年的最高人民法院《关于内地与澳门特别行政区法院就民商事案件相互委托送达司法文书和调取证据的安排》(2020年修正,以下简称《内地与澳门送达取证安排》)、2006年的《内地与澳门特别行政区关于相互认可和执行民商事判决的安排》(以下简称《内地与澳门判决安排》)、2007年的《关于内地与澳门特别行政区相互认可和执行仲裁裁决的安排》(以下简称《内地与澳门仲裁安排》)和2022年的最高人民法院《关于内地与澳门特别行政区就仲裁程序相互协助保全的安排》(以下简称《仲裁保全安排》)。至此,两地在文书送达、调查取证、仲裁裁决和民事判决认可和执行方面取得了一定的进展和成效。但是,两地民商事司法合作仍然在法律依据层面存在障碍。

(1)两地合作缺乏上位法依据。

《粤港澳大湾区发展规划纲要》《横琴方案》和《横琴总体发展规划》作为粤澳合作的纲领性文件,赋予了广东省广泛的创新权力。但是,在司法制度层面,广东与澳门的合作缺乏更为具体的法律依据,广东也未获得更为明确的法律地位。因此,两地的民商事司法合作遭遇了法律制度上的瓶颈。

具体来说,《粤港澳大湾区发展规划纲要》《横琴方案》和《横琴总体发展规划》均属于国务院的行政指导性文件。[①] 根据《中华人民共和国立法法》第七条的规定,立法文件应当规定公民、法人和其他组织的权利与义务,国家机关的权力与责任。但是,上述三个文件既没有为公民、法人和其他组织设定权利与义务,也没有为国家机关设定明确的、可操作的权力与责任,完全不具备法律规范应有的基本内容,不具有强制执行力。[②] 此外,《澳门特别行政区基本法》也没有对澳门与内地各省之间缔结区际合作协定的权限做出规定。这一立法上的缺失导致上述三个文件难以成为法律渊源,无法产生法律效力。

由于目前中央未明确规定允许内地各省市区单独与澳门直接进行司法合作,没有形成粤澳之间司法合作的协助机制,内地与港澳民商事司法协助制度在推进建立以及落地实施过程中均存在不同程度的障碍,主要包括推进建立司法协助安排协调难、耗时长,"大门开、小门不开"等问题。[③] 因此,广东,乃至横琴,能否依据《粤港澳大湾区发展规划纲要》《横琴方案》和《横琴总体发展规划》的授权,根据现有的司法协助安排,因地制宜,针对现有问题,对粤澳司法合作机制进行突破和创新,仍是一个值得思考的问题。

(2)关于法院级别的规定存在冲突。

《横琴方案》要求粤澳两地加强司法交流协作,并拓展横琴新区法院职能和作用,为深合区建设提供了高效便捷的司法服务和保障。同时,最高人民法院《关于支持和保障横琴粤澳深度合作区建设的意见》(以下简称《意见》)也提出两点。第一,要强化横琴法院职能作用,深化体制机制改革。支持横琴法院根据自身职能定位和横琴合作区发展需要,依法申请授

---

① 参见周盛盈:《论珠港澳深度合作法律制度的保障》,载《中共珠海市委党校珠海市行政学院学报》,2014年第4期。

② 参见谢永梅:《构建横琴"粤澳法制融合区"探析》,载《广州市公安管理干部学院学报》,2015年第2期。

③ 参见文雅靖、王万里:《论粤港澳大湾区的规则衔接》,载《开放导报》,2021年第2期。

权在组织体系、机构设置、功能定位等方面深化改革创新。第二，深化粤港澳司法协作交流，简化涉港澳案件诉讼程序。支持横琴法院简化港澳诉讼主体资格司法确认、授权委托见证、送达程序及诉讼证据审查认定。支持横琴法院与澳门特别行政区法院建立直接委托送达和调取证据机制，提高涉港澳民商事纠纷诉讼效率。《横琴方案》和《意见》在政策上和法律上，为全面推进粤澳民商事司法合作提供了有力的支持，相信其能把两地相关领域的合作推上一个新的高度。

但是，纵观内地与澳门签署的四项司法协助安排(《内地与澳门送达取证安排》《内地与澳门判决安排》《内地与澳门仲裁安排》和《仲裁保全安排》)，除《内地与澳门送达取证安排》以外，其他三个安排，在提供司法协助的法院级别上，均存在不利于推进粤澳两地司法合作的规定。

具体来说，第一，《内地与澳门送达取证安排》第二条允许内地基层人民法院与澳门特别行政区终审法院相互委托送达和调取证据。这与《意见》中"支持横琴法院与澳门特别行政区法院建立直接委托送达和调取证据机制"是吻合的。第二，除《内地与澳门送达取证安排》以外的其他三个安排，都将提供司法协助的法院规定为中级人民法院。[①] 那么，在粤澳合作或深合区的语境中，其指向的法院很可能就是珠海中院。问题在于，珠海中院既不在深合区内，也无法得到《横琴方案》和《意见》中给予横琴法院的权限支持；相反，申请人又无法向得到权限支持的作为基层人民法院的横琴法院申请包括判决、仲裁与仲裁保全在内的司法协助。上述情况，造成了推进粤澳两地司法合作、贯彻深合区指导思想的一大瓶颈，这一瓶颈尤其体现在两地判决的认可与执行领域(具体内容会在下文详细分析)。

此外，《横琴方案》《意见》与《内地与澳门判决安排》《内地与澳门仲裁安排》和《仲裁保全安排》在效力和适用上的问题也值得讨论。首先，上文提到，《横琴方案》属于国务院的行政指导性文件，不具有强制执行力。《内地与澳门判决安排》《内地与澳门仲裁安排》和《仲裁保全安排》则是拥有具体法律规则的司法解释。因此，即使《横琴方案》与上述三个安排在提供司法协助法院级别上的规定不一致，也不存在原则性的冲突。其次，与《横琴方案》不同的是，《意见》无论是在效力上还是在内容上，都值得斟酌。虽然上述三个安排都已明确了提供司法协助的法院级别(中级人民法院)，但是《意见》却强调横琴法院的体制机制改革、司法职能延伸与粤澳两地司法协作的深化。最高人民法院发布的各种冠以"通知"或"意见"名称的司法文件，对于下级法院的案件审理工作也有着举足轻重的影响。这类司法文件往往表征着最高司法机关在特定阶段的司法政策取向，并以此来宏观指导各级法院的司法裁判工作。同时，这类司法文件也有可能在客观上对各级法院和当事人的司法活动产生实质性的影响。[②] 因此，《意见》的出台，对三个安排的适用是否会产生实质性的影响，有待日后实践的检验。

2)两地合作呈现之障碍二：送达与取证

自粤港澳大湾区开始建设以来，内地(主要是广东)与澳门在送达与取证领域的合作不断深入。

---

① 参见《内地与澳门判决安排》(法释〔2006〕2号)第二条、《内地与澳门仲裁安排》(法释〔2007〕17号)第二条和《仲裁保全安排》(法释〔2022〕7号)第二条。

② 参见黄韬：《最高人民法院的司法文件：现状、问题与前景》，载《法学论坛》，2012年第4期。

首先，内地与澳门于 2020 年就《内地与澳门送达取证安排》进行了修改，并签署了《内地与澳门送达取证安排》修改文本。[①] 修改的主要内容包括以下几点。第一，允许内地与澳门通过司法协助网络平台进行电子方式转递司法文书和证据，从而实现两地通过平台对送达取证案件的全流程在线转递、在线审查、在线办理和在线追踪。第二，新增了在委托方请求并经证人、鉴定人的同意下，可以通过视频和音频方式作证的电子取证方式；最高人民法院授权部分中级人民法院和基层人民法院与澳门特别行政区的终审法院相互委托送达司法文书和调取证据，改变了以往只能由高级人民法院审查和转递的环节，提升了司法效率和司法流转的便利性。

其次，根据 2019—2020 年澳门司法年度年报[②]关于司法协助的报告，截至 2020 年底，澳门终审法院共收到内地法院的委托书 1530 件，向内地转移送特区法院的委托书 602 件，合计共收发委托书 2132 件，其中有 255 件通过司法协助网络平台转送。对照粤港澳大湾区建设前的澳门司法年度报告可以看出，自《内地与澳门送达取证安排》施行后，2001 年至 2016 年底，合计共发委托书 1150 件，成功执行的有 510 件。仅在 2017 年至 2020 年的四年间，移送转达的委托书就达到了 982 件，成功执行率也呈现小幅的上升趋势。[③]

最后，在实务中，深圳市中级人民法院在《关于涉外民事诉讼文书送达的若干意见》中开创性地明确认可了通过民间途径向港澳地区当事人送达司法文书。[④] 由此可见，当事人送达的方式作为司法实践已获认可，并有机会加以推广甚至纳入法律，推动两地更为便捷和有效地实现司法协助。

但是，两地在送达与取证领域的合作仍然存在障碍，具体体现在以下两个方面。

(1)文书送达法律法规体系混乱。

从区际(内地、香港、澳门)诉讼文书送达的角度分析，现阶段的主要法律依据包括我国《民事诉讼法》、最高人民法院《关于涉港澳民商事案件司法文书送达问题若干规定》(以下简称《涉港澳送达规定》)、最高人民法院《关于内地与香港特别行政区法院相互委托送达民商事司法文书的安排》(以下简称《内地与香港送达安排》)、《内地与澳门送达取证安排》。此外，粤港之间的送达协议、最高院对相关问题的解答、相关工作的会议纪要[⑤]等也是实际运行的做法。

一方面，通过对现行送达方式的穷尽式列举可见，内地民商事送达、涉外民商事送达和内地对港澳送达的途径有一定相似之处，但因受送达人住所地不同区别也较为明显。[⑥] 这些

---

① 参见 2019 年最高人民法院《关于修改〈关于内地与澳门特别行政区法院就民商事案件相互委托送达司法文书和调取证据的安排〉》，该修正自 2020 年 3 月 1 日起施行。

② 截至 2022 年 7 月 25 日，澳门司法年度年报仅更新至 2019—2020 年度。

③ 参见澳门特别行政区法院司法年度年报 2019—2020。

④ 即“向住所地在香港、澳门地区的受送达人送达诉讼文书，可由当事人委托中国法律服务(香港)有限公司或者中国法律服务(澳门)公司送达，中国法律服务(香港)有限公司或者中国法律服务(澳门)公司提供的送达证明，经审查认为能够证明相关送达行为的，可予认可”。参见深圳市中级人民法院关于涉外商事审判若干问题的裁判指引，https://www.szcourt.gov.cn/article/ 30050197? ivk_sa=1024320u。

⑤ 参见《广东省高级人民法院与香港最高法院关于相互协助送达民、商事诉讼文书的初步协议》、最高人民法院《关于审理涉港澳经济纠纷案件若干问题的解答》《全国法院涉港澳商事审判工作座谈会纪要》。

⑥ 参见陈林：《内地对港澳地区送达制度研究》，太原科技大学 2017 年硕士学位论文，第 16 页。

规定、答复和安排，虽然填补了区际的诉讼文书送达的法律空白，但是，零散、不连续以及清理不及时的法律法规，有可能导致涉港澳诉讼文书送达的法律适用困难，影响送达工作的效率。

另一方面，除了我国国内法，国际条约、区际协议均可成为涉港澳文书送达的实际法律渊源。[①] 同时，司法部、最高人民法院和外交部等也曾以联合发文等形式对相关问题进行规制。[②] 因此，法出多部门，规定庞而杂，时间跨度大，势必会造成不少矛盾与冲突。例如，在代理人送达的问题上，《民事诉讼法》第二百七十条采取的原则是不排斥，但在解释该法时，又规定委托必须有明确的该项事务的授权，[③]否则不认为有权接受送达。作为《民事诉讼法》的特别法，《海事诉讼特别程序法》针对代理人权限的这一问题，采取了不同态度，其直接规定可向代理人送达，不问具体权限。[④] 由此可见，送达规范的不统一，导致法律适用的难度大增。

(2)调取证据缺乏宏观长效机制。

在实践中，两地司法协助的有效性往往受制于两地的法律规定和当事人及有关证人的配合问题，成功率不高是普遍现象。这既有主观方面的原因，也有客观方面的原因。由于两地在社会意识形态、文化观念、价值判断、法制观念和法律制度上存在较大的差异，无论是澳门特别行政区法院还是内地法院，在彼此开展司法协助过程中，必须对各自的司法制度有足够的认识和了解，消除认识上的误解和偏差，对相互委托协助的事项应给予充分的重视，不能因制度上的原因而无限拖延。[⑤]

《内地与澳门送达取证安排》本身的缺陷也不能忽视。该安排就调取证据的范围和方式做了比较全面且系统的规定，如有关委托调取的证据包括代为询问当事人、证人和鉴定人，代为进行鉴定和司法勘验，调取其他与诉讼有关的证据。在调取证据时，委托方法院可以派司法人员参加，必要时可以经受委托方法院允许，直接向证人、鉴定人发问等。受委托方法院还可以根据委托方法院的请求，并经证人、鉴定人同意，协助安排辖区内的证人、鉴定人到对方辖区出庭作证。这表明，该安排主要采取的是由司法机关间接取证的方式，由受委托方法院协助委托方法院调取证据，这种方式往往程序复杂，诉讼成本高。如果受委托方法院配合不够或协助不到位，就会出现取证难的问题，受理的案件就无法结案或久拖不决，这显然不利于保护当事人的合法权益。

归根结底，两地间缺乏对司法协助进行协商和协调的机制。这个问题主要体现在两个方面：一是两地间对民商事司法协助进行的协商缺乏宏观的把握、缺乏统一且系统的安排，表现出临时性和应急性，一般是按“出现一个问题，解决一个问题”的方式进行的，临时问题

---

① 如《关于向国外送达民事或商事司法文书和司法外文书公约》(《海牙送达公约》)、《广东省高级人民法院与香港最高法院关于相互协助送达民、商事诉讼文书的初步协议》等。

② 如最高人民法院、外交部和司法部《关于执行〈关于向国外送达民事或商事司法文书和司法外文书公约〉有关程序的通知》(外发〔1992〕8 号)。

③ 参见《最高人民法院关于适用〈中华人民共和国民事诉讼法〉的解释》第八十九条。

④ 参见《中华人民共和国海事诉讼特别程序法》第八十条。

⑤ 参见宋锡祥:《中国内地与澳门区际民商事司法协助的成效、问题及其完善建议》,载《政治与法律》,2011 年第 8 期。

就临时解决，缺乏长远机制；[1]二是两地间既缺乏司法协助的具体情况的及时通报制度，也缺乏具体实施过程中出现问题应如何协调和解决的评估机制，有效的沟通严重不足，所以两地的司法机关不能全局性地把握两地司法协助的具体实施情况。

3)两地合作呈现之障碍三：判决的认可与执行

粤港澳大湾区建设后，粤澳两地在判决的认可与执行领域取得了一定成果。

首先，在数据上，根据 2019—2020 年澳门司法年度年报关于司法协助的报告披露：经终审法院转送初级法院执行且已完成并寄回的内地委托书共有 1471 件，另有 59 件正在初级法院执行。已完成并寄回的委托书当中，成功执行的有 996 件，占 67.71%；未能成功执行的有 475 件，占 32.29%，主要原因是未能找到受送达人、地址出错等。转送内地各法院执行的特区法院委托书中，已完成并寄回的共 549 件。其中成功执行的有 263 件，占 47.91%；未能成功执行的有 286 件，占 52.09%。另外，中级人民法院受理的对由内地法院或仲裁员做出的裁判的审查及确认请求的案件共 253 件。初级法院受理经中级人民法院审查及确认的由内地法院或仲裁员做出的裁判的执行案件共 20 件。在所有受理的请求中，已经审结的总数为 228 件。获中级人民法院确认的裁判数目共有 216 件，不获确认的裁判有 1 件，未经审理而结案的有 11 件，这是由于当事人撤回诉讼而导致程序中止以及被裁判书制作法官初端驳回。[2] 对照大湾区建设前的澳门司法年度年报可以看出，自《内地与澳门判决安排》施行后，2006 年至 2016 年底，澳门法院所有受理的判决请求总数为 149 件。[3] 仅在 2017 年至 2020 年的四年间，受理判决的执行案件就增加了 67 件，没有不获确认的裁判。

其次，在制度上，内地(广东)与澳门的司法合作已经趋于成熟。相较于香港，《内地与澳门判决安排》还在以下两个方面给予当事人更多便利：一是“公证文书免认证”制度；[4]二是对于没有给付内容，或者不需要执行，但需要通过司法程序予以认可的判决，允许当事人直接以该判决作为证据在对方法院的诉讼程序中使用。[5]

关于粤澳两地判决的认可与执行，主要探讨澳门博彩债务判决在内地(广东)的认可与执行问题，即广东法院在涉及澳门博彩债务判决的认可与执行时，是否应当根据“公共秩序保留”原则，对上述判决不予认可与执行。

(1)公共秩序保留原则仍可适用。

随着澳门的回归，内地与澳门已同属一国，主权问题已不再是两地的障碍，因此，有学者提出，适用于国际法律冲突的公共秩序保留原则就不应出现在区际法律冲突之中。[6] 同时，以美国为例，公共秩序保留机制一般不可适用于拒绝“姊妹州”判决的承认与执行。受此启发，在《内地与澳门判决安排》谈判过程中，学者们均建议不在安排中采纳公共秩序保留原

① 参见张忍生：《论中国内地和澳门民商事区际司法协助》，兰州大学 2012 年硕士学位论文，第 18 页。

② 参见澳门特别行政区法院司法年度年报 2019—2020。

③ 参见澳门特别行政区法院司法年度年报 2015—2016。

④ 参见《内地与澳门判决安排》第十八条。

⑤ 参见《内地与澳门判决安排》第三条第 2 款。

⑥ 参见邵文虹、于晓白：《内地与澳门特别行政区法院就民商事案件司法文书送达与调取证据的安排》，载《人民司法》，2001 年第 12 期。

则。[①] 然而，部分学者提出，“一国两制”原则的第二层内涵（“两制”）允许每个法域保留大多数原有制度并允许其在相当长的一段时间内发展。鉴于内地与澳门在社会结构、经济制度、文化传统以及法律原则上的多重差异，在区际法律冲突中适用公共秩序保留原则能保证各区域法律和生活方式的独立性不受到过度地干扰。[②] 经过热烈的讨论与慎重的思考，学者们普遍认为，在当下的政治环境中，公共秩序保留原则仍应在区际冲突法领域内适用，但是，鉴于“一国”原则中包含的对于两地不断深入合作的追求，该原则的适用应加以严格限制。因此，与《内地与澳门送达取证安排》相同，《内地与澳门判决安排》第十一条第 6 款也规定了公共秩序保留条款：“被请求方法院经审查核实存在下列情形之一的，裁定不予认可：在内地认可和执行判决将违反内地法律的基本原则或者社会公共利益；在澳门特别行政区认可和执行判决将违反澳门特别行政区法律的基本原则或者公共秩序。”根据该条款，即使第十一条的其他条款均被满足，面对另一方法院做出的判决时，两地法院仍可适用公共秩序保留原则，拒绝认可与执行相关判决。

(2)澳门经济利益与内地公共利益的矛盾。

在探讨澳门博彩债务能否被内地法院认可与执行之前，需要厘清“博彩债务”与“赌债”的区别。根据澳门相关法律，这两个概念是有本质区别的：“博彩债务”是法定债务，[③]“赌债”是自然债务。[④] 简单来说，在澳门，前者可以通过司法的强制途径执行，后者不能通过司法的强制途径执行。[⑤]

那么，内地法院能否或是否应适用公共秩序保留原则，拒绝认可与执行由澳门法院做出的涉及博彩债务的判决？众所周知，博彩业是澳门的核心支柱产业，部分博彩债务在澳门是合法的，且可根据澳门法律通过诉讼进行追偿。据了解，澳门 60%～70%，甚至更多的博彩受益来自娱乐场的贵宾室（VIP rooms）。在贵宾室，娱乐场大多先通过提供信贷（如出借金钱）的方式与顾客（或称赌徒）进行交易，随后再结账。[⑥] 在澳门，娱乐场信贷于 2004 年正式合法化。如今，大多数光顾贵宾室的赌徒都来自内地。[⑦] 在大多数情况下，赌徒会输钱且无法偿还债务。那么，针对该债务的诉讼则可以在澳门法院提起，假如赌徒在澳门没有足够的财产，诉讼产生的判决需要在内地认可与执行。

然而，内地法律并未明确对“博彩债务”与“赌债”进行区分，认为两者均为自然之债。[④] 同时，我国《刑法》《治安管理处罚法》等法律均对包括“博彩”行为在内的赌博行为持强烈否定态度。[⑧]《民法典》第一百五十三条第 1 款也规定：“违反法律、行政法规的强制性规定的民事法律行为无效。”具体到借贷行为，根据最高人民法院《关于审理民间借贷案件适用法律若干

---

① 参见黄金龙：《〈内地与澳门特别行政区关于相互认可和执行民商事判决的安排〉的理解与适用》，载《人民司法》，2006 年第 5 期。

② 参见宋连斌、杨娟：《对〈内地与澳门特别行政区关于相互认可和执行民商事判决的安排〉的解读》，载《佛山科学技术学院学报（社会科学版）》，2007 年第 3 期。

③ 参见澳门《娱乐场幸运博彩经营法律制度》（第 16/2001 号法律）和《娱乐场博彩或投注信贷法律制度》（第 5/2004 号法律）。

④ 参见《澳门民法典》第一千一百七十一条第 1 款。

⑤ 参见卢颂馨：《中国内地对于澳门地区因博彩而衍生之债务的追偿问题研究》，载《法治社会》，2017 年第 6 期。

⑥ 参见王长斌：《澳门赌债在大中华地区的追偿》，载《澳门法学》，2011 年第 2 期。

⑦ 参见《澳门日报》2012 年 6 月 8 日版。

⑧ 参见《刑法》第三百零三条、《治安管理处罚法》第七十条。

问题的规定》第十三条第 4 款的规定，出借人事先知道或者应当知道借款人借款用于违法犯罪活动仍然提供借款的，人民法院应当认定民间借贷合同无效。因此，根据上述公法与私法规范，由博彩行为产生的信贷在内地是不合法的，也无法追偿。

由此产生的困境就是，假如《内地与澳门判决安排》允许内地法院适用公共秩序保留条款，对澳门博彩债务拒绝认可与执行，对于澳门博彩业乃至整个澳门，都将是巨大的损失；反之，内地的公共利益将受到严重侵犯。可悲的是，如此重要的问题并未在安排协商阶段被提及。但是，博彩债务问题迟早需要在实践中去面对和解决。

值得注意的是，随着粤港澳大湾区建设的开始，上述困境似乎有所突破。以广东省惠州市中级人民法院于 2018 年裁判的方卫华、曾伯环申请认可和执行澳门特别行政区法院民事案件为例，惠州市中级人民法院经审查认为：澳门特别行政区初级法院对申请人方卫华与被申请人曾伯环返还财产一案已做出编号为 CV-17-0061-CAO 的民事判决，判决被申请人曾伯环向申请人方卫华返还价值为港币 5 600 000 元的博彩筹码或等值款项，附加该判决做出之日起按法定利率计算的利息，直至完全返还或支付。该判决真实且已生效，根据最高人民法院《内地与澳门判决安排》第一条、第二条、第三条、第四条、第十条的规定，裁定认可和执行澳门特别行政区初级法院做出的编号为 CV-17-0061-CAO 的民事判决。[①]

通过上述案例可以发现，粤澳两地在该领域的司法合作已初见共识。但是，该案例至今仍属个例，类似案件并不多。并且，公共秩序保留原则的适用属于法官自由裁量的范畴，今后类似判决能否持续获得认可与执行仍有待观察。

4）两地合作呈现之障碍四：法律查明

我国对于澳门法的查明参照适用的是《涉外民事关系法律适用法》。根据该法第十条的规定，涉外民事关系适用的外国法律，由人民法院、仲裁机构或者行政机关查明。当事人选择适用外国法律的，应当提供该国法律。不能查明外国法律或者该国法律没有规定的，适用中华人民共和国法律。在区际司法协助安排中，只有《内地与澳门判决安排》提及“最高人民法院和澳门特别行政区终审法院应当相互提供相关法律资料”，但对具体程序和方式却一直未见下文。因此，查明制度上的不完备、两地法律体系的差异以及实践中的查明障碍都直接导致澳门法律难以查明，从而间接成为两地民商事司法协助的障碍。

目前，广东与澳门在法律查明方面主要面临三个方面的问题：一是在法律制度层面，对于区际的法律查明没有配套规定，且现有制度在查明责任方面也存在许多缺陷和问题；二是在法律语言层面，澳门的法律制度和司法活动都受制于葡语文化，导致法律查明的动态进程受到很大的制约；三是在查明成本层面，查明法律的高额成本也往往会导致当事人和法院放弃查明。部分法官也容易因为制度性因素产生的查明责任而存在畏难情绪，转而直接适用内地法。

（1）两地法律查明的制度缺陷。

无论是 2015 年前海法院出台的《深圳前海合作区人民法院域外法查明办法》的规定，[②]

---

① 参见《广东省惠州市中级人民法院民事裁定书》[（2018）粤 13 认澳 1 号]。

② 《深圳前海合作区人民法院域外法查明办法》第六条规定，人民法院可以通过以下途径查明域外法：①当事人提供；②由与我国订立司法协助协议的缔约对方中央机关提供；③外交途径提供；④中外法律专家提供；⑤委托专业法律查明机构提供；⑥其他可以有效查明域外法的途径。

还是《涉外民事关系法律适用法》及其解释，都只确定了查明途径、查明的责任主体以及不能查明的标准，但是对于具体的查明责任以及法官错误适用的责任免除都缺乏规定或模糊不清。

第一，具体的查明责任规定不全面。我国现行立法建立的是以法官查明为主、当事人查明为辅的域外法查明模式。法律已将查明域外法的责任主体做了明确划分，并未规定法官有进一步查明域外法的责任。如果在粤澳的民商事纠纷中，双方当事人选择适用澳门法律，且一方当事人对另一方当事人提供的澳门法律规定进行了抗辩，那么对于当事人提供的澳门法进一步查明的责任如何分配，并没有具体规定。实践中还存在双方当事人均已提供外国法专家意见书，而当法律意见存异时，有关法官径直判令外国法无法查明的案件。目前有如下几种做法：一是如果抗辩成立，认定为该澳门法不能查明而转而适用内地法；二是由受理法官承担查明责任，此时查明责任由当事人转移到法官；三是根据上述法律规定的当事人可以委托专家来进行法律查明，但是法律尚未规定具体的专家资格、选任、审查、权利责任等具体内容。[①]

第二，缺乏法官查明的免责制度。我国尚未确立法官错误适用域外法的免责制度。如果在涉澳案件中，当事人提供的澳门法错误、不完整或无法准确解决纠纷中的问题等，法官将存在错判的风险。如果当事人对于该错误判决提起上诉，那么一审法官将承担因为查明错误而错判的责任。法官为防止错判而对当事人提供的域外法进一步查明就等于无端加重法官对查明责任的负担。前者增加错判风险导致不公，后者增加法官责任导致查明责任的规定形同虚设。所以法官对于当事人提供域外法而错判的情形，应当被法律纳入免责规定，更有利于区际民商事案件审理质量的提升。

第三，域外法不能查明的标准模糊。2020 年修正的《涉外民事关系法律适用法》司法解释(一)第十五条第 2 款对不能查明做了进一步解释，规定人民法院通过由当事人提供、已对中国生效的国际条约规定的途径、中外法律专家提供等合理途径仍不能获得外国法律的，以及当事人应当提供外国法律，其在人民法院指定的合理期限内无正当理由未提供该外国法律的，可以认定为不能查明外国法律。但在实践中，该条文规定的标准仍然呈现模糊不清的状态。第 1 款中规定的通过多种合理途径不能查明的情况，法律是否要求法院穷尽所有的合理途径都不能查明才能转而适用法院地法呢？[②] 第 2 款中规定了人民法院的“合理期限”以及当事人的“正当理由”，却未对这些术语的定义和具体情形进行解释。[③] 反言之，如果当事人在合理期限内具有正当理由而无法提供澳门法，法院能否得出当事人不能查明的定论？因此，在以上问题不能得以细化和明确时，内地法院的法官很容易受到固有思维的影响而回避域外法的查明。

(2)葡语语言体系的制约。

澳门法制发展是一个典型的“后殖民”问题。法律语言问题、本地法律文化弱势和既得

① 参见游文婷、曾思鹏：《论广东自贸试验区区际法律查明与适用制度的完善》，载《韩山师范学院学报》，2016 年第 2 期。

② 参见王徽、沈伟：《论外国法查明制度失灵的症结及改进路径——以实证与法经济学研究为视角》，载《国际商务(对外经济贸易大学学报)》，2016 年第 5 期。

③ 参见江保国：《超越隔阂：人民法院港澳台法查明实证研究》，载《法商研究》，2017 年第 4 期。

利益垄断问题交织纠缠。[①] 在澳门法制发展的过程中,关于葡语作为澳门法律语言的争论最多。一方面,澳门的双语法律制度是历史、政治和文化的产物,基于对澳门特别行政区基本法的庄严承诺、对历史的尊重和对少数居民的保护以及社会制度的延续,在公共和法律领域维护双语制是必须的。另一方面,葡语作为澳门法律体系和法律文化的重要组成部分,难以在短时间内被完全剥离。澳门法院在双语化方面确实已做出不懈和卓有成效的努力。澳门回归 20 多年来,澳门三级法院以中文或中葡双语制作的司法裁判已超过 70%,但中级人民法院的情况仍有待进一步改善。根据 2019—2020 年澳门司法年报显示,终审法院于本年度以葡文制作的合议庭裁判共 42 份,占 37.5%。按审结的案件数目来说,有 71 个仅以葡文做出的合议庭裁判或决定,是由于案件紧急、双方当事人聘请了律师,或者其不掌握中文、同时掌握了中葡文。在中级人民法院由刑事分庭制作的 480 个合议庭裁判中,以葡语制作的有 141 个,葡语裁判占 29.38%。就民事与劳动诉讼案件而言,在 370 个合议庭裁判中,以葡文制作的有 324 个,葡语裁判占 87.57%。此外,第一审法院的原审卷宗及裁判大部分以葡语制作。诉讼当事人的代理律师也较多以葡语参与诉讼等因素使中级人民法院难以全面采用中文审理民事上诉。[②] 可以看出,审级较低的法院适用葡语做出裁判的比例更高,这主要是因为涉及的法律问题往往引用葡萄牙法律和在澳门成立前后均采用的传统学说和理论。这些理论多以原文(葡语)被引用,在技术上较费时、费力,难以找出相应的中文词或以中文用语表述,因此造成仍以葡语做出的裁判较多。

尽管在大湾区建设后,包括横琴法院在内的珠海相关法院与澳门司法合作愈加密切,对法律查明提供了不少指导和便利,但葡语对于广东法院的法官查明澳门法律仍然是个难题。首先,法律术语是每个国家不同法律文化的凝聚,法律术语的翻译在客观上无法在外延和内涵方面实现完全重合。对于单靠域外法的本地语言译本,法官无法确知术语翻译中是否存在语义遗漏或增添。其次,准确查明澳门法的前提是能够正确解释法律。对部分法律的解释在很多情况下需要以对其制度环境有整体理解为前提,认知和解释上的"部分-整体"的循环就导致域外法律查明工作的任务范围不可能仅限于找到某个法律条文或判例。[③] 例如,上文曾提到的博彩债务问题,在内地习惯用语中,无论是民间借贷用作赌资,还是博彩"庄家"与赌客之间因博弈形成的债务,均被视为"赌债"而不做区分。根据澳门《娱乐场博彩或投注信贷法律制度》(第 5/2004 号法律)、《娱乐场幸运博彩经营法律制度》(第 16/2001 号法律)产生的博彩法定之债效力和根据《澳门民法典》第一千一百七十一条规定的赌博自然之债的效力存在区别。诸多内地人民法院在审理涉及澳门"赌债"的案件中,想当然地认为"赌债"根据澳门法律都是合法的,却不了解上述澳门法中的法定之债和自然之债的差别。[④] 最后,即使澳门作为大陆法系的法域,其法律发展动态也需要依靠判例来体现。无论是法官还是当事人,都很难在查明具体法律规定的同时对该澳门法相关的判例了如指掌,也不可能和本地法律工作者一样对本地判例的动态演进保持持续跟踪。

由此可见,澳门法律本土化过程中的"葡译中"导致的澳门法律发展受制于其葡语文本

① 参见张宪初:《澳门对中国民商事区际司法协助发展的贡献及其特色》,载《比较法研究》,2010 年第 3 期。

② 参见澳门特别行政区法院司法年度年报 2019—2020。

③ 参见王千华:《澳门法制发展助力国家全面开放新格局的思考》,载《法治社会》,2020 年第 5 期。

④ 参见黄涛涛:《推进粤港澳大湾区法治建设的路径探索》,载《岭南学刊》,2021 年第 3 期。

及其背后的葡萄牙法律文化背景和学术语言。葡语法律语言、法律职业既得利益和葡萄牙法律文化三者之间形成了互相促进和强化的循环,阻碍了澳门法制的发展。葡语用于澳门法制发展,虽然具有对标国际的独特优势和资源作用,但其对澳门法制的术语语义障碍、法律适用条件限制障碍、法律发展动态障碍仍难以克服。

(3)法律查明的司法成本过重。

从当事人的角度来说,当事人对本法域的法律可能都不求甚解,在有限的时间内熟识并提供相应的域外法更是一项难题。因此当事人往往会选择求助于域外法律专家或法律查明机构提供服务,法律查明的费用会依据查明路径和具体个案的查明难度而有所不同。但上述法律查明方式耗时长、难度高,对应费用也偏高。根据深圳市蓝海现代法律服务发展中心(以下简称蓝海中心)出台的《法律查明规则》的规定,查明费用主要由以下三个方面组成:①蓝海中心的管理费用;②专家的查明服务费(根据具体的委托事项、查明的难易程度和工作量确定);③公证、认证、翻译等其他依委托人特别要求而产生的费用。[①] 在个案中,法律查明的费用有可能高达几万元,甚至十几万元,[②]这对于承担查明责任的当事人来说明显过重。所以当事人出于规避负担的需要,会尽量适用内地法律。

从法院的角度来说,一方面,法官虽然具备良好的法律专业知识,但其法律知识不可能涵盖所有法律。并且,在域外法查明缺乏配套设施的背景下,单靠法官自行查明域外法确实困难重重。法官即使能够查明纠纷相关域外法,也难保不出现查明错误或查明瑕疵的问题。在我国内地尚未规定查明错误的免责制度的前提下,法官查明并适用域外法要承担很大的风险和责任。另一方面,国际私法理论出于法律适用一致性的原则,往往要求法官按照所适用准据法法域的理念进行解释。但在实践操作中,这对我国部分法官提出了过高的要求。虽然澳门与内地均采取成文法的法律编纂形式,但毕竟法律体系不同,法律语言和文化也有所差异。法官要想在庞大的葡语体系中准确找到相关法律规则并破译专业术语绝非易事。在这个过程中出现查明偏差在所难免,作为理性人,倘若因此会承担"负面评价",如被二审纠偏、扣奖金、影响晋升等,那么不如尽量适用内地法来保证判决的准确性和公平性。

有学者指出,内地法官平均审理案件数量巨大,面临积案压力又不愿自添麻烦,因此会习惯性选择适用内地法以减少时间成本。也有学者认为,内地法官的国际私法意识薄弱,认为适用外国法律容易导致偏差和错误从而增加压力。在实践中,也有部分法官出于自我保护的需要,倾向于将查明责任归于当事人。以上说法的根本原因在于域外法查明的司法附加过重成本。基于法经济学分析,部分法官主观上的畏难和抵触,实则是制度附加成本的某种外化。如果司法制度附加成本无法降低,有关配套制度无法得到完善,那么部分法官在个案中的内地法倾向便难以得到更好的规制。

3. 横琴——推进粤港澳大湾区民商事司法合作的解决方案

1)深合区在立法上先行先试

针对区域内法制不统一的问题,解决区域内法律冲突最终还是要落实到开展立法协调工作上,在立法层面对区域内法制进行协调,逐步减少,以致消除法律冲突。在统一实体法

---

① 参见蓝海中心的《法律查明规则》第四章。

② 参见蓝海中心查明案例。

以及统一区际冲突法出台之前，横琴的司法合作制度可以由立法机关进行协商，达成一致意见后，直接在深合区内部开展区域协同立法，制定区域范围内施行的统一规定。[①]《横琴方案》的出台，让横琴成为丰富"一国两制"实践的新示范。因此，深合区可以在立法上先行先试，在维持主体秩序性质不变的同时容许例外的合法存在，对现有司法协助安排结合实践情况做变通规定，这也是"一国两制"最具开创性的地方。

横琴要构建民商事司法协助机制既涉及中央方面顶层设计，也涉及推动落实过程中的各类细节问题。两地政府之间、司法部门之间的密切沟通交流尤为必要。因此，建议中央借鉴 CEPA 广东协议(2014 年签署的《关于内地在广东与香港基本实现服务贸易自由化的协议》)的做法，明确授权允许广东省司法机关或横琴的相关司法部门与澳门特别行政区单独签订民商事司法协助安排，明确赋予深合区更大的空间，允许两地采用"一事一议"、独立安排等方式或采用联席会议制度，分别设立"粤澳联席会议制度""珠海联席会议制度""横澳联席会议制度"三级联席会议制度，根据实际情况有针对性地签订司法协助专项合作安排。同时，深合区还要依托广东省推进粤港澳大湾区建设领导小组办公室、澳门粤港澳大湾区工作委员会，组建合作联席会议制度，保障大湾区民商事司法协助机制建立及具体工作有序推进。

根据《横琴方案》的精神，深合区可以实行两步走的方案。第一步：在深合区内部先行先试，根据横琴与澳门紧密衔接的地理优势、与澳门密切司法交流的实践经验和各自的司法制度特点，推进规则衔接、机制对接，兼顾差异，探索建立契合粤港澳大湾区的司法合作模式。[②]用足用好珠海经济特区立法权，根据授权对法律、行政法规、地方性法规做变通规定。但是，有关改革开放政策措施，涉及需要调整现行法律的，由有关方面按法定程序向全国人大或其常委会提出相关议案，经授权或决定后实施；涉及需要调整现行行政法规的，由有关方面按法定程序提请国务院授权或决定后实施。[③] 第二步：深合区中对于实践中取得成效的变通规定，可逐步推广到珠海经济特区、粤港澳大湾区、我国内地予以实施。全国人大常委会可以根据深合区从实践中反映的问题对内地与澳门的相关司法协助安排进行修改和细化。深合区所做的变通性规定和多元化司法合作机制将为现行规则提供依据，更好地建立粤港澳立法、行政、司法等方面的合作机制，为三地跨境贸易活动保驾护航。

2)制定《深合区条例》，修改相关安排，形成制度对接

针对粤澳民商事司法合作缺乏上位法依据的问题，建议根据《澳门基本法》第九十三条以及《横琴方案》，制定《横琴民商事司法合作条例》(以下简称《深合区条例》)，为两地合作提供法律依据。为强化法治保障，《横琴方案》要求深合区研究制定合作区条例，为其长远发展提供制度保障。鉴于两地民商事司法合作的现实困境和迫切需求，制定《深合区条例》刻不容缓。具体来说，《深合区条例》可包含两地已签署的四项司法协助安排所涵盖的领域，即文

---

① 参见邓伟平、郭世恩：《粤港澳大湾区法律合作研究》，载《法治论坛》，2020 年第 4 期。

② 参见许宁宁、覃玲、杨碧泓：《中山大学法学院院长张亮：探索契合大湾区需要的法治建设模式》，载《南方日报》，2021 年 9 月 19 日。

③ 参见邹平学、冯泽华：《改革开放四十年广东在粤港澳法律合作中的实践创新与历史使命》，载《法治社会》，2018 年第 5 期。

书送达、调查取证、仲裁裁决、民事判决认可和执行以及仲裁程序的保全。对于这些领域,《深合区条例》可根据深合区的发展需要,特别是衔接澳门民商事规则、接轨国际制度体系的现实需求,做变通甚至创新的规定。

针对《内地与澳门判决安排》《内地与澳门仲裁安排》和《仲裁保全安排》与《横琴方案》《意见》在法院级别上相互矛盾的问题,建议参照《内地与澳门送达取证安排》,在上述三个安排中,允许内地基层人民法院与澳门进行包括判决与仲裁裁决的认可与执行、仲裁程序相互协助保全在内的民商事司法协助。上述修改一方面可放大深合区政策优势,强化孵化器效应,另一方面能与《深合区条例》形成制度对接,最大限度"强化拓展横琴法院职能和作用,为深合区建设提供高效便捷的司法服务和保障"。

3)充分发挥深合区政策与区位优势,突破送达、取证的瓶颈

(1)突破送达的瓶颈——简化。

首先,明确主体。作为深合区"孵化器"的司法服务平台,横琴法院在两地送达领域的作用将越来越重要。[①] 虽然《内地与澳门送达取证安排》赋予了内地基层法院与澳门法院相互送达的权力,《意见》也进一步明确了横琴法院在这个领域的权力,[②]但是,"基层法院"的表述不够具体,《意见》的规定仍属原则性内容,缺少具体的法律规则。[③] 因此,建议在《深合区条例》中,明确横琴法院为两地送达的主体之一,并细化相关规则。

其次,在条件成熟、时机具备时,可设立文书送达专门机构转送文件,由其对文件内容以及格式做出初步审核。符合要求的申请书,统一由该文书送达机构负责送达,这样既可以减轻法院的负担,也能给当事人带来诸多方便。

最后,接轨国际,引入直接送达。该制度来自《海牙送达公约》与《欧盟送达条例》。[④] 抛开"国际因素""单独司法主权"等概念,该制度在粤澳两地送达领域有其可行性。在不采取强制措施的前提下,本地的公共秩序也不至于受到不必要的干扰,这种送达方式的加入能大大提高区际送达的效率。[⑤]

(2)突破取证的瓶颈——拓展。

首先,增加兜底条款,为直接取证留下空间。《内地与澳门送达取证安排》基于确定性方面的考虑,对取证方式采取穷尽的办法,具有合理性和实用性。但是,兜底条款的增加不仅方便了两地灵活处理具体司法实践中的问题,同时为取证方式的扩展留下了余地。目前取证的方式和途径基本上局限于法院相互委托取证。而且,我国一向认为,调查取证体现了一国的主权,允许他国人员在我国内地进行直接取证是对我国主权的侵害。但是,澳门回归中国后,内地与澳门已不存在主权问题。因此,应当改变现状,突破局限,在《内地与澳门送达取证安排》中允许当事人及其诉讼代理人或法院特派员直接取证,并可向证人、鉴定人直接

---

① 参见《横琴方案》第(二十六)条:"研究强化拓展横琴新区法院职能和作用,为合作区建设提供高效便捷的司法服务和保障。"

② 参见《内地与澳门送达取证安排》第二条第2款、《意见》第9点。

③ 参见黄韬:《最高人民法院的司法文件:现状、问题与前景》,载《法学论坛》,2012年第4期。

④ 参见《海牙送达公约》第十条、《欧盟送达条例》第十五条。

⑤ 参见涂广建:《港、澳回归后的我国区际私法:成就、反思与展望》,载《国际法研究》,2021年第2期。

发问。这两种取证方式与法院委托方式并行不悖、相得益彰。[①]

其次，完善直接取证制度设计。当事人及其诉讼代理人、法院特派员取证等直接取证制度均来源于英美法系，与我国法律制度和法治理念有较大冲突。但是，在粤澳民商事司法合作的语境下，只要做好制度设计，直接取证仍有不少可取之处。正如在《欧盟取证条例》下，德国虽作为一个典型大陆法系国家，对跨境取证司法主权问题非常敏感，但仍能接受直接取证。[②] 并且，在采取"完全当事人主义"的香港，直接取证不存在障碍。因此，为更好地建设粤港澳大湾区，实现规则衔接、制度对接，直接取证制度值得尝试。诚然，我国法律制度对跨境直接取证的态度仍然保守，正如我国对《海牙取证公约》特派员制度的保留仍延续至今一般，即使学者们的呼吁不曾间断，[③]但仍收效甚微。但是，随着大湾区的建设与深合区的划定，该现状应当得到改变，以符合接轨国际的新理念。因此，区际直接取证的制度设计，可分为以下三步进行：第一，取消我国对《海牙取证公约》特派员制度的保留；第二，深入研究、分析直接取证相关制度，对有可能出现的威胁进行及早预判与防护并规定于《深合区条例》中，在深合区试运行；第三，待该制度运行时机成熟，再向粤港澳大湾区，乃至全国进行推广适用。

4）以横琴法院为平台，对澳门博彩债务予以认可与执行

上文提到，包括《刑法》《治安管理处罚法》《民法典》以及《最高人民法院关于审理民间借贷案件适用法律若干问题的规定》在内的法律、司法解释均对博彩行为及由该行为引发的任何债务持强烈否定态度。虽然，通过上文提到惠州中院的案例可以发现，内地法院对由澳门法院做出的博彩债务判决的态度已发生改变，但是，还未能搜寻到更多案例来证明内地法院再次遇到同类案件时是否还会予以认可与执行。因此，该事项仍处于悬而未决的状态。

博彩债务并非人们想象那般可怕，并且也在全球范围内（包括香港特别行政区）为数不少的法域得到认可与执行。[④] 根据冲突法理论的观点，认可与执行外地（非本地）博彩债务需要与本地法院做出支持博彩债务合法性的判决区分开来。以澳门为例，其法律主张一夫一妻制，反对一夫多妻制。假设伊斯兰国家的一位已有妻室的男子要求在澳门依伊斯兰法律娶第三位妻子，澳门显然会以公共秩序保留为由不准其结婚。但是，假设该男子的第二位妻子在澳门向该男子请求扶养金或主张继承该男子在澳门的遗产，澳门法院就不会以公共秩序保留为由否定其婚姻，而会承认其既得权，准许其扶养请求或作为继承人继承该男子的遗产。又如，一对外国夫妻在澳门离婚，按澳门法律他们不具有离婚的理由，澳门法院当然不会准许其离婚。但是，假如这对外国夫妻在外国按当地的法律取得离婚判决，则该判决可能得到澳门承认。[⑤] 反观内地，即使法院并不愿意赋予博彩债务合法地位，但认可与执行来自判决做出地的合法博彩债务应该是被优先考虑的选项。

---

① 参见于飞：《论我国区际民商事直接取证》，载《澳门法学》，2017 年第 3 期。

② 参见涂广建：《港、澳回归后的我国区际私法：成就、反思与展望》，载《国际法研究》，2021 年第 2 期。

③ 参见陈力：《海牙取证公约在我国涉外民商事审判中的适用》，载《东方法学》，2010 年第 1 期；于飞：《论我国区际民商事直接取证》，载《澳门法学》，2017 年第 3 期。

④ 参见王长斌：《澳门赌债在大中华地区的追偿》，载《澳门法学》，2011 年第 2 期，第 53、55 页。

⑤ 参见黄进、郭华成：《再论国际私法中的公共秩序问题——兼谈澳门国际私法的有关理论与实践》，载《河北法学》，1998 年第 2 期。

换句话说，保护既得权是国际私法上得到普遍承认的一项原则。既得权的保护与公共秩序制度的运用有着密切的联系，可以说，前者在一定程序上抑制着后者的适用，而寻求两者的平衡是国际私法的目标之一。为了实现两者平衡，要将"在内国创立"情形和"在内国承认"情形区别开来。对在内国创立某种法律关系，以公共秩序保留为先，违背国内公共秩序的外国法不得适用；对在内国承认的某种法律关系或权利，保护既得权应优先考虑，适当放松公共秩序的限制。[①] 并且，上文提到，博彩业是澳门的核心支柱产业，而娱乐场信贷则是为该产业带来收益的最重要手段。内地法院认可与执行澳门博彩债务，是对国家最真实、最实际的支持，在很大程度上，也是促进澳门参与适用《内地与澳门判决安排》的最有效方式。

同时，认可与执行博彩债务，还能避免"赌客赢钱可保有彩金，输钱可回内地赖账"的矛盾现象，消灭某些人的侥幸心理，浇灭其去澳门参赌的欲望。[①] "输钱可回内地赖账"极易促使追债者诉诸暴力，造成更加恶劣的社会影响。因此，作者主张，澳门博彩债务应当稳定地得到内地的认可与执行，《内地与澳门判决安排》中的公共秩序保留条款应不再适用于此。

《横琴方案》指出，横琴粤澳深度合作区应充分发挥"一国两制"制度优势，在遵循宪法和澳门特别行政区基本法的前提下，逐步构建民商事规则衔接澳门、接轨国际的制度体系。因此，在博彩债务的认可与执行上，建议以横琴法院为主要平台，在《深合区条例》中，对认可与执行澳门博彩债务的方案予以细化，以达到强化拓展横琴新区法院职能和作用的目的。待方案与细则成熟后，再向珠海、广东，乃至内地其他省份或地区的法院推广。

5)立足深合区，辐射大湾区，搭建多元法律查明平台

(1)完善域外法查明配套制度。

当事人依据意思自治原则选择适用澳门法律有以下情形。第一，双方当事人对查明法律存在争议的，应当允许由当事人聘请专家出具书面意见证明。对专家作证的规定：要明确专家的资质要求、专家证言的效力、采纳规则以及域外法查明中的专家责任。第二，法官因为适用当事人查明的澳门法而出现判决结果不公的，应当建立法官查明域外法的免责制度。如果一方当事人选择适用域外法并提供了域外法律，而对方当事人并未对该域外法进行抗辩，可视为对方当事人已预见并接受适用该法律的后果。法官可以直接适用该当事人提供的域外法。所以条例可明确规定，法官对直接适用当事人提供的域外法而做出的错误判决存在免责事由。第三，对于当事人是否需要穷尽所有方式查明域外法，其答案是不应该的。因为当事人选择域外法，很有可能是域外法对该当事人的权益更为有利。如果当事人没有能力查明域外法，而要求穷尽所有方式查明，无异于为当事人的意思自治施加太多枷锁。所以，重要的是当事人能否在客观上提供域外法。因此，查明规定应该将当事人不能查明域外法的要求修改为"当事人在人民法院指定的合理期限内未提供域外法"，并需要对合理期限做进一步解释。

由法院法官主动查明澳门法律有以下情形。第一，应当规定法官无法查明域外法的标准，即在何种情形下才属于无法查明域外法。出于审判效率的考虑，法官不需要，也不必要穷尽所有手段查明域外法。否则，审判效率将降低，从而影响对其他案件的审理。因此，查

---

① 参见王长斌：《澳门赌债在大中华地区的追偿》，载《澳门法学》，2011年第2期，第56页。

明的相关规定中可以进一步列举法官查明域外法的方式，并规定法官只要使用了两种方式仍无法查明就认定为不能查明。① 为了防止法官随意履行查明义务，还应当在判决书上阐述不能查明域外法的理由。第二，应当确立域外法查明的激励机制，能够有效减轻查明成本和改变法官的畏难心理。应将法官依法查明域外法的数量计入考核体系并对涉港澳案件的审限时间和结案率做宽松规定。对于高质量的澳门法查明与适用案件，可以由广东省高院或相关法院以指导性案例、精品案例等形式加以宣传，从而在司法系统内部形成正面的示范效应和激励功能。第三，制定法官无法查明域外法的免责制度。在法官依职权主动查明域外法的情况下，只要法官能够严格履行法律，勤勉尽责地落实域外法查明义务，即便发生查明与适用域外法有误的情况也可免责。在勤勉尽责的判断上，主要考虑的因素是法官是否在查明过程中足够的努力，以及在查明方法和流程上是否符合相关程序。② 免责制度可以在一定程度上降低域外法查明的附加成本，有助于克服理性人基于个案趋利性的成本收益分析。

（2）构建多元化的法律查明配套措施。

可以说，澳门法的查明问题是解决粤澳民商事法律冲突过程中至关重要的“最后一公里”。实践中也出现了多种查明澳门法的新途径，包括建立域外法的法律查明研究中心、采购澳门法数据库、在涉澳案件的庭审中引入澳籍陪审员等。除了澳门律师的法律意见书是实践中查明澳门法的重要途径外，今后创新澳门法查明的方向主要分为以下几种途径。

第一，专业机构或研究机构查明，建立委托法律专家查明澳门法的常态化机制。除了下述提及的澳门法律查明中心之外，还可以在大湾区的背景和制度支持下建立粤港澳司法资源共享中心以推动三地司法资源更便捷地共享。例如，在横琴新区法院建立澳门法的司法资源共享机制，包括共享民商事案件涉外法律法规、受理情况、判例资料、裁判文书交流、权威的学者著作、港澳司法交流成果等。在形式上，共享中心既可以通过互联网发布信息，也可以在横琴新区定期召开司法资源信息发布会并邀请湾区内的广东和澳门法院法律工作者共同参与、交流。③ 随着粤港澳大湾区的建设，跨境交通设施建设使“环珠三角一小时生活圈”成为现实，跨境市场准入壁垒逐步降低，将增加大湾区内不同法域之间的人员流动和商业往来，广东与澳门的民商事纠纷也将随之增多。司法资源共享机制将促进粤港澳大湾区法律服务业者的携手合作，为澳门法律服务业积极服务于粤港澳大湾区提供通畅渠道。

第二，互联网和数据库查明，信息技术和现代通信技术的发达能够为高速查明澳门法律奠定基础。瑞士《关于国际私法的联邦法》第十六条规定：应适用的外国法的内容，应依职权查明，可要求当事人予以协助；涉及财产请求权的，要求当事人负举证责任。奥地利共和国《关于国际私法的联邦法》第四条规定：外国法应依职权查明；允许采用的辅助手段包括当事人协助、联邦司法部的答复以及专家的鉴定意见等。④ 因此，建议在澳门法的查明途径中增

① 参见游文婷、曾思鹏：《论广东自贸试验区区际法律查明与适用制度的完善》，载《韩山师范学院学报》，2016 年第 2 期。

② 参见陈若剑：《我国域外法查明制度的实证比较研究》，复旦大学 2012 年硕士学位论文。

③ 参见江保国：《论我国两岸四地民商事司法协助中的民间途径》，载《理论月刊》，2017 年第 8 期。

④ 参见黄漫山：《域外法查明引入第三方法律查明平台的可行性及问题分析》，载《特区经济》，2016 年第 6 期。

设以下域外法查明的途径：①通过澳门政府的澳门法律网[1]或者司法机关的官方网站查明；②通过世界知名的权威法律网站（如 Westlaw 等权威法律网站）等进行查明；③通过与澳门学术机构（包括法学院校）建立法律查询协助机制，通过其图书馆或者法律法规数据库进行查找等。

（3）探索建设澳门法律查明机构。

《横琴方案》中提到，粤澳双方可以联合组建合作区管理委员会，在职权范围内统筹决定合作区的重大规划、重大政策、重大项目和重要人事任免。因此，可借助横琴特殊的合作区地位和优势，加强与澳门司法上的协助和合作。比如，在法律查明方面，由广东省和澳门特别行政区协商共建专门的澳门法律查明中心，由澳门特别行政区政府或政府委托的公法人、基金会等半官方法人机构承建为常规机构，对澳门地区和其他葡语国家的法律查明进行长期稳定的建设和投入。[2]

澳门法律查明中心主要服务于中国其他法域法院和仲裁机构，为其在案件审理中查明葡语国家和澳门法律出具专家意见和准确的澳门法律规定。广东法院在审理涉澳民商事案件且需要适用澳门地区法律时，可以将澳门法律查明中心作为符合资格的查明机构，向查明中心提出查明请求。在不存在利益冲突的基础上，澳门法律查明中心应当接受当事人和法院的申请做出法律查明意见或中介有关专家做出法律查明意见。该法律查明中心可以聘请部分固定的工作人员，主要由这些工作人员进行区际法律的查明工作。同时，中心可与港澳台的律师事务所签订合作协议。一方面，对于较为疑难的法律查明工作，直接将查明工作委托给港澳台的律师事务所，由其出具专门的法律查明意见。另一方面，中心运营成熟之后，可以考虑接受全国范围内涉澳门及葡语国家的法律查明工作，中心的工作人员将有大量的域外法查明工作。中心的委托费用可以先从法院或当事人支付的费用中扣除，差额可从其经费中扣除。这种做法可以保证查明工作的效率和公信力，而且如果出现法律查明错误导致法院错判的情况，中心亦可依双方签订的合同向相关港澳台律师事务所追偿。

此外，对法律查明中心以及专家提供查明意见的收费还应提供可参考性的规范化标准。以蓝海中心为例，平台收取费用由委托代理费和查明服务费组成，而这两部分的费用承担会根据当事人还是法院承担查明责任有所不同。如果是法院承担查明责任的，法院是出于当事人的权益考虑自行与平台合作，因此查明费用主要由当事人承担，法院则适当补充承担。如果是当事人承担查明责任的，法院根据当事人申请而借助平台帮助，因此法院作为代理人的身份不需承担费用，由当事人自行承担。[3]

从内地法院适用澳门法的司法实践来看，许多法官都呈现出因为法律术语不对等而误解或对整体制度缺乏整体认知的现象。相比于法律查明的法律平台，高效法律检索的前提是根据案情归纳出关键词，这就要求本法域检索者事先了解需检索的域外相关法律术语和

---

① 参见澳门法律网。

② 参见黄漫山：《我国域外法查明途径问题研究》，深圳大学 2017 年硕士学位论文。

③ 参见蓝海中心的《法律查明规则》。

法学术语。[①] 这部分工作目前尚无法被软件替代，要求所有被请求国开放数据库供数据抓取和人工智能分析亦不现实。

广东法院通过澳门法律查明中心引入澳门法的查明培训，提高对澳门法律的认知判别能力，能够有效解决这一难题。因此，澳门法律查明中心存在的意义不仅在于帮助查明具体某个法律规范或某个判例，更在于能提供法律规范的立法背景和适用场景，能使用区别技术提供判例发展树（对类似的法律问题经区别技术收集总结出判例集合的不同发展方向）。

第二节　涉港澳文书证明程序

一、内地对香港、澳门特别行政区形成文书的证明程序

（一）基本流程

根据《2019 证据规定》第十六条第 3 款的规定，无论是在香港、澳门特别行政区形成的公文书还是私文书，都应当履行相关的证明手续。香港特别行政区形成的文书，办理的是香港委托公证及加章转递的手续，法律依据是《中国委托公证人（香港）管理办法》《中国委托公证人办理公证文书规则（试行）》以及最高人民法院、司法部《关于涉港公证文书效力问题的通知》（以下简称《涉港文书效力通知》）；澳门特别行政区形成的文书，办理的是澳门委托公证及加章转递的手续，法律依据是司法部《关于印发中国委托公证人（澳门）名单及签名式样、印鉴的通知》。可以看出，香港和澳门办理的都是委托公证手续，完成相关的手续后，文书即可在内地使用。

在香港地区形成的事实、行为或文书，需要在内地使用时，都要经过香港中国委托公证人[②]及中国法律服务（香港）有限公司办理公证手续（“委托公证手续”）。首先，申请人须根据委托公证人名单，选择委托公证人。其次，申请人须亲自前往律师事务所办理公证文件。委托公证人依照香港法例，审查申请人提供资料和文件的真实性与合法性，根据审查结果草拟并制作公证文书的正本、副本以及复印本，填写转递申请表。再次，委托公证人派员将制作完成的公证文书正本、副本以及复印本送至中国法律服务（香港）有限公司进行登记、审核以及加章转递，审核通过后，由该公司在公证文书的正本、副本上加盖“转递专用章”。最后，委托公证人派员取回公证文书正本，并通知申请人前往律师事务所领取，该公证文书即可由申请人或其授权人于内地使用。公证文书副本直接寄送至内地公证文书使用机关，由该机关负责人使用该副本与申请人提交的正本进行比对核查。复印本则由中国法律服务（香港）有限公司扫描存档。[③]

---

① 参见李茁英：《域外法查明在中国的实务应用——以深圳市蓝海现代法律服务发展中心法律查明案例为视角》，载《晟典律师评论》，2018 年。

② 截至 2020 年，香港一共有 444 名在册的委托公证人，均为执业满十年并经过司法部考试、考核及格后的香港律师。

③ 参见中国法律服务（香港）有限公司网站，https://www.chinalegal.com.hk/a-list/15011-cht。

同样，在澳门地区形成的事实、行为或文书，原则上也需要经澳门中国委托公证人[①]出具公证文书，并经中国法律服务（澳门）公司核验并加盖核验章，才能在内地使用。简而言之，所需办理的公证手续跟香港的公证手续是一致的，区别仅在于由澳门的中国委托公证人和澳门的中国法律服务公司办理有关的手续。

香港、澳门形成文书证明的基本流程如图 2-3 所示。

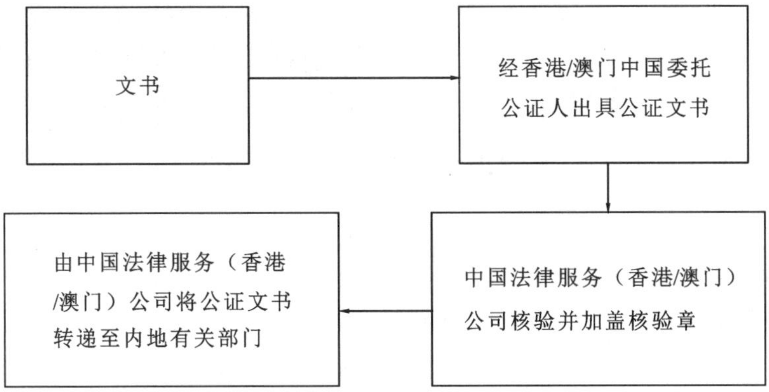

图 2-3　香港、澳门形成文书证明的基本流程

公证文书是否需要转递以公证文书的类型以及内地用证部门的要求为准。

（二）公证文件

较为常见的公证文件包括证明书、声明书和委托书三个类别。

第一，关于证明书。申请办理证明书较多的文书，包括香港的出生证明、结婚证书与死亡证书。办理证明书的意义在于，委托公证人签署证明，对文书内的法律事实或法律行为进行公证。以出生证明为例，香港的出生证明在内地的主要用途是证明香港出生的事实以及相关当事人的亲属关系。申请人可以选择直接就出生登记项或其核证副本办理原件与复印本相符的证明书，以证明在香港出生这一事实情况。申请人也可以选择办理香港出生证明证明书，以证明相关当事人之间的父母、子女关系。另外，香港出生证明也可以作为其他公证文书的附件办理公证，而不单独出具原件与复印本相符的证明书或香港出生证明证明书。例如，申请人需要在内地参加遗产继承诉讼，在办理继承遗产声明书、放弃继承遗产声明书及/或亲属关系及遗嘱状况声明书等用于继承遗产用途的文书时，为了对被继承人的亲属关系进行必要的审查，中国委托公证人会将相关人士的香港出生证明作为公证文书中的附件一并进行公证。[②]

第二，关于声明书。申请人须在委托公证人面前根据香港《宣誓及声明条例》，对声明书内容的真实性做出声明及签署。委托公证人以香港执业律师的身份监督及签署。比较典型的声明书包括继承遗产声明书、放弃继承遗产声明书、亲属关系及遗嘱状况声明书、同一人

---

① 司法部自 2005 年以来委托并现行履行职务的澳门中国委托公证人共有 16 人。

② 参见黄栩柔：《【两地法律小知识】香港的出生证明如何在内地使用》，https://mp.weixin.qq.com/s?__biz=MzU2NTQ5NjU0Ng==&mid=2247485251&idx=1&sn=384fa8205ab6ee2e1ce2d144acfeddca&scene=21#wechat_redirect。

身份声明书以及申请结婚声明书。以继承遗产声明书为例，根据资料显示，办理继承类公证文书的申请逐年增长，近两年已成为增幅最大的一类文书，其中，2018 年度的增长率高达 20.1%。与此同时，遭到退件的公证文书中，继承类公证文书所占比例也较大。这就意味着涉港的继承案件年年增长，且在案件数量增长的同时，出错率也节节上升。[①] 因此，继承遗产声明书等公证文书的内容是否符合要求值得关注。

第三，关于委托书。一般情况下，如委托人为香港居民，应直接在香港办理公证委托书。委托人需要到具有中国委托公证资质的香港律师（香港中国委托公证人）面前签署委托书，且委托书需经中国法律服务（香港）有限公司审核并加章转递才可以在内地使用。

二、香港、澳门特别行政区对内地形成文书的认定

对于香港以外地方形成证据材料的证明，香港证据法没有关于各种证据的定义和效力的具体规定，而是代以一系列证据规则严格限制证据可采性，如证据关联性规则[②]与最佳证据规则[③]等。[④] 换句话说，假如香港法官对内地形成文书进行认定，须先根据证据关联性规则对该文书的证明力、法定排除理由与事实性进行审查，再根据最佳证据规则审查该文书的一系列形式要件。例如遗嘱、合同、担保文书等私人文件，假如其为原件，且经适格证人口述佐证并填写声明书，并经律师公证，就有可能成为案件的最佳证据。

对于澳门以外地方形成文书的认定，上文也提到，适用“场所支配行为”原则，即除特殊情况外，澳门普遍承认域外文书的效力，无须其他认证手续。该原则体现在《澳门民法典》第三百五十八条（澳门以外地方发出之文书）的规定中。[⑤] 也就是说，对于内地形成的文书，除非有充分理由怀疑文书或其认定的真确性，澳门法院都将对其予以采纳。

三、涉港澳文书证明程序与涉外文书证明程序比较分析

在我国加入《海牙取消认证公约》之前，根据我国《2019 证据规定》第十六条第 1、2 款的规定，我国对由国外形成文书的证明程序包括公证与领事认证；根据该条第 3 款的规定，对在香港、澳门形成证据的证明程序则是上文提到的委托公证人与加章转递制度。

---

① 参见黄敏珊：《【两地法律小知识】继承遗产声明书》，https://mp.weixin.qq.com/s?__biz=MzU2NTQ5NjU0Ng==&mid=2247485938&idx=1&sn=182b74a4754e1b17c85c1ca91e76d042&scene=21#wechat_redirect。

② 即“当一个理智健全的调查者能够认为，提出该证据比不提该证据可以在某种程度上使争议事实被确认并对该事实运用有关实体法的可能性更大或更小”。具体而言，第一，凡对于应证明的问题没有逻辑上的证明力的，法庭不予调查；第二，凡一切可能具有证据意义的东西，若无法定排除理由，法庭应当调查；第三，凡不具有相关事实的，不可采纳为定案依据。如具有事实性和合法性的环境证据（间接证据）可先行接纳，其与待证事实的关联性则应有补强证据（佐证）辅助，或在质询辩论中由法官心证确定。

③ 即传统英美法系的证据法坚持以原始证据为最佳证据，若可以获得最佳证据，次要证据可以摒弃。当今诉讼实务多将此规则用于书面证据，要求文件可以证明其真实性，最好是原件；记载或签署人为适格证人；所载陈述是有可采性的口述证据等。

④ 参见李琛、丁子薇，《香港民事诉讼证据制度简述》，载《律师世界》，1998 年第 4 期。

⑤ 《澳门民法典》第三百五十八条（澳门以外地方发出之文书）规定：由澳门以外的地方按照当地法律发出的公文书或私文书，与在澳门缮立的同类性质文书具有同等证明力；如法院有充分理由怀疑文书或其认定的真确性，则由法院自由判断该文书的证明力，但另有规定者除外。

涉外文书证明程序与涉港澳文书证明程序建立在不同的基础与前提之上。涉外文书证明程序建立在不同主权国家之间，以国际法原则、国际公约或双边条约等为基础；涉港澳文书证明程序则建立在我国不同法域之间，以“一国两制”原则为基础与前提。但是，由于上述两种程序在功能上存在相似性，以下将对其进行比较分析。

（一）各国公证制度与委托公证人制度

假如某文书来自我国领域外，则有可能来自任何一个国家，从而经历该国的公证制度，因此，有必要对各国公证制度做大致了解。世界各国的公证制度主要分为两类：大陆法系国家公证制度和英美法系国家公证制度，前者以法国、德国、日本为代表，后者以美国、英国为代表。大陆法系国家公证制度一般以实质公证为主，法定公证制度比较健全，公证书具有法律效力，通常信奉公证人本位主义。英美法系国家公证制度一般只局限于形式审查，以自愿公证为基础，公证书不具有法定证据力和强制执行力，公证人可以兼任。[①]

委托公证人制度处于我国“一国两制”的特殊背景之下，为了同时满足香港、澳门居民为实现合法权益所需证明与内地文书使用部门对该证明真实性的需要，融合了英美法系公证制度与大陆法系公证制度的部分做法。第一，英美法系公证制度以自愿公证为基础，该制度不期望对经济活动与公民生活进行干预，也不存在法定公证制度；香港法律也属于英美法系，其对证据也不做任何形式上的要求，只是在香港居民希望到内地政府部门（包括法院）使用文书时，才会根据自己的意愿与该部门的要求选择委托公证人制度。第二，英美法系公证制度的公证人通常都由律师兼职担任，而担任香港委托公证人的也是律师。第三，大陆法系公证制度要求“实质公证”，即不仅形式要合法，公证事项的内容也要真实、合法，这与委托公证人制度的内涵一致。第四，大陆法系公证书具有法律效力，即证据效力和强制执行力；经过委托公证人制度公证（再经加章转递）的文书，也取得了我国《2019证据规定》第十六条所规定的证据资格，可以在我国内地法院使用，也可在其他部门，如民政、公安、房地产管理等部门使用。

（二）领事认证制度与加章转递制度

一方面，虽然领事认证制度与加章转递制度是两种不同的“认证（证明）”制度，但其在以下层面存在相似性。首先，两者目的相似。本书引言曾提到，领事认证的目的是使已由本国签发的公文书能为他国所承认，或者使已由他国签发的公文书能在本国使用。加章转递制度作为我国“一国两制”原则下的产物，其目的也可以理解为“使已由香港（本法域）签发的公文书能为内地（另一法域）所认可”。其次，两者物件相似。领事认证的直接对象，系公权力机关出具的各类证明文书；加章转递制度的物件，则是经过委托公证人公证的文书。虽然委托公证人并不是公权力机关，但是其权力来自我国司法部的委托。同时，成为委托公证人也要具备法定的条件、遵守相关制度、遵循相关程序，并承担法律责任。可以说，委托公证人是我国公权力在特定背景下的“延伸”。

另一方面，领事认证制度与加章转递制度在以下层面存在相异性。首先，两者性质不

① 参见郝海涛：《外国公证制度比较及借鉴研究》，山东大学2009年硕士学位论文。

同。领事认证系一国或一国驻外外事机构行使公权力的活动;加章转递是主权国家之内某一法域的授权机构提供法律服务的活动。其次,两者对文书真实性的确认程度不同。领事认证的内容仅是确认该证明文书上的签章是否真实,进而确认该证明文书的做出主体是否属实。[①] 加章转递制度则要进行两个步骤的确认:第一,审核公证书是否为已注册的委托公证人出具,是否符合内地法律以及有关部门的规定,是否符合司法部及委托公证人协会规定的各类公证文书的格式、要求,是否按规定的程序办理,公证书的内容是否有矛盾或瑕疵;第二,检索当事人是否在此前办理过同类或相关公证文书。如果有,要检查先后出具的文书是否有矛盾。如有矛盾,当事人要做出合理解释并提供相关证明材料,或做出相应修改,或重新办理。[②]

① 参见魏文博:《民事诉讼域外证据领事认证的法律问题研究》,华东政法大学 2018 年硕士学位论文。

② 参见文中:《"一国两制"下内地与香港公证文书相互使用问题委托公证人制度解析》,载《中国公证》,2002 年第 6 期。

第二章　我国区际取证的实践

第一节　我国区际取证实践中的具体问题

一、公共秩序问题

香港特别行政区、澳门特别行政区与内地同属一个主权国家，那么，相互之间是否还会存在所谓的"公共政策(公共秩序)"问题呢？对此，我国理论界曾经有过争论，基本上持两种观点。一种观点主张适用公共政策，认为由于两个法域在社会、经济、政治及法律制度上存在巨大差距，任何一方均可自由地依照公共政策制度来决定是否拒绝适用对方的某些法律或执行对方的判决、裁决。另一种观点认为，公共政策是在国际私法中排除外国法适用的一项基本原则，是为了维护国家的主权和利益必须采取的。在处理国内矛盾时，应当互相尊重，应当相互承认与执行彼此的裁决。我国内地的政治、经济、法律乃至生活等各方面与香港特别行政区、澳门特别行政区虽然存在巨大的差异，但在"一国两制"的大前提下都已被对方所接受和认可，如果现在仍以公共政策作为处理两地纠纷的原则，彼此将对方置于不同国度的地位，不仅有违"一国两制"的原则，而且不利于内地与香港特别行政区、澳门特别行政区共同发展的长远目标的最终实现。[①] 然而，在内地与香港、澳门其中一些安排[②]的协商过程中，两地均认为，对于许多未知的将来，稳妥起见，还是把"公共政策"作为悬而慎用的"剑"订入法律文本中为好。最终，这些安排中还是规定了"公共政策"条款。

二、强制性(排他性)问题

关于强制性(排他性)问题，《内地与香港取证安排》与《内地与澳门送达取证安排》的规定不尽相同。与《海牙取证公约》相似，《内地与香港取证安排》本身并没有直接使用可以判断强制性还是任意性的文字(如"应当"或"可以"之类)，而是规定两地法院(如)相互委托提取证据，则须通过该安排的程序进行。其实，《内地与香港取证安排》并非内地与香港之间民商事案件提取证据的唯一途径。在香港经过在司法部注册的香港委托(公证)人或律师收集证据进行公证，再经司法部建立的中国法律服务(香港)有限公司加章转递已是实行多年的做法，并已得到最高人民法院和司法部规范的肯定。基于《内地与香港取证安排》的非排他

---

① 参见高晓力:《论国际私法上的公共政策之运用》，对外经济贸易大学 2005 年博士学位论文。

② 例如《关于内地与香港特别行政区相互执行仲裁裁决的安排》《内地与澳门送达取证安排》。

性，在其实施后，当事人及其律师仍然可以根据具体情况采取不同的方法进行取证。[①]

反观《内地与澳门送达取证安排》，其对双方均具有法律上的约束力。该安排第一条规定："内地人民法院与澳门特别行政区法院就民商事案件（在内地包括劳动争议案件，在澳门特别行政区包括民事劳工案件）相互委托送达司法文书和调取证据，均适用本安排。"从文字表述上看，"均适用"的表述，使《内地与澳门送达取证安排》具有了强制适用的效力。值得讨论的是，《2001年安排》第二条第1款[②]中采用了"均须"的表述，这也被看作《2001年安排》具有强制适用效力的标志。但是，《内地与澳门送达取证安排》第二条第1款[③]却删除了该表述。作者认为，结合《内地与澳门送达取证安排》第一条的含义，这种修改并未改变该安排的强制性，而只是为了给第二条第2款[④]的"部分中级人民法院、基层人民法院"留出余地。在实践中，相信内地和澳门之间民商事案件的取证也仍然会主要依据《内地与澳门送达取证安排》进行。

三、国家秘密问题

在国际民商事诉讼日益增多的今天，随着交流与摩擦的深入，国家秘密的保护受到越来越多关注，相关法律法规也不断细化。例如，《中华人民共和国保守国家秘密法》第十九条规定："机关、单位对所产生的国家秘密事项，应当按照保密事项范围的规定确定密级，同时确定保密期限和知悉范围。"同时，2010年出台的《中央企业商业秘密保护暂行规定》第三条明确规定，中央企业经营信息和技术信息中属于国家秘密范围的，必须依法按照国家秘密进行保护。同时，根据该规定第十条，上述范围具体包括战略规划、管理方法、商业模式、改制上市、并购重组、产权交易、财务信息、投融资决策、产购销策略、资源储备、客户信息、招投标事项等经营信息，设计、程序、产品配方、制作工艺、制作方法、技术诀窍等技术信息。在国际民商事取证的语境下，一方面，上述条款可以更大程度地保护国家秘密；另一方面，具备一定行政级别的国有企业，特别是中央企业享有的定密权进一步延伸，仿佛为部分"商业秘密"披上了"国家秘密"的外衣，形成市场运作和竞争中的权力扩大化。在区际民商事取证的语境下，除去"保护国家秘密"的大前提，这种权力扩大化的敏感性和争议性就会更加凸显。

近年来，在香港进行的对中国高精密和标准水务等内地在港上市公司的违规调查中，涉案公司都以"国家机密"为由拒绝配合提供证据。香港证监会以"事态极为严重"为由将其停牌；香港法院更在其判决中明确裁定这些理由不成立，直斥被告方完全是以国家机密"混淆视听"，并责令其交出相关资料档。在这些案件期间，香港特别行政区政府及香港证监会曾与内地部门就"国家机密"定义进行协商，希望能厘清其范围，避免再发生以"国家机密"作挡

---

① 参见张宪初：《我国内地与香港特别行政区〈委托取证安排〉评析》，载《中国国际私法与比较法年刊》，2017年卷，第191页。

② "双方相互委托送达司法文书和调取证据，均须通过各高级人民法院和澳门特别行政区终审法院进行。最高人民法院与澳门特别行政区终审法院可以直接相互委托送达和调取证据。"

③ "双方相互委托送达司法文书和调取证据，通过各高级人民法院和澳门特别行政区终审法院进行。最高人民法院与澳门特别行政区终审法院可以直接相互委托送达和调取证据。"

④ "经与澳门特别行政区终审法院协商，最高人民法院可以授权部分中级人民法院、基层人民法院与澳门特别行政区终审法院相互委托送达和调取证据。"

箭牌的类似事件，但迄今为止并未见到这方面进一步的消息。[①] 虽然香港证监会在香港进行的司法程序不是完全意义的民商事诉讼，但涉及国有企业的商业纠纷诉讼中类似的信息查证仍可能发生。虽然《2001 证据规定》第十七条允许当事人及其诉讼代理人向人民法院申请调查收集涉及国家秘密和商业秘密的证据，但是《2019 证据规定》已将上述条文删除。结合上文的法律规定，这是否意味着，此类取证已"无路可走"？涉及国有企业商业诉讼的信息查证将何去何从？这些问题都有待日后观察。

四、制度冲突问题

上文提到，《内地与香港取证安排》对调查取证请求协助的范围进行了分别规定。通过法律检索对比可知，于内地而言，相关规定事项缺乏明确的法律依据。因为根据《民事诉讼法》的规定，我国民事诉讼的证据形式共有 8 类：当事人的陈述；书证；物证；视听资料；电子证据；证人证言；鉴定意见；勘验笔录。根据《内地与香港取证安排》的规定，香港方面根据内地请求提供协助调取证据时，其采用"对财产进行试验""对人进行身体检验"措施取得的证据似乎无法归入《民事诉讼法》规定的证据种类中。这表明，《内地与香港取证安排》的某些规定与《民事诉讼法》存在冲突。

从更深层次来讨论，两地不同法律制度会限制民事诉讼的取证范围，从而对《内地与香港取证安排》的效益产生重要影响。根据《香港基本法》，香港居民的通信自由和通信秘密受法律的保护。除因公共安全和追查刑事犯罪的需要，由有关机关依照法律程序对通信进行检查外，任何部门或个人不得以任何理由侵犯居民的通信自由和通信秘密。同时《香港基本法》第三十五条明确规定，香港居民有权得到秘密法律咨询、向法院提起诉讼、选择律师及时保护自己的合法权益或在法庭上为其代理和获得司法补救。将《公民权利和政治权利国际公约》适用于香港的《人权法案条例》也明确规定，法律保护居民的私生活、家庭、住宅、通信、名誉和信用权利。其第八条保障居民在法律面前平等及接受公开审问和审判的权利。鉴于此，若内地人民法院在香港请求取证可能涉及人身自由权和财产权的保护(如取得文件、检查和扣留财产、对人进行身体检查等)，香港法院在考虑接受和执行委托时必须考虑相关因素，包括取证的必要性，对相关人士的人权保护及是否有其他变通取证渠道等。[②]

尽管上述法律制度的冲突客观存在，其原因也多种多样，从两地所属法系之间的差异，到法律位阶与适用范围的冲突，再到两地证据制度的差异，甚至《内地与香港取证安排》本身的缺陷，作者认为，该冲突仍将长期存在。因为无论是对《内地与香港取证安排》的修改，还是内地与香港两地法律的相互接纳，甚至相互融合，都需要一个漫长的过程，并在不断的实践中渐进式地发展。

---

① 参见《香港证监会挑战"国家机密"：事态极其严重》，中国经营网，2012 年 8 月 29 日，www. cb. com. cn/index/show/jr/cv/cv1241342232. See also *Securities and Futures Commission v Ernst & Young (a firm)*, HCMP 1818/2012, 23 May 2014. 转引自张宪初：《我国内地与香港特别行政区〈委托取证安排〉评析》，载《中国国际私法与比较法年刊》，2017 年卷，第 189 页。

② 参见张宪初：《我国内地与香港特别行政区〈委托取证安排〉评析》，载《中国国际私法与比较法年刊》，2017 年卷，第 188 页。

第二节　区际取证体系的作用与不足

一、作用

香港与澳门回归后，根据《香港基本法》第九十五条以及《澳门基本法》第九十三条，内地与香港、澳门达成了多项民商事区际司法协助安排。迄今为止，内地与香港共签订包括《内地与香港取证安排》在内的7项民商事司法协助安排，内地与澳门共签订包括《内地与澳门送达取证安排》在内的3项民商事司法协助安排。以广东为例，在区际民商事司法协助安排框架下，粤港澳三地法院重视和积极推进民商事司法协助案件办理。广东法院受理了大量涉港澳民商事和区际民商事司法协助案件。2013—2018年，广东省审结涉港澳台、涉侨一审案件3.6万件，司法协助案件9867件。2018年，广东省法院审结涉港澳台民商事一审案件1.2万件，办理区际司法协助案件2233件。[①]

具体到区际取证领域，《内地与香港取证安排》《内地与澳门送达取证安排》都在近几年经历了达成或修改的过程，这对我国区际取证乃至区际司法协助来说，都将带来新的机遇与挑战。首先，在经济层面，《内地与香港取证安排》的达成具有重要作用。从香港回归至2017年底，内地与香港签署《CEPA协议》[②]及十个补充协议，以及《CEPA服务贸易协议》[③]《CEPA投资协议》[④]《CEPA技术合作协议》[⑤]。《CEPA协议》已经形成了一个高质量、高标准、深层次的综合性双边自由贸易安排，双边的经贸交往已非常频繁。2017年1—9月，内地与香港贸易额为1989.5亿美元，占内地对外贸易总额的6.7%。其中，内地对香港出口为1935.3亿美元；自香港进口为54.2亿美元，同比下降63.1%。香港是内地第六大交易伙伴和第四大出口市场。同期，内地共批准港商投资项目10 321个，同比上升4.4%。2017年1—9月，累计对港派出各类劳务人员45 177人。[⑥] 另外，在最高人民法院2018年的工作报告中，也提及2017年人民法院"审结涉港澳台、涉侨案件8.1万件，办理涉港澳台司法协助互助案件5.8万件"，可见两地频繁的经贸、人文交往也不可避免产生涉港诉讼，这也迫切要求区际相关法律制度不断完善，《内地与香港取证安排》的出台在一定程度上完善了区际交往的法律保障体系。其次，澳门回归后，特别行政区政府非常重视与内地的法律合作。经过十多年的发展，澳门与内地区际司法合作进入了一个新的阶段，与香港相比，澳门特别行政区在与内地区际调查取证方面已是后来居上，成效显著。[⑦] 具体体现在，在《内地与香港取证

---

① 参见张淑钿：《粤港澳大湾区民商事司法协助的现状与未来发展》，载《中国应用法学》，2019年第6期。

② 即《内地与香港关于建立更紧密经贸关系的安排》。

③ 即《内地与香港关于建立更紧密经贸关系的安排》服务贸易协议。

④ 即《内地与香港关于建立更紧密经贸关系的安排》投资协议。

⑤ 即《内地与香港关于建立更紧密经贸关系的安排》经济技术合作协议。

⑥ 商务部. 2017年1—9月内地与香港经贸交流情况[EB/OL]. http://tga.mofcom.gov.cn/article/sjzl/hk/201710/20171002662786.shtml，2017-10-31.

⑦ 参见宋锡祥、王红燕：《中国内地与港澳区际取证制度的成效、问题及其改进建议》，载《"一国两制"研究》，2012年第1期，第126-127页。

安排》达成的15年前，澳门就与内地签署了《2001年安排》[①]。从《2001年安排》生效到2017年底，澳门终审法院共收到内地法院委托书952件，成功执行618件，成功率为64.92%。[②]此后，随着2019年《内地与澳门送达取证安排》（即《2001年安排》修正案）的通过，澳门特别行政区与内地区际调查取证的合作又上了一个新台阶，即上文提到的，从精简审查和转递环节、鼓励双方利用网络技术平台、明确以电子方式作证的合法性和进一步明确协商解决问题的重要性四个方面，期待进一步提升双方协助取证的效率。

二、不足之处

（一）信息技术的运用仍待推动

近年来，信息技术方式因其便捷性和低成本性在国际取证协助中受到重视，包括使用传真、电子邮件等方式收发委托取证请求书，使用视听传输技术取证等。事实上，为了应对跨域取证需求，香港于2015年公告了《电视直播联系（在香港以外的证人）规则》及《2015年高等法院规则（修订）（第2号）规则》，并将其提交立法会审议，在刑事司法协助中采用视听传输方式。香港《证据条例》第七十六条也对民商事案件中采用信息技术持开放性态度。[③] 在2003年对海牙国际私法会议调查问卷的回复中，香港和澳门特别行政区均对国际取证协助中使用信息技术持支持态度。同时，上文曾提到，我国《民事诉讼法》第七十六条也允许证人在几种特殊情形下通过视听传输技术作证。内地法院近年也在不断加强信息技术的建设，并且在涉外民商事审判中已出现利用视听传输技术跨域取证的成功案例。同时，随着2019年《内地与澳门送达取证安排》增补条文鼓励运用网络技术与电子方式作证，我国区际取证协助中信息技术的使用得到了又一次推动。

但是，与上述法律制度、安排与实践形成鲜明对比的是，《内地与香港取证安排》并未涉及信息技术的应用问题。其中的原因或许与该安排制定时特殊的时代背景有关，即香港方面更希望在制定安排时，按部就班，小步慢行。[④] 与信息技术相关的规定仅仅是，受委托方可以在不违反本法域法律规定的情况下，按委托方请求的特殊方式提取证据。[⑤] 该规定虽然为内地与香港民商事取证协助中使用信息技术预留了空间，但也增加了许多不确定性，与两地关于信息技术较为完备的法律制度与实践不匹配。此外，与《内地与澳门送达取证安排》相比，《内地与香港取证安排》在信息技术应用条款方面的“缺失”，是继取证安排的制定之后，香港之于澳门的再一次“滞后”。

（二）资料公布制度不完善

与国际域外取证相似，受限于内地法院司法统计口径，作者无法从法院公布的司法统计

---

① 即最高人民法院《关于内地与澳门特别行政区法院就民商事案件相互委托送达司法文书和调取证据的安排》（2001年8月7日最高人民法院审判委员会第1186次会议通过，法释〔2001〕26号）。

② 参见张淑钿：《粤港澳大湾区民商事司法协助的现状与未来发展》，载《中国应用法学》，2019年第6期。

③ 参见江保国：《内地与港澳民商事取证安排比较研究：以香港安排为重点》，载《河南财经政法大学学报》，2017年第5期。

④ 该观点来自2017年香港大学法律学院张宪初教授在澳门大学举办的“第三届中国国际私法学会区际冲突法专题研究委员会座谈会”上的发言。

⑤ 参见《内地与香港取证安排》第七条第2款。

资料中获得完整的三地法院按照《内地与香港取证安排》与《内地与澳门送达取证安排》进行区际域外取证的案件数量，因此，难以进行定量分析。当前，作者只能利用一些零星分散的案件数字进行研究。例如，从2001年至2019年，内地法院委托澳门法院调查取证共56件，澳门法院委托内地法院调查取证共75件；[①]因为《内地与香港取证安排》在2017年3月1日起正式施行，内地法院与香港互相委托调查取证的民商事案件数量暂无官方统计数字发布。根据2014年、2015年、2016年连续三年最高人民法院披露的三个年度工作报告显示，2014年内地法院办理国际、区际司法协助案件1.3万件；2015年内地法院办理区际司法协助案件1.3万件；2016年内地法院办理司法协助案件2210件，司法互助案件1.1万件。而2017年、2018年连续两年全国法院司法统计公报显示，我国区际调查取证案件中，2017年收案1025件、结案908件、未结623件；2018年收案1197件、结案825件、未结1137件。从上述零星分散的案件数字来看，内地法院与澳门法院之间的相互委托取证案件总量不大。每年一万余件的区际司法协助案件当中，涉港和涉台案件占据大部分，但是送达司法文书占据大部分，域外调查取证只占小部分，这仅是作者的推测，并无准确的资料支撑。最高人民法院在其2014年至2016年工作报告以及2017年、2018年司法统计公报中对司法协助的表述也无统一标准，如2014年的资料将国际与区际司法协助一并统计，2015年的资料区分国际、区际司法协助分别统计，2016年的资料区分司法协助、司法互助分别统计；虽然2017年、2018年对区际司法协助进行了固定统计，但增加了"收案、结案、未结"等概念。上述情况说明，内地法院对区际司法协助案件统计与公布制度的局限性，造成了量化分析和深入研究的困难。

（三）《内地与香港取证安排》可操作性不强

在《内地与香港取证安排》实施后，如欲充分利用，肯定需要一个磨合和适应的过程。但是，目前《内地与香港取证安排》规定较为笼统，可用性仍有待提高，只能通过实践和具体案例进行完善和细化。[②] 具体来说，该安排在可操作性上存在以下不足。

第一，联络机关无取证权。《内地与香港取证安排》规定的联络机关并非都是司法机关，存在联络机关并无职权进行调查取证的情形。例如，香港的联络机关是特别行政区政府政务司司长办公室下辖行政署，经查阅，作者并未发现政务司拥有司法调查权。[③] 反观《内地与澳门送达取证安排》，其联络机关的规定较为直接方便，如澳门的联络机关为澳门终审法院，其本身就是司法机关，省去了一道转递关系，从理论上看会更加高效、快捷。

第二，调查取证方式单一。上文提到，《内地与香港取证安排》虽然规定了委托书、特派员与当事人及其诉讼代理人取证三种方式，但仅对委托书取证进行了较为详细的规定，对于

---

① 参见《澳门特别行政区法院司法年度年报 2018—2019》，http://www.court.gov.mo/ebook/2018-2019/index.html#book/page/106-107。

② 参见张宪初：《我国内地与香港特别行政区〈委托取证安排〉评析》，载《中国国际私法与比较法年刊》，2017年卷，第191页。

③ 政务司司长的主要工作为协助行政长官督导他所指定的决策局的工作，在确保政策制定和实施的协调上担任重要角色，主理行政长官的政策议程中的指定优先处理项目，加强与立法会紧密而有效的工作关系，并拟定政府立法议程的时间表。政务司司长亦执行法例赋予他的法定职能，包括处理上诉以及某些公共机构的运作等。这些工作主要由政务司司长办公室辖下行政署提供支持。参见香港特别行政区政府政务司司长办公室网站，https://www.cso.gov.hk/sc/role/role.htm，2018-02-25。

特派员取证与当事人及其诉讼代理人取证，更像是一种“参照适用”。[①] 因此，在《内地与香港取证安排》项下，可直接适用的取证方式仅有委托书取证一种，而特派员取证与当事人及其诉讼代理人取证的适用，双方仍有所保留。相较之下，《内地与澳门送达取证安排》对此事宜的态度略显开放，并乐见此项事宜的合作。根据相关规定，只要委托方提出了协助要求，受委托方就应当向委托方法院通知取证的时间、地点；在特派员取证方面，委托方司法人员经受委托方允许还可向证人、鉴定人发问。[②] 另外，允许证人到对方法域作证也是调查取证的协作途径或方式之一，遗憾的是，《内地与香港取证安排》未就证人域外作证豁免事宜做出规定，而《内地与澳门送达取证安排》专门就此做了规定。

第三，完成委托的时限较长。《内地与香港取证安排》规定，完成委托调取证据的时限应限于六个月，而《内地与澳门送达取证安排》规定的完成时限仅为三个月，二者规定的时限相差较大，可见前者效率不高，并且六个月的时限与内地民事诉讼一审普通程序的审限相当，在内地民事诉讼施行立案登记制后人民法院受案量激增的情况下，《内地与香港取证安排》的委托时限增加了人民法院在法定审限内审结案件的难度，在一定程度上使办案法官不得不向法院院长请示延长审限。[③]

---

① 全国人大《立法技术规范(试行)(一)》18.3 规定:“参照”一般用于没有直接纳入法律调整范围，但是又属于该范围逻辑内涵自然延伸的事项。也就是说，参照原则上是应该适用的，否则将导致法律体系的不融洽，与类推适用有相通之处，就是同类或类似的事情应该类似处理，不能与法律后果有重大差别。虽然法律对参照的对象没有规定法律适用的规则，但是法律对参照的对象(被参照体)进行了明确的法律规定，依法律逻辑，对被参照体的规定应自然延伸至参照体。规定参照而不直接规定适用是因为参照体并非完全与被参照体具有同一性，在某些问题上，依参照体的特殊性质，可能还不宜参照适用，要求裁判者斟酌具体情况，根据参照体的性质，确定是否应参照法律对被参照体的相关规定而适用。

② 参见《内地与澳门送达取证安排》第十九、二十条。

③ 参见《民事诉讼法》第一百五十二条。

第三章　我国涉港澳文书证明程序的实践

第一节　涉港澳文书证明程序的作用

一、委托公证人制度

香港从 1981 年开始,澳门从 2005 年开始,建立了委托公证人制度。多年的实践证明,该项制度维护了当事人的合法权益,为人民法院和内地其他机关处理涉港、涉澳案件提供了真实、合法、有效的证明文件。随着香港、澳门与内地民事、经济和其他交往的不断增多,各类公证事务也日益增加。[①] 到 2019 年 12 月底为止,司法部共委托 444 名香港律师、16 名澳门律师作为中国委托公证人。[②] 内地各级法院在办理涉港案件时,通过严格审核确认公证文书的合法性,有效地防止了未经授权的机构、人员出具无效证明以及不法人员伪造公证文书的现象。同时,内地法院依据上述委托公证人名单与审核转递专用章式样,在办理涉港案件时,对于发生在香港地区的有法律意义的事件和文书,严格执行"要求当事人提交上述委托公证人出具并经司法部中国法律服务(香港)有限公司审核加章转递的公证证明"的规定,并通过"对委托公证人以外的其他机构、人员出具的或未经审核加章转递程序的证明文书,视为不具有《中华人民共和国民事诉讼法》中规定的公证文书的证明效力和执行效力"的规定[③]杜绝虚假公证文书。

委托公证人制度的作用不仅限于区际文书证明领域,还能延伸到区际取证领域。尽管《内地与香港取证安排》《内地与澳门送达取证安排》的制定为三地间民商事案件提取证据提供了多种途径,但是,在香港、澳门(特别是香港),经过上述在册的委托公证人(同时也是律师)收集证据,再按照上述流程进行公证并加章转递已是实行多年的做法,并已得到最高人民法院和司法部规范的肯定。尤其是,基于《内地与香港取证安排》的非排他性,在其实施后,涉港案件的当事人及其律师仍然可以根据具体情况采取不同的方法进行取证。

---

① 参见最高人民法院、司法部《关于涉港公证文书效力问题的通知》。

② 参见司法部政府网,司法部《关于印发 2020 年度注册的中国委托公证人(香港)名单的通知》(司发通〔2019〕125 号),https://www.moj.gov.cn/pub/sfbgw/zwxxgk/fdzdgknr/fdzdgknrtzwj/202001/t20200109_207883.html;参见司法部《关于印发中国委托公证人(澳门)名单及签名式样、印鉴的通知》(司发通〔2018〕39 号),https://www.moj.gov.cn/pub/sfbgw/zwxxgk/fdzdgknr/fdzdgknrtzwj/201805/t20180514_207673.html。

③ 参见最高人民法院、司法部《关于涉港公证文书效力问题的通知》。

二、香港、澳门对于内地文书的认定

对于内地形成的文书，香港依据证据关联性与最佳证据等规则进行认定与接纳的做法可使法官摆脱法规束缚，机动、灵活地解决民事纠纷，强调诉讼民主，尊重人性。[①] 澳门则在大多数情况下对域外（包括内地）公、私文书予以充分信任，该做法可促进内地与澳门两地文书的自由流动。

第二节 涉港澳文书证明程序的不足

一、涉港澳文书证明程序与涉外文书证明程序存在区别化现象

本书引言部分曾提到，2005 年《商事海事会议纪要》免除了涉外非主体证据的公证、认证要求，也正是从此时开始，我国证据特别证明程序在涉港澳程序与涉外程序之间出现了区别化现象。因为《商事海事会议纪要》本身效力不高，有些法官选择不做适用，这种区别化才显得不那么明显。但是，随着《2001 证据规定》在 2019 年做出修改，这种区别化现象正式浮出水面。特别是在《2019 证据规定》放松了领域外证据的特别证明程序要求的背景下，维持对港澳台证据的原有规定就显得有些"厚彼薄此"，客观上构成了差别待遇，有违"一国两制"的基本精神，也不合情理。[②]

上文提到，根据涉港澳证据特别证明程序，即委托公证人制度的流程，从当事人申请到最终取得文书到内地使用，需要经过将近十个步骤，即从申请、受理、审查、出证，到中国法律服务有限公司审核、检索、转递（邮寄）、存档并最终使用。该流程虽然耗费的时间并不长，为一周左右，但这仅是该制度本身耗费的时间，因办理该流程而消耗的额外时间和审理期限还未计算在内。该流程无论是与外国公文书，还是"纯事实证据"的手续相比，都极为烦琐，造成了涉港澳诉讼当事人与涉外诉讼当事人的不平等，影响了涉港澳案件的审判效率与质量。

二、委托公证人制度费用高昂

烦琐的程序带来的结果就是高昂的费用。以香港委托公证为例，随着委托公证的需求逐年增加，其价格就成为办理时关注的焦点，相对于内地公证几百元的费用，在香港进行委托公证的费用动辄上千元，有时甚至多达几千元。其原因在于，香港和内地不同的法律制度使两地在公证方面存在差异。内地公证由公证处来履行，收费也是官方统一定价；在香港，委托公证是由香港律师完成的，而且并不是所有律师都能从事委托公证业务，只有经过考核取得相关牌照的香港律师才可以办理委托公证。因此，香港律师委托公证费用并不由政府统一定价，而是由律师根据市场情况定价。香港律师委托公证费用主要包括公证费、转递

---

① 参见李琛、丁子薇：《香港民事诉讼证据制度简述》，载《律师世界》，1998 年第 4 期。

② 参见江保国：《论港澳台证据特别证明程序的限缩适用——以新〈证据规定〉第 16 条为中心》，载《第六届中国国际私法学会区际冲突法专题研讨会论文集》。

费、行政附加费、代支杂费、国际快递费等。首先,中国法律服务(香港)有限公司收取的转递费约为公证费的三分之一,中国委托公证人协会有限公司还须收取行政附加费50港元。其次,上述费用仅包括公证书一本正本和一本副本。最后,一切费用以中国司法部、中国法律服务(香港)有限公司及中国委托公证人协会有限公司的最新公布为准,同时根据办理公证的类型和文件不同而不同。[①] 上述高昂且不确定的公证、转递费用无疑会给当事人带来较大的经济压力和心理负担,在不少案件中,上述费用的承担问题成为当事人争议的焦点之一,[②] 这在一定程度上阻碍了委托公证人制度的健康发展。

三、香港、澳门证据制度存在空白

上文提到,对于内地形成的文书证据,香港与澳门的证据制度都没有关于其效力的具体规定,在相关制度上存在空白。因此,与之有关诉讼的公正性存在不确定因素,在很大程度上不得不依赖于裁判者的法学素养和个人道德,不仅有很大的主观随意性,也极易诱发司法腐败。[③]

香港《证据条例》第31条的国家行为文件、判决书等的证明[④]值得讨论。假如当事人希望在民事诉讼中,以内地法院的判决书作为证据,香港法官是否会以上述条文作为参考,对该判决书的效力进行认定,仍不得而知。根据"一国两制"原则,虽然内地与香港分属"两制",内地对于香港来说,属于"域外",但仍同属"一国"。因此,假如香港法官适用上述条文,显然存在不妥之处。但是,把"内地"当作"外地",并参考相关条例,在香港并非没有先例。[⑤] 单从香港对内地法院判决书的认定上,就"一国"与"两制"以及"内地"与"外地"的矛盾,在香港现有制度体系下,似乎并没有直接有效的解决方案。

---

① 参见中国委托公证人协会有限公司:《公证文书收费标准(下限)一览表》,载中国委托公证人协会有限公司官网[2012-12-13],http://www.caao.org.hk/big5/Fee20121213.pdf。

② 参见兰州市中级人民法院(2007)兰法民三初字第020号民事判决书、广州市天河区人民法院(2012)穗天法知民初字第66号民事判决书、上海市浦东新区人民法院(2014)浦民三(知)初字第67号民事判决书、深圳前海合作区人民法院(2017)粤0391民初2217号民事判决书等。转引自江保国:《论港澳台证据特别证明程序的限缩适用——以新〈证据规定〉第16条为中心》,载《第六届中国国际私法学会区际冲突法专题研讨会论文集》。

③ 参见李琛、丁子薇:《香港民事诉讼证据制度简述》,载《律师世界》,1998年第4期。

④ 参见香港《证据条例》第31条。任何外地国家或英联邦国家的所有文告、条约或其他国家行为文件,任何外地国家或英联邦国家内任何法院或领事馆的所有判决书、判令、命令及其他司法程序文件,以及存盘或存放于任何上述法院或领事馆的所有誓章、状书及其他法律文件,均可在香港的法院经审核副本或经如下文所述般认证的副本予以证明:如寻求证明的文件是文告、条约或其他国家行为文件,可接纳为证据的经认证副本必须看来是盖上文件正本所属的外地国家或英联邦国家的印章;如寻求证明的文件是任何外地国家或英联邦国家内任何法院或领事馆的判决书、判令、命令及其他司法程序文件,存盘或存放于任何上述法院或领事馆的誓章、状书及其他法律文件,可接纳为证据的经认证副本必须看来是盖上上述法院或领事馆的印章,如该法院无印章,则该经认证副本必须看来是已由该法院的法官(如有多于一名法官,则由其中任何一名法官)签署,而签署的法官亦须在上述副本上与其签名随附一项书面陈述,说明其出任法官的法院并无印章;如任何前述经认证副本看来是已如上述各条的指示般盖上印章或签署,则在文件正本本可收取为证据的每一个案中,上述副本均须各别接纳为证据,而无须对该印章(如需有印章)、该签名或该签名随附的陈述的真实性(如需有签名或陈述)、看似是签署该签名或做出该陈述的人的司法职衔予以证明。

⑤ 参见2008年4月23日香港特区律政司黄仁龙司长在香港特区立法会恢复《内地判决(交互执行)条例草案》二读辩论致辞:"我们与内地讨论《安排》的内容时,已参考现行的《外地判决(交互强制执行)条例》(香港法例第319章);草拟本条例草案时,我们亦以该条例作为参照模式。"资料来源于香港律政司网站。

DI SAN BIAN

第三编

完善内地法院域外取证、文书证明程序的建议

第一章　制定全面的域外证据获取与采纳司法解释

为完善我国内地法院域外取证、文书证明程序，作者建议制定全面的域外证据获取与采纳司法解释。

第一，关于国际取证。制定国际取证的司法解释，可根据《民事诉讼法》第二百八十三条、第二百八十四条，在《民诉解释》中增加信息技术手段的使用、资料公布制度、特派员制度、限制私自取证的“阻却立法”等条款。同时，在《送达和调查取证规定》和《送达和调查取证规定实施细则》中，完善审查制度，建立沟通制度。以上内容将在本编第二章、第三章详细论述。

第二，关于国外文书的证明。针对国外文书特别证明程序不统一的现状，建议在加入《海牙取消认证公约》后，参照本书第一编第三章第一节到第三节的内容，就主管机关的运行、附加证明书的签发与接收流程，以及电子附加证明书等内容，制定《〈海牙取消认证公约〉实施细则》。以上内容将在本编第三章详细论述。

第三，关于区际取证、文书证明。首先，关于信息技术手段的使用与资料公布制度，区际取证可参照国际取证的相关制度。其次，关于区际文书证明，针对现有制度的缺陷及空白，建议协商制定《内地与香港、澳门关于公文书互认的安排》（以下简称《公文书互认安排》），或由内地与香港、内地与澳门分别制定相关安排。以上内容将在本编第四章详细论述。

第二章 关于域外取证

第一节 完善国内证据制度和取证规则，与公约、安排形成对接

在探讨域外证据的获取时，本书分析了《海牙取证公约》及其在我国的实施，偏向外因的作用，但是，在讨论我国域外取证制度问题时，也应考虑内因的作用，即国内证据规则的自我完善。只有先完善国内的证据规则，明确本国的法律利益和价值取向，才能正确、客观地完善域外取证的法律规则，正确实施《海牙取证公约》，并为今后加入其他公约打下基础。我国当前正围绕着公正、高效地解决诉讼争端，保护当事人合法权益的目标进行庭审改革。在公正、高效的目标里，当然也包括公正、高效地确定案件事实这一环节。证据制度是用来确定案件事实的制度，因此，证据制度和证据规则应当围绕着最大限度地获取证据资料这个目的加以完善。①

在现阶段我国法院资源与法官数量有限的情况下，要完成最大限度地获取证据资料的目标，需要更大程度地发挥当事人及其代理律师的作用。因此，应当在我国证据制度中赋予当事人及其代理律师充分的取证权利，如建立律师调查令制度，将当事人及其代理律师作为诉讼的主体和取证的主要实施者，最大限度地保障当事人及其诉讼代理人包括取证权利在内的诉讼权利。同时，为保障证据调取的进行和取证的效果，特别是保障当事人从对方和第三人处获得证据的制度，可在律师调查令制度中，规定对妨碍作证或者拒绝提交证据行为的制裁措施，包括做出对其不利的处罚决定和事实认定。

与大陆法国家的成文法传统相比，加拿大、美国、英国等普通法系国家，反倒注重证据法的立法，并将国内的证据规则统一运用到域外取证的案件审理中。从法院地国的国内法来看，没有任何国家的法律限制本国的当事人到域外取证，即使是禁止外国当事人和律师在本国境内调取证据的大陆法系国家。①因此，我国应当对涉外案件中，当事人或律师到域外取证的权利进行具体规定，包括制定相应的程序性规则。如果有客观原因不便做出明确规定的，亦应规定参照适用国内案件的取证规则，使我国证据规则，特别是证据开示规则得到统一实施，实现当事人权利义务的对等。假如外国当事人和律师来我国取证，我国也应以双边的思想客观处理。虽然我国《民事诉讼法》禁止外国法院的当事人和律师来中国取证，但实际上，从上文所列举的例子中也能看到，由当事人和律师来中国调取证据的情形比比皆是，也很难禁止。

---

① 参见王克玉：《域外取证法律适用问题研究》，中国政法大学 2007 年博士学位论文。

对于外国、香港以及澳门律师和当事人来中国(内地)取证,应做区分处理。首先,对于外国律师和当事人来华取证,应通过制定"阻却立法",对该行为予以限制。具体制度设计,详见下一章"制定'阻却立法',限制私自取证",在此不做赘述。其次,对于香港以及澳门律师和当事人来内地取证,根据最新的动态与趋势,[①]只要在内地法律规定的范围内、不违反内地法律的基本原则和损害公共利益且证人自愿提供证据,均属当事人行使私权的范畴,国家不宜过多介入和干预。对于外国律师和当事人以及香港、澳门律师和当事人来中国(内地)取证做区分处理,一方面捍卫了我国司法主权、保护了国家秘密,另一方面将外国、香港以及澳门律师和当事人来中国(内地)取证纳入法律监管范围内,为其取证提供了合法途径。这对于提高涉外、涉港澳民事诉讼证据的采纳效率,与《海牙取证公约》《内地与香港取证安排》以及《内地与澳门送达取证安排》形成对接,实现国家间,内地与香港、澳门之间的交往利益以及便利国际、区际民商事交往,具有重大的现实意义。

第二节　进一步完善信息技术手段的使用

上文提到,我国内地法院目前已经具备了利用信息技术进行域外取证的基础条件,以及相关的制度支撑和实践经验。虽然如此,与之相关的法律制度,即《民事诉讼法》第七十六条的规定仍过于笼统,似乎无法应对数量日趋增加且案件愈发复杂的民商事案件。同时,少数案例对日后的案件形成的指引作用也比较有限,各地法院似乎也只能通过试点积累相关经验。因此,在利用信息技术(特别是视频连线)进行域外(包括国际与区际)取证时,借鉴已有经验构建相关机制、完善设备与技术就显得格外重要。以下针对域外取证中的几个重要方面提出制度设计的建议。

一、国际取证

利用视频连线进行国际取证的制度,可添加在《送达和调查取证规定实施细则》第四章及第五章,即"我国法院委托外国法院协助进行民商事案件调查取证"以及"外国法院委托我国法院协助进行民商事案件调查取证"。

(一)关于当事人、其代理人和司法人员参与请求书的执行

根据《海牙取证公约》第六条、第八条的规定以及鼓励使用信息技术的公约精神,公约允许当事人、其代理人和请求机关的司法人员以视频连线的方式参与请求书的执行,借此更直接地加入询问证人的过程中,并且更有效地对证人进行观察。

我国在批准《海牙取证公约》时未对当事人及其代理人出席做出反对的声明或保留,因此,我国也准许上述人员以视频连线的方式参与请求书的执行。一方面,针对外国当事人及其代理人提出请求,希望以视频连线的方式参与我国内地法院请求书的执行的情况,应在

① 参见新华网,《(受权发布)全国人民代表大会常务委员会关于授权国务院在粤港澳大湾区内地九市开展香港法律执业者和澳门执业律师取得内地执业资质和从事律师职业试点工作的决定》,http://www.xinhuanet.com/politics/2020-08/11/c_1126355061.htm。

《送达和调查取证规定实施细则》第五章规定，提出该请求的请求方应将此情况列明于请求书中，否则不予批准。同时，在实践中，许多缔约国还允许当事人及其代理人对证人进行补充提问。[①] 我国可借鉴该做法，在《送达和调查取证规定实施细则》第五章中规定，外国当事人及其代理人提出请求，希望对证人进行补充提问的，也应列明于请求书中，由最高人民法院相关部门进行审查，并根据我国法律与实际情况决定是否批准。另一方面，针对我国内地当事人及其代理人提出请求，希望以视频连线的方式参与外国法院请求书的执行的情况，则应在《送达和调查取证规定实施细则》第四章中规定，当事人或代理人向请求法院提出该请求的，该法院应将此情况列明于请求书中，否则不予批准；希望对证人进行补充提问的，应一并提出，由请求法院列明于请求书中。

此外，虽然《海牙取证公约》第八条规定：缔约国可以声明，在执行请求时，允许另一缔约国请求机关的司法人员出席。但是，我国并未据此做出声明，即我国内地法院在执行请求时，不允许另一缔约国请求机关的司法人员以视频连线的方式出席。

虽然以视频连线的方式参与请求书的执行是当事人及其代理人的权利，但在《海牙取证公约》项下，该权利并不当然地延伸到要求被请求机关配备完整的设备来配合该参与过程。视频连线设备的完整程度，仅取决于被请求机关的许可、拥有的资源及技术的支持程度。面对该状况，可行的方法就是根据《海牙取证公约》第九条第 2 款提出的采用特殊方式或程序的请求，配备完整的视频连线设备，除非该请求与被请求国国内法相抵触或存在实际困难。相比之下，《欧盟取证条例》第十条第 4 款第 2 项则有更加完备的规定，对于请求方法院提出的使用视频连线设备的请求，被请求方法院必须予以匹配，除非其与被请求法院国内法相抵触或存在重大实际困难。由于我国近几年经济的快速发展，信息技术的基础设备相对完善，越来越多法院已达到配备完整视频连线设备的要求。因此，假如外国当事人及其代理人提出相关请求，我国在审查时，可将条件适当放宽，即参照《欧盟取证条例》的标准，除非“与被请求法院国内法相抵触或存在重大实际困难”，被请求法院都将予以匹配。

（二）准备措施

假如我国法院作为请求机关，提出视频连线取证的请求，可在《送达和调查取证规定实施细则》第四章中规定以下事项。

(1)应在请求书中列明对于视频连线设备的要求，以及是否需要其他辅助设备，如实物投影机(document camera)，以满足实时文件展示的需求。

(2)对于视频连线的时间、地点及其他条件，[②]假如被请求方同意进行商讨，我方应提前准备方案，以便及时商讨、顺利进行。

(3)我方应为视频连线准备好场所。

(4)我方应提前为以下与被请求方的沟通工作准备方案：第一，确保各自的设备可进行共同操作；第二，对加密的方式取得一致意见；第三，对在指定时间内进行先期测试做出安排。

---

① See HCCH, *Practical Handbook on the Operation of the Evidence Convention*, 3rd ed., The Hague, 2015, p. 237.

② 原则上，视频连线的时间、地点及其他条件最终仍须由被请求机关决定，假如有可能，也可与请求机关事先商讨。

对视频连线所使用的语言,《海牙取证公约》并未做出规定,这与对请求书所使用的文字做了具体规定(第四条)有所不同。因此,在视频连线之前,特别是当事人及其代理人希望参与询问证人时,我国无论作为请求方还是被请求方,安排翻译是必不可少的。

(三)相关技术事项

我国参与视频连线的法院应确保所有视频连线设备都能连接到整合式服务数位网络(integrated services digital network)①或者互联网协议②网络(IP network)中的任意一种,或两种皆可。同时,为了保证连线两地的设备可进行共同操作,其设备应达到某种公认的产业标准,即国际电信联盟(International Telecommunication Union)推荐的设备。假如设备不能进行共同操作或连接到不同的网络,我方则需要与外国机关建立替代的桥接服务。此外,为加强安全性,无论使用哪种网络,都必须对传输信号进行加密。

二、区际取证

利用视频连线进行区际取证,无论是在香港、澳门,还是在内地,均已有先例、制度安排和实践参照。首先,在香港,视像方式已日渐被接受为作证和质证的手段。③ 其次,上文提到,《内地与澳门送达取证安排》第二十三条规定:“受委托方法院可以根据委托方法院的请求,并经证人、鉴定人同意,协助安排其辖区的证人、鉴定人通过视频、音频作证。”最后,2019年7月,粤港澳三地首次实现在线跨域诉调对接解纷(以下简称“胡桃里案”)。④ 该案件虽不涉及取证,但仍为利用视频连线进行区际取证提供了有益的实践参考。

根据上述实践经验与制度安排,作者针对区际取证中的几个重要方面提出制度设计的建议。

第一,内地与香港应尽快进行谈判,参照《内地与澳门送达取证安排》,在《内地与香港取证安排》中增加视频作证的条款。在此之前,假如委托方根据《内地与香港取证安排》第七条提出以视频连线方式提取证据,可参照上述“国际取证”的方式进行。

第二,《内地与澳门送达取证安排》可在第二十三条规定的基础上,参照上述“国际取证”的方式增加条款,对视频连线取证做进一步细化,增强操作性。

第三,关于使用的语言,根据“一国两制”原则,应使用普通话,也可根据实际情况,参照“胡桃里案”,选择熟悉粤语、普通话的司法人员。假如涉及母语为英语、葡萄牙语等其他语

---

① 整合式服务数位网络(integrated services digital network,ISDN)是一个数位电话网络国际标准,是一种典型的电路切换式网络系统。它通过普通的铜缆以更高的速率和质量传输语音和资料,可以提供可视电话、资料通信等多种业务,兼容性强、界面标准化、数位传输、使用方便是其基本特点。

② 互联网协议(internet protocol)是用于封包交换资料网络的一种协议,其任务仅是根据源主机和目的主机的地址来传送资料。互联网协议定义了寻址方法和资料包的封装结构。第一个架构的主要版本为IPv4,目前仍然是广泛使用的互联网协定。

③ 参见张宪初:《我国内地与香港特别行政区〈委托取证安排〉评析》,载《中国国际私法与比较法年刊》,2017年卷,第190页。See also Polanski v Conde Nast Publications Ltd. [2005] 1 All ER; and High Fashion GarmentsCo. Ltd. v Ng Siu Tong [2004] 1 HKLRD 928.

④ 参见南方网,《粤港澳三地首次在线跨域解纷未经授权宣传林俊杰来餐厅开音乐会,广州胡桃里被索赔25万》,https://news.southcn.com/node_54a44f01a2/8bfb704c6e.shtml。

言的香港、澳门居民或者外国人，则应配备翻译。

第三节 完善数据统计制度

上文提到，根据最高人民法院司法统计方法，作者得出的仅是每年内地法院处理民商事国际司法协助和区际司法协助案件的大体数量，且分类标准不一，显得零散、混乱。因此，作者建议，应按照《海牙取证公约》《内地与香港取证安排》以及《内地与澳门送达取证安排》对取证进行分类和持续的统计。同时，分别列出关于请求书(委托书)的具体资料，包括但不限于内地法院根据请求书(委托书)请求调查取证的年度资料、具体案号、执行取证的时长以及拒绝执行请求书(委托书)的数量和原因等。

同时，建议专业学术团体和研究机构(如中国国际私法学会和区际冲突法专题研究委员会等)，开展司法大资料研究，组织专门研究力量，从分散的、零星的、碎片化的裁判文书中，整理归纳出每年涉外和涉港澳民商事案件当中出现过的域外取证典型案例，供研究人员参考使用，以此为途径加强对域外取证的个案分析，推动对域外取证领域的法学理论和实务研究。

第三章　国际取证与文书证明

第一节　关于《海牙取证公约》的实施

一、加强对公约的认识和学习

（一）制度层面

第一，在《民诉解释》中，对《海牙取证公约》中"民事或商事案件"的含义和范围进行解释和确定，给出判断该类案件的标准，对实践中具有争议的案件类型做出定性。

第二，在《民诉解释》中，对我国根据《海牙取证公约》第二十三条做出保留[①]中的"列明"以及"直接密切联系"给出具体解释，以防范"钓鱼式取证"。

（二）法院、法官层面

第一，通过多种方式减轻法官负担，在保证办案质量的同时，为其进行理论学习提供时间与空间。这些方式包括为法院系统增加必要的人力资源，即适当增加具有良好的职业道德和较高的专业水平的法官。同时，为他们配备必要的审判辅助人员，使法官从事务性、文秘性的工作中脱身，将更多精力投入案件的审理与理论水平的提升。办案压力的减少，意味着投入单个案件的时间与精力的增加，遇到如适用《海牙取证公约》进行域外取证等难题时，法官便不会一味地回避。

第二，通过多种方式，提高学习《海牙取证公约》的意识。其中，根据作者的亲身经历，"法院-高校"互动的模式是比较有效的方式。一方面，法院除了在其内部，由上级向下级讲授理论知识，对办案进行指导外，还可以邀请高校学者到法院分享其关于涉外民商事诉讼，包括《海牙取证公约》的理论观点。另一方面，各高校、学术团体（如中国国际私法学会等）可邀请法官到高校参加学术研讨会，分享关于《海牙取证公约》的理论见解与实务经验。

二、合理、充分利用特派员取证

根据上文对特派员取证制度的分析，以下将对其引入提出制度设计的建议。

---

① 即根据公约第二十三条声明，对于普通法国家旨在进行审判前文件调查的请求书，仅执行已在请求书中列明并与案件有直接密切联系的文件的调查请求。

第一，取消我国对《海牙取证公约》特派员制度的保留。

第二，对可担任特派员的人员范围（如法官、书记员等，以及是否包括执业律师）以及如何由法院进行选任、指派做出规定。同时，假如外国特派员的身份超出上述范围，可规定是否予以批准并制定相应的审查批准制度。

第三，假如我国批准外国特派员到我国领域内取证，该特派员应遵循以下条件：①在特定地点和时间段内取证；②假如该特派员申请不在特定地点和时间段内取证，则应将取证的时间、日期和地点以合理方式事先通知我国主管机关；③取证应在主管机关代表的监督下进行；④询问证人应以该证人同意作证为前提，询问应在特定的主题与范围内；⑤文件或其他对象的开示应在特定范围内；[①]⑥进入与检查不动产应在特定范围内；⑦不得窃取我国国家秘密。

第四，假如我国领域内的证人同意作证，外国特派员应以书面形式，通知该证人作证的具体时间与地点。该通知应以中文发出，或附上中文译文，除非该证人是请求国国民。此外，特派员还需向证人通知以下事项：①证人有权被合法代理；②证人作证时不能被采取强制措施。

第五，假如外国特派员申请以（包括但不限于）以下方式与程序询问证人，我国主管机关应予以审查，并决定是否批准并给予协助：①进行交叉询问；②使用翻译人员；③聘用速记员进行记录，或者使用音频、视频设备对询问进行录制；④对证言的准确性及可靠性进行核实；⑤对证人提出的异议进行记录和处理。

三、制定"阻却立法"，限制私自取证

针对私自取证行为，在某些情况下，我国存在可以适用的法律条款。例如，《中华人民共和国保守国家秘密法》第二十九条规定，禁止非法复制、记录、存储国家秘密；禁止未按照国家保密规定和标准采取有效保密措施，在互联网及其他公共信息网络或者有线和无线通信中传递国家秘密；禁止在私人交往和通信中涉及国家秘密。又如，我国《刑法》分别以为境外窃取、刺探、收买、非法提供国家秘密、情报罪，非法获取国家秘密罪以及侵犯商业秘密罪，保护国家秘密和商业秘密，防范部分私自取证行为。[②] 但是，上述规定或罪名要求私自取证行为达到侵犯国家秘密或商业秘密的程度，即对严重性有较高的要求，适用范围较窄，门槛较高。[③] 对于未侵犯国家秘密或商业秘密的"轻微"行为，则存在法律规制的盲区。而"轻微"的

---

① 根据我国对《海牙取证公约》第二十三条提出的保留，该范围可以是限于已在取证请求中列明并与案件有直接密切联系的文件。

② 《刑法》第一百一十一条规定，为境外的机构、组织、人员窃取、刺探、收买、非法提供国家秘密或者情报的，处五年以上十年以下有期徒刑；情节特别严重的，处十年以上有期徒刑或者无期徒刑；情节较轻的，处五年以下有期徒刑、拘役、管制或者剥夺政治权利。第二百一十九条规定，有下列侵犯商业秘密行为之一，情节严重的，处三年以下有期徒刑，并处或者单处罚金，情节特别严重的，处三年以上十年以下有期徒刑，并处罚金：①以盗窃、贿赂、欺诈、胁迫、电子入侵或者其他不正当手段获取权利人的商业秘密的；②披露、使用或者允许他人使用以前项手段获取的权利人的商业秘密的；③违反保密义务或者违反权利人有关保守商业秘密的要求，披露、使用或者允许他人使用其所掌握的商业秘密的。第二百八十二条规定，以窃取、刺探、收买方法，非法获取国家秘密的，处三年以下有期徒刑、拘役、管制或者剥夺政治权利；情节严重的，处三年以上七年以下有期徒刑。非法持有属于国家绝密、机密的文件、资料或者其他物品，拒不说明来源与用途的，处三年以下有期徒刑、拘役或者管制。

③ 作者曾对媒体报道、文献进行检索，但暂未发现外国律师因侵犯我国国家秘密或商业秘密而受到起诉的案例。

私自取证行为又占据着绝大多数，加上大部分外国律师都具备反调查意识，“明暗结合”，[①]认定该行为比较困难，所以才在某种程度上造成了上文提到的外国律所、律师大量违规执业（取证）的现象。

相比之下，瑞士虽然也没有真正意义上的“阻却立法”，但其认为，《海牙取证公约》在该国的适用是排他的（承认《海牙取证公约》的强制性），并将来自外国的任何绕开该公约项下取证路径的证据搜集行为，视为对该国主权的侵犯。在某些情况下，上述行为受到瑞士刑事法律的规制。[②] 例如，瑞士《刑法典》第二百七十一条第 1 款就规定，当从事某行为的权限归属于瑞士公共机关与官员时，在未取得合法权限的情况下，禁止任何人代表外国从事该行为。违反上述规定者，将被判处三年以下监禁或罚款，情节严重者，则监禁不得少于一年。同时，该禁令不但适用于从事上述行为者，还延伸至为此提供便利者。[③] 与我国《刑法》第一百一十一条、第二百一十九条以及第二百八十二条相比，瑞士《刑法典》第二百七十一条第 1 款能更有效地惩罚私自取证行为，并因此引导各国在《海牙取证公约》模式下进行取证。同时，瑞士《刑法典》第二百七十一条第 1 款等法律条款的存在，已经令部分美国法院在一些案件中转变态度，在进行域外取证时先诉诸《海牙取证公约》。[④] 但是，仍有几乎同等数量的案件显示，相关法院绕开《海牙取证公约》，仅根据美国国内法，命令当事人进行域外证据开示。[⑤]

因此，结合前文的分析，即便像法国、瑞士一样存在“阻却立法”的国家，也不能完全阻却私自取证行为，换句话说，“阻却立法”仍存在局限性。但是，对于私自取证行为，“阻却立法”仍然竖立起一道屏障，增加了违法者的成本，并在一定程度上引导各国适用《海牙取证公约》。在我国，由于法制还存在多方面的缺陷，制定“阻却立法”并不能完全阻却私自取证行为，但至少，在遏制该行为进一步泛滥的层面，制定“阻却立法”或许是权宜之计。

因此，可在《民诉解释》中规定，外国律师和当事人来华取证的，应获得当地相关主管机关（如司法局）的许可；未经许可进行私自取证以及提供相关协助的，由主管机关对该外国律师、当事人或提供协助人员根据相关程序审查、认定，并给予行政处罚（如驱逐出境、暂扣或者吊销执业资格证），有侵犯我国国家秘密等犯罪行为的，依法承担刑事责任。

此外，假如外国律师请求到我国内地取证，也可以通过上述特派员制度，以特派员的身份取证。该做法体现了特派员制度对私自取证行为的疏导作用。

四、完善《送达和调查取证规定》和《送达和调查取证规定实施细则》

（一）完善审查制度

第一，对相关重要术语进行解释说明。对于“其他司法行为”“司法程序”“已经开始”“即

---

① 参见张玉良：《外国律师在华违法执业“狂潮现象”透析》，载《中国律师》，2000 年第 1 期。

② See HCCH, *Practical Handbook on the Operation of the Evidence Convention*, 3rd ed., The Hague, 2015, p. 13, note 49.

③ See *Swiss Criminal Code*, Art 271(1), available at :〈 https://www.admin.ch/opc/en/classified-compilation/19370083/index.html 〉[last consulted on 19 May 2020].

④ See, *e.g.*, *SEC v. Stanford Int'l Bank, Ltd*, 776 F. Supp. 2d 323 (N.D. Tex. 2011).

⑤ See cases cited in *Trueposition, Inc. v. LM Ericsson Telephone Co.*, 2012 WL 707012 (E.D. Pa. 6 March 2012) (*In re Air Cargo*, 2010 U.S. Dist. LEXIS 30598, 2010 WL 1189341, at *3; *In re Global Power*, 418 B.R. at 849; *Strauss*, 249 F.R.D. at 450).

将开始”“司法机关”等重要术语，可参照本书第一编第二章给出的定义，在《送达和调查取证规定》或《送达和调查取证规定实施细则》中进行解释。

第二，对《送达和调查取证规定实施细则》第三十四条中“无法办理或者办理困难”的内涵及范围，应进一步做出解释，避免造成理解上的偏差。例如，应说明是否参照《海牙取证公约》第九条第 2 款的相关表述，即“因……存在实际困难而不可能执行(impossible of performance by reason of practical difficulties)”；罗列若干种属于“无法办理或者办理困难”的具体情形。

(二)建立沟通制度

《海牙取证公约》鼓励中央机关与请求机关进行合作，确保请求书的及时执行。特委会指出，鼓励该合作与沟通以电子邮件方式，贯穿整个请求书的执行过程。在 2014 年会议上，特委会还指出，该沟通不仅限于中央机关与请求机关，还可延伸到中央机关与相关诉讼当事人(interested parties)。[①] 我国可响应公约以及特委会的号召，在《送达和调查取证规定》和《送达和调查取证规定实施细则》中建立沟通制度。

第一，当我国中央机关[②]收到来自请求机关或相关诉讼当事人(代理人)关于以下事项的咨询时，应提供协助：①请求书的准备；②被请求国执行请求书的方式与程序；③特定行为是否在司法机关职权范围内。我国法院对上述事项存在疑问时，由该法院国际司法协助专办员负责与相关国家中央机关或被请求机关的咨询与沟通工作。2008 年调查问卷回复显示，几乎所有参与调查的缔约国中央机关均愿意就外国司法机关有关请求书准备提出的疑问提供协助，也有超过一半的回复表示愿意向当事人提供相关协助。[③] 因此，该规定符合国际通行做法。

第二，我国中央机关应及时通过电子邮件的方式告知请求机关或相关诉讼当事人其已收到请求书，并在条件允许的情况下，告知请求书预计执行完毕的时间。假如未在预计时间内执行完毕，须及时告知原因。

第三，我国中央机关应及时回复请求机关或相关诉讼当事人关于请求书执行进展的咨询。我国请求取证法院的国际司法协助专办员应与相关国家中央机关或被请求机关就请求书执行的进展进行定期咨询跟踪。

第四，我国中央机关(或法院国际司法协助专办员)应与请求机关或相关诉讼当事人(或外国中央机关或被请求机关)就即将进行的执行程序展开沟通。

第五，我国中央机关(或法院国际司法协助专办员)应与请求机关或相关诉讼当事人(或外国中央机关或被请求机关)就请求书不符合公约规定的情况保持沟通。假如外国请求书

---

① See C&R Nos 9 &10 of the 2014 SC.

② 即司法部司法协助交流中心，参见司法部政府网，《司法协助交流中心主要职能》，https://www.moj.gov.cn/pub/sfbgw/jgsz/jgszzsdw/zsdwsfxzjlzx/sfxzjlzxdwzn/202105/t20210502_373258.html。

③ See HCCH, Responses to questions 34 and 35 of the 2008 Questionnaire, available at :〈https://www.hcch.net/en/publications-and-studies/details4/? pid=4457&dtid=33 〉[last consulted on 20 August 2020].

仅为部分不符合(可进行“修正”),则我方根据本书第一编第二章中曾提到的方法,[①]告知修正的方法及途径;假如请求书为全部不符合(不可进行“修正”),则告知其重新签发符合公约规定的请求书。

第六,虽然相关诉讼当事人可以向我国中央机关进行咨询,请求提供上述信息,但是,结合2008年调查问卷回复中各缔约国的态度,作者认为,应对相关诉讼当事人的资格做出一定限制,如我国中央机关只有在其出示请求机关或请求国中央机关签发的对其诉讼当事人身份的确认证明时才能对其予以协助。

第七,特委会鼓励使用信息技术,以便相关人员查阅上述沟通信息的实时进展,但应做好加密工作。[②] 因此,我国中央机关可与开展协助工作的缔约国相关机关建立信息共享制度,如建立共享数据库。上述沟通信息只有经授权人员持账号密码,在通过身份验证的情况下,方可查看。

第二节　关于外国文书证明程序

一、简化领事认证

针对我国域外证据特别证明程序烦琐的现状,我国立法、外交部门以及最高人民法院等应尽量在该领域简化认证的手续,如在上文提到的连锁认证中,根据具体情况,在条件允许的前提下,减少一到两个认证手续。

目前美国、澳大利亚等已经全面取消了领事认证的要求,而且也不要求给予对等待遇。我国目前仍旧坚持传统领事认证要求的做法,无疑不符合中国作为世界大国,尤其是世界经济第二大国的客观发展需求。中国应该在文书流动上简化认证,使中国的外交和领事部门能够聚合力量,专注于外交活动和领事保护。

二、加入《海牙取消认证公约》后的适用

我国加入《海牙取消认证公约》是顺应时代潮流、维护当事人合法权益的做法。上文提到,《海牙取消认证公约》已在香港和澳门特别行政区适用多年。同时,中国加入的《海牙送达公约》《海牙取证公约》以及签订的双边民商事司法协助协定均有免除认证要求的规定,其为加入《海牙取消认证公约》积累了丰富的实践经验。

加入《海牙取消认证公约》后,我国需要解决的主要问题有以下三点。

第一,主管机关的设置。根据《海牙取消认证公约》的相关规定,每个缔约国均须指定一

---

① 第一,对于请求书因为一些“次要的错误”或材料不齐全而导致的“不符合公约规定”,被请求机关可通过“修正”或通知请求机关补充材料的方式,使其符合公约的规定。第二,被请求机关可在通知请求机关后,转而适用其本国法律规定的方式与程序,或者通过修改相关请求,采用“经过修正的”方式与程序。第三,在请求书有部分内容不符合公约规定的情况下,被请求机关依然要继续执行请求书符合公约规定的部分,而不是拒绝全部请求。第四,对于“不可能执行”,被请求机关可通知请求机关,由请求机关指派具有执行资格的相关人员至被请求国执行相关请求(如由普通法系国家指派询问官至大陆法系国家执行交叉询问)。

② See C&R No 11 of the 2014 SC.

个或以上的机关作为签发附加证明书的主管机关;各国可自主决定主管机关的名称和数量;主管机关的三个主要职能是核实公文书的来源、签发附加证明书、登记已签发的附加证明书。在实践中,有的国家设置单一主管机关,有些国家则按公文书的性质或公文书签发地点设置多个主管机关。当前,中国的认证由外交部领事司或外交部委托的地方外事办公室负责,符合多个主管机关的设置形式。[①] 因此,作者建议,保留现有的认证机关设置形式,仅将外交部领事司或外交部委托的地方外事办公室由认证机关变更为《海牙取消认证公约》的主管机关,由其负责签发附加证明书。

第二,签发附加证明书的时间。《海牙取消认证公约》对于签发附加证明书所需的时间未做出规定。因此,我国需要结合现有的规定,参考该公约缔约国的实践,制定出合理的时间标准。在实践中,由中国内地签发的需要到其他国家使用的公文书进行认证至少需要 10 个工作日左右的时间。加入《海牙取消认证公约》后,出具附加证明书的时间相当于单认证的时间,只需要 4 个工作日。若采用电子附加证明书,则认证时间将大大缩短。[①] 据 2012 年海牙国际私法会议调查问卷的回复可知,16 个国家表示附加证明书可在第二个工作日前完成,11 个国家表示在当天可以完成,5 个国家表示可在 2 小时内完成,另有 16 个国家表示在 1 个小时内即可完成。因此,在加入《海牙取消认证公约》后,我国将签发时间设置在两个工作日以内是较为合理的。

第三,关于费用。由于加入《海牙取消认证公约》后减少了使领馆认证程序,相关的费用也可以得到节省。这意味着,文书使用者可节省包括外交部代办费(60 元)和使领馆认证费(如新加坡为 50 元)在内的费用,只需缴纳 50 元至 100 元的费用。[①] 根据对上述问卷费用问题的回复可知,在 38 个回复的国家中,有 30 个国家采取收费制度,且各国平均每份证明书的费用约为 120 元。由此可见,若我国采用附加证明书形式,其费用远低于采取收费制度缔约国的平均水平,因此,可以保持当前收费标准。虽然取消中国驻外使馆的认证会在一定程度上影响我国的认证收入,但是,这部分的收入会得到有效弥补。随着我国加入《海牙取消认证公约》带来证明程序的简化,可以预计,中国国内签发的附加证明书的数量将非常可观。或许为国外证据添加附加证明书不能为我国带来收入,但待附加证明书模式成为我国与其他缔约国文书流动的通行做法,成为我国当事人到外国参加诉讼、使用文书的第一选择时,《海牙取消认证公约》相互作用以及制度优势就会显现。

---

① 参见何其生:《领事认证制度的发展与中国公文书的全球流动》,载《华东政法大学学报》,2018 年第 1 期。

第四章　区际取证及文书证明

第一节　关于涉港澳案件取证

一、淡化“国家秘密”的概念并厘清其范围

针对区际取证中滥用“国家秘密”或“国家机密”概念的问题，作者提出以下建议。

第一，改变旧有“以保密为原则，以公开为例外”的观念，提倡“以公开优先，以保密为例外”的观念。[①] 因为旧的观念，必然会造成定密过多、过滥的现象，阻碍我国区际正常的取证活动，导致司法上的不信任。

第二，在我国《刑法》中定义“国家秘密”并作为我国法律体系中的标准，解决我国各法律中有关“国家机密”或“国家秘密”的内涵与外延不一致的问题。同时，由于《2001 证据规定》中“当事人及其诉讼代理人可以申请人民法院调查收集涉及国家秘密、商业秘密的证据”的条款已被删除，人民法院在申请调取涉及国家秘密的案件中，应以对该定义做限缩解释为首要考虑。

第三，在有关国家秘密或信息公开的法律法规中将不可公开的信息范围具体化。这一范围应当是详细、准确和具体的，不能使用“军事、外交、经济”等词义过于宽泛的表述，也不应使用“与……有关（相关）”“与……有联系”或“其他（等等）”等可能扩大范围的表述。

第四，允许就涉及国家秘密的争议进行司法审查，其中，最重要的是赋予司法机关最终审查权，而非以行政机关，特别是与保密管理相关的行政机关，甚至是国有企业的定密范围作为最终标准。或者，相关的行政机关、国有企业在行使定密权，划定国家秘密、商业秘密的范围时，应报请最高人民法院审查批准，从源头上减少或消除涉及国家秘密的争议。司法机关的最终审查权能解决国家秘密过多、过滥，是防止有关企业借此妨碍正当民商事调查取证问题的一个重要措施或制度。

二、增加《内地与香港取证安排》“公共秩序”条款

在区际司法协助中，对于多法域国家是否及如何适用公共秩序保留，学者有不同主张，各国实践也不尽相同。在单一制国家内，有的国家区际公共政策被法律默示排除；联邦制国家在解决区际法律冲突时，大多采用有限制的公共秩序保留制度。因为我国多法域情况复

---

① 参见肖志宏：《关于国家秘密法定范围的探讨》，载《改革与开放》，2014 年第 7 期。

杂且特殊，有学者认为，只要还存在“两制”，各地区还存在着利害关系，就不可能完全排除公共政策条款的适用。而且，保留该制度本身也体现对不同法域法律制度的尊重。① 就区际调查取证协助而言，上文提到，《内地与澳门送达取证安排》第九条第 2 款规定了公共秩序条款，但《内地与香港取证安排》却没做此规定。笔者认为，应在《内地与香港取证安排》中增加“公共秩序”条款。解决我国的区际法律问题，应适度适用公共秩序保留制度，既不能不用，也不可滥用。为了防止直接取证导致取证地的重大社会利益受损害，公共秩序保留应为内地与香港、澳门协助取证的“安全阀”。

为提升调查取证合作的可能性，未出现有害辖区安全或违反公共秩序的，内地与香港都可以根据辖区法律规定提供协助。因此，建议双方在今后讨论修改完善《内地与香港取证安排》的过程中，可参照《内地与澳门送达取证安排》，将退回的事由②进行修改，可将退回请求的事由限定为委托事项将违反其基本法律原则或公共秩序两种情况。对于委托事由超出安排规定范围的，不宜直接规定为退回，可给予各方一定的权利，依据辖区相关法律进行评估。

三、完善《内地与香港取证安排》，增强其可操作性

第一，对直接取证模式进行细化。上文提到，为缓解国家之间的“取证难”困局，建议我国取消对《海牙取证公约》特派员制度的保留，引入并合理利用该制度。为了增强《内地与香港取证安排》的可操作性，在不存在主权因素的内地与香港两地，充分适用类似上述制度的直接取证模式则更加合情合理。事实上，上文提到，《内地与香港取证安排》第七条第 3 款③就是某种意义上的“直接取证”，委托方司法人员、有关诉讼代理人（法律代表）为司法特派员。

因此，作者建议，可将该直接取证模式予以明确规定，并进行细化。具体来说，可参照《海牙取证公约》特派员制度，将含有主权因素的内容除去：第一，特派员必须由法院委派（司法人员）或经法院批准（诉讼代理人）；第二，特派员不得对证人采取强制措施，只能在证人自愿的基础上取证；第三，特派员应得到证据调查地法域指定主管机关的许可，该机关应与《内地与香港取证安排》《内地与澳门送达取证安排》中规定的主管机关一致。至于特派员是否只能对法院正在实际进行的诉讼取证，应做区别处理。一方面，因香港的普通法传统，审判前文件调查被香港法律允许，在域外取证司法协助方面同样被承认。① 香港《证据条例》第七十五条规定，域外法院向香港请求协助调查的证据包括预期在法院起诉所必须取得的证据。另一方面，如果香港法院委托特派员于诉讼前在内地取证，应参照内地在《海牙取证公约》对于审判前文件调查的有限保留，即只有在特派员列明需要提取的证据且该证据与案件有直接密切联系的情况下，该取证行为才能被允许。对于港澳当事人及其代理人在内地取证，则参照《民事诉讼法》第二百八十四条的规定，应经“我国主管机关准许”。

---

① 参见于飞：《论我国区际民商事直接取证》，载《澳门法学》，2017 年第 3 期，第 5 页。

② 参见《内地与香港取证安排》第三条第 3 款、第六条第 2 款。

③ “如果委托方请求其司法人员、有关当事人及其诉讼代理人（法律代表）在受委托方取证时到场，以及参与录取证言的程序，受委托方可以按照其辖区内相关法律规定予以考虑批准。批准同意的，受委托方应当将取证时间、地点通知委托方联络机关。”

第二，增加特定中级人民法院、基层人民法院作为联络机关。根据《内地与澳门送达取证安排》的规定，经协商，部分中级人民法院、基层人民法院可作为联络机关，与澳门终审法院相互委托调取证据。但是，《内地与香港取证安排》规定的内地联络机关仍为各高级人民法院或最高人民法院，尽管级别上没有任何问题，但是根据《民事诉讼法》及《人民法院组织法》的规定，高级人民法院和最高人民法院基本不办理或较少办理一审民商事案件，实际上由高院或最高院作为委托法院向香港法院发出请求的情况比较少，它们更多是作为联络机关进行转递。考虑到时间的成本，便捷当事人诉讼，增强《内地与香港取证安排》可操作性，笔者建议，可参照《内地与澳门送达取证安排》的规定，适当增加部分中级人民法院或基层人民法院作为联络机关，减少委托书在内地法院层层转递所需的时间，提升委托事项办理的效率。

第三，缩短委托事项的完成时限。在委托事项的完成时限的规定上，根据《内地与澳门送达取证安排》与《内地与香港取证安排》，内地与澳门取证的时限是 3 个月，而内地与香港取证时限则是 6 个月。对此，笔者认为，内地与香港取证 6 个月的时限过长，应参照《内地与澳门送达取证安排》，将该时限缩短为 3 个月。原因包括以下三点：首先，内地、香港、澳门同属一个国家，没有主权冲突，地理条件相似。对于同为“粤港澳大湾区”的重要组成部分的港澳两地，在细节的处理上也理应趋同。其次，随着 2019 年《〈CEPA〉服务贸易协定》的修订协定的签订，内地与香港将进行更深层次的交流与合作。[①] 这意味着，内地法院涉港诉讼的数量也将进一步增加。缩短取证时限，能进一步提高涉港诉讼的办案效率，更好地维护当事人合法权益。最后，中文均是香港、澳门地区官方文字之一，两地同文，委托书转递、审查等方面，香港与澳门均不存在需要先翻译的情形，因此，在理论上，两地办理委托事项的时间也应相同。

第二节　关于涉港澳案件文书证明

一、完善涉港澳文书证明程序，逐步实现内地与香港、澳门文书互认

上文提到，事关涉港澳文书证明的委托公证人制度在程序上较为烦琐，且费用高昂。对此，笔者建议，取消最高人民法院、司法部《关于涉港公证文书效力问题的通知》中“对于发生在香港地区的有法律意义的事件和文书，均应要求当事人提交上述委托公证人出具并经司法部中国法律服务（香港）有限公司审核加章转递的公证证明”的规定。换句话说，香港文书欲在内地使用，既可以选择委托公证人制度，也可以选择内地公证制度；澳门文书同样如此。原因在于，首先，委托公证人制度费用高昂的部分原因在于其“独家经营”。假如把该权力分散到内地各公证部门，则有利于降低费用。其次，在香港，委托公证人作为律师，其调查权并不广泛，仅限于某些可以查册的事项，甚至某些公司注册信息，普通民众都可以登入付费下

① 参见人民网，香港与内地签署《〈CEPA〉服务贸易协定》修订协议，http://hm.people.com.cn/n1/2019/1122/c42272-31469463.html。

载，其证明力与由委托公证人操作下载差别不大。[①] 也就是说，委托公证人收取的费用与其所做工作存在价值上的不相称。最后，虽然内地公证制度仍不完善，但向内地公证人员普及香港、澳门法律，并赋予其一定的涉港澳信息调查权，也并非难事。事实上，香港、澳门当事人到内地办理公证的弊端也很明显，如差旅问题、等候公证需要花费大量时间等；选择委托公证人制度则可以在香港或澳门本地完成。其实，作者提出该建议的目的是给予当事人更大的选择权，避免因"独家经营"而衍生出更多社会问题。

待上述做法达成后，三地便可以此为基础，协商制定《公文书互认安排》(或内地与香港、内地与澳门分别协商制定安排)。该安排的制定可参照《海牙取消认证公约》，公文书在内地、香港与澳门三地政府部门之间(或者内地与香港、内地与澳门政府部门之间)通用；私文书可经委托公证人制度或在内地经公证部门公证成为公文书。但是，该安排与《海牙取消认证公约》最大的不同点在于，其制定的基础是"一国两制"原则，内地、香港与澳门虽分属"两制"，但同属"一国"。换句话说，假如《公文书互认安排》达成，其框架下的公文书无须添加附加证明书，即可实现内地、香港与澳门公文书的自由流动。事实上，内地与澳门在特定范围内的公文书互认已经实现，[②]这为我国区际公文书全种类的互认带来了有益的实践经验。

二、完善内地公证制度

目前，我国内地公证部门出具的公证书的内容大多仅是对公证结果的确认，很少提及出具公证书的依据和办理过程。虽说香港与澳门的证据制度都没有对内地文书做出形式上(如公证)的要求，但对于公证书的接纳方(如香港、澳门的法官)来说，当看到仅有几页纸，甚至只有一两行字内容制作而成的公证书时，对所证实内容的真实性抱有怀疑态度亦在所难免。[③] 造成这种尴尬的局面的原因主要是内地的定式公证书[④]不允许记载格式内容之外的诸如公证员办证及核实过程等内容，而负责审查公证书的法官并非都熟悉内地法律，对内地公证工作不甚了解，甚至产生怀疑也在所难免，内外原因的互相作用在很大程度上损害了内地公证书以及被公证文书在香港、澳门特别行政区的采纳。因此，根据上文所述，如欲达成《公文书互认安排》，必须先对内地公证制度进行完善。

第一，加强立法建设，系统制定业务规则。根据社会实际需要，不断改进和丰富各类定式公证书，扩大要素式公证书[⑤]的使用范围，定期细化各类公证书办理的指导意见，使内地公证机构在办理公证时"有据可查"，使公证文书的内容更加多元化、系统化，以提高公证书的权威性和严肃性。

第二，加强与其他有关部门的沟通，立法明确公证机构的法律地位，赋予内地公证机构

---

① 该观点来自作者对广东海埠律师事务所合伙人、跨境法律事务总监黄善端于 2020 年 9 月的线上访谈。

② 参见中华人民共和国澳门特别行政区政府入口网站，内地与澳门签署学历互认备忘录，https://www.gov.mo/zh-hant/news/301986/。

③ 参见史少丁：《浅谈公证文书的完善》，载《法制与社会》，2016 年第 7 期。

④ 参见《司法部定式公证书格式(2011 版)》。

⑤ 要素式公证书，是由各项要素串联起来的公证书。要素就是指在公证文书中需要表达的内容，是办理公证过程中的事实点和程序点。这些要素全面反映了公证的办证程序、认证过程以及公证结果的形成过程。缺少这些要素，公证书是不完整的。参见滕华龙：《试析要素式公证书的积极意义和基本要求》，载《法制与经济(下旬)》，2011 年第 11 期。

更广泛的核实权，切实杜绝为公证而公证或因无法核实而出现规避法定义务情况的出现。公证书获得毫无争议的认可与尊重时，公证价值才能充分体现，公证的公信力才可建立。内地公证书建立起充分的公信力，才能给香港、澳门的法院以采纳的依据与信心，为制定《公文书互认安排》奠定基础。

结　语

在跨境民商事案件中，域外证据的获取与采纳似为两个相互区别的诉讼程序，但是，作者选择以其作为题目，并且进行扩展讨论，看中的是它们之间的内在联系。

域外证据的获取与采纳，体现着证据“取得”的主动性与被动性的结合关系。以内地法院为视角，探讨《海牙取证公约》及其在我国的实施、《内地与香港取证安排》和《内地与澳门送达取证安排》的条文及其运行，即反映了域外证据的主动取得；以当事人或诉讼代理人为视角，探讨域外证据特别证明程序，以及我国如何适用《海牙取消认证公约》制定内地、香港与澳门《公文书互认安排》的设想，即反映了域外证据的被动取得及与其相关的证据效力认定程序。

域外证据的获取与采纳，体现着国内外证据法的理论与取证、证据证明程序的实践的辩证关系。制定全面的域外证据获取与采纳司法解释，除了要深入了解《海牙取证公约》，借此指导其在我国的实施之外，还需要分析该公约条文背后折射的英美法系、大陆法系国家的域外取证制度，并借鉴其有益之处；除了要深入了解《海牙取消认证公约》的具体制度，简化认证，在实践中便利当事人寻求路径之外，还需要剖析我国域外证据特别证明程序的条文与案例，为我国更好地适用《海牙取消认证公约》制定内地、香港与澳门《公文书互认安排》探寻可行性。

域外证据的获取与采纳，体现着我国内地法院与跨境案件当事人（代理人）的依存关系。一方面，法院调查取证大部分情况下须依据当事人或诉讼代理人的申请；请求书的起草有时也需要依靠当事人或诉讼代理人。另一方面，法院是否采纳证据，与当事人或诉讼代理人是否履行域外证据特别证明程序息息相关。

域外证据的获取与采纳，体现着顺应国际潮流与维护国家主权的矛盾关系。完善《海牙取证公约》与《海牙取消认证公约》在我国的实施，都意味着对我国司法主权的削弱与让渡。但是，假如我国为了维护部分司法主权，在实施《海牙取证公约》与《海牙取消认证公约》时选择保守的态度，则会与国际上的成熟实践偏离，与“人类命运共同体”的命题相违背。更重要的是，效率低下的取证与认证程序，最终损害的还是当事人的合法权益。

归根结底，制定全面的域外证据获取与采纳司法解释，体现着国际与区际司法协助的“趋同化”目标。

当然，对于作者来说，完成本书的写作并不意味着研究的终结，仍有未尽之事以及有待挖掘的知识点：我国证据制度与《海牙取证公约》《海牙取消认证公约》的内在联系；我国域外证据特别证明程序的理论分析；“一国两制”原则与《内地与香港取证安排》《内地与澳门送达取证安排》的内在联系；内地与香港证据制度的冲突与融合；委托公证人制度的法律依据与制定《公文书互认安排》的深度剖析。作者在写作过程中积极参与国家社会科学基金重点项目“粤港澳大湾区民商事司法合作全面推进之研究”工作，获益匪浅，相关内容获得认可，在此表示深深感谢！

致　谢

感谢我的导师涂广建教授。本书是在涂广建教授的悉心指导下完成的。2016 年，我有幸成为涂老师的博士研究生，读博期间，我亲身领受涂老师的教诲与指导，受益匪浅。涂老师精深广博的学识，严谨负责的治学态度，豁达质朴的生活态度，让我领悟学识、感悟人生。本书从选题、构思、写作、初稿到成稿，涂老师时时给予关注，并给出详尽的指导意见，使本书得以顺利完成。现在将它呈现出来的时候，我仍有些惶恐，因为我深知离导师的要求还有很大差距。

域外证据获取与采纳问题，国内外对此的专门论述较少，以此作为本书题目是因为这是我国当前跨境审判实践中迫切需要解决的问题。但是在写作过程中，我又时常感到笔下生涩、才学疏浅、资料欠缺，都成了写作困难的要素。而且书斋里生产出来的东西，或多或少，或大或小，离现实总有偏差，文字似乎也少了份厚重。但我还是非常珍惜这个自由研究的机会，写我所感，述我所思，尽我所言。

非常感谢澳门大学法学院蒋朝阳教授、税兵教授、李哲副教授、杜立助理教授多年来对我的培养，在写作过程中，他们提出了许多宝贵的意见。感谢李健男教授、张宪初教授、于飞教授、江保国教授、宋连斌教授给予我很大的帮助。广东省高级人民法院民四庭杜以星庭长、辜恩臻副庭长、张怡音法官，以及广东海埠律师事务所合伙人、跨境法律事务总监黄善端律师给我提供了珍贵的写作资料。

感谢引注中提到的见过面的和未曾见面的中外学者、专家，我从他们那里汲取了写作的营养。感谢所有关心和帮助我写作的师长、同事、同学和朋友。

感谢我的父母、妻子等家人，正是他们的辛劳换取了我独享安静的写作环境。

参考文献

一、英文文献

(一)公约手册、报告

[1] HCCH. Practical Handbook on the Operation of the Evidence Convention[M]. 3rd ed. 2015.

[2] HCCH. Apostille Handbook: A Handbook on the Operation of the Apostille Convention[M]. 2013.

[3] Special Commission. Draft Convention relating to the Taking of Evidence Abroad[M]. Actes et documents de la Onziéme session,1968.

[4] P. W. AMRAM. Preliminary Document No 3 of August 1968[M]. Actes et documents de la Onziéme session,1968.

[5] E. PÉREZ-VERA. Explanatory Report to the Hague Convention of 25 October 1980 on the Civil Aspects of International Child Abduction[R]. Actes et documents de la Quatorziéme session,1980.

[6] Report on the work of the Special Commission on the operation of the Convention of 18 March 1970 on the Taking of Evidence Abroad in Civil or Commercial Matters[R]. Actes et documents de la Quatorziéme session,1980.

[7] P. NYGH,F. POCAR. Report of the Special Commission[R]. Proceedings of the Twentieth Session,2005.

[8] A. BORRAS,J. DEGELING. Explanatory Report to the Hague Convention of 23 November 2007 on the International Recovery of Child Support and Other Forms of Family Maintenance[R].

[9] Report on the work of the Special Commission of May 1985 on the operation of the Convention of 18 March 1970 on the Taking of Evidence Abroad in Civil or Commercial Matters[R]. 1985.

[10] The Mandatory/Non-Mandatory Character of the Evidence Convention, Prel. Doc. No 10 of December 2008 for the attention of the Special Commission of February 2009 on the practical operation of the Hague Apostille, Service, Evidence and Access to Justice Conventions[R].

[11] Report on the work of the Special Commission of April 1989 on the operation of the Hague Conventions of 15 November 1965 on the Service Abroad of Judicial and Extrajudicial Documents in Civil or Commercial Matters and of 18 March 1970 on the

Taking of Evidence Abroad in Civil or Commercial Matters[R],1989.

[12] SWITZERLAND, FEDERAL OFFICE OF JUSTICE, Guidelines on International Judicial Assistance in Civil Matters[M],3rd ed. 2013.

[13] P. W. AMRAM. Explanatory Report on Convention of 18 March 1970 on the Taking of Evidence Abroad in Civil or Commercial Matters[R]. Actes et documents de la Onziéme session,1968.

(二)案例

[1] Gucci America,Inc. v. Weixing Li,No. 10 Civ. 4974(RJS),2011 WL 6156936(S. D. N. Y. 23 August 2011).

[2] Gucci America,Inc. v. Weixing Li,No. 10 Civ. 4974(RJS),135 F. Supp. 3d 87(S. D. N. Y. 29 September 2015).

[3] Kayne Creditors v. Roderick John Sutton & Others[2013] HKCHI 1611.

[4] Lippens and Others v. Kortekaas and Others,C-170/11,EU:C:2012:540.

[5] Lord Advocate v. Jetstream Aircraft Ltd I997 SC 87.

[6] Lord Advocate v. Murdoch 1993 SC 638.

[7] Metso Minerals,Inc. v. Powerscreen Int'l Distribution Ltd[2008]NIMaster 55.

[8] Moorview Developments Ltd &Ors v. First Active plc&Ors[2008]IEHC 274.

[9] National Grid Electricity Transmission plc v. Siemens A. G. [2013]EWHC 822 (Ch).

[10] News Int'l plc v. ABN Amro N. V. ,HR,18 February 2000,NJ 2001,259.

[11] Panayiotou v. Sony Music Entertainment (UK) Ltd [1994] 1 All ER 755.

[12] Partenreederei M/s Heidberg v. Grosvenor Grain and Feed Co. Ltd[1993]2 Lloyd's Rep. 324.

[13] Peer Int'l Corp. v. Termidor Music Publishers Ltd [2005]EWHC 1048 (Ch).

[14] Peters v. Hagemans,25 October 1991,RvdW,1991,233.

[15] Pro Rail BV v. Xpedys NV and Others,C-332/11,EU:C:2013:87.

[16] Convex cs. v. Duizendstraal cs. ,Hof. Amsterdam,24 October I996,NIPR 1997,120.

[17] Ernst&Young v. Intenationalen Nederlanden Verzekeringen N. V. ,Ktg. Amsterdam, 23 February 1995,NIPR 1995,415.

[18] First American Corp. v. Sheik Zayed Bin Sultan Al-Nahyan[1998]4 All ER 439.

[19] Golden Eagle Refinery Co. , Inc. v. Associated Int'l Insurance Co. [1998]EWCA Civ. 293.

[20] Kilbarr Corp. v. Holland and Teeuwen,HR,11 March 1994,NJ 1995,3.

[21] Aerospatiale v. United States Dist. Ct. ,482 U. S. 533(1987).

[22] Bain v. Whitehaven and Furness Junction Ry. (1850)3 H. L. C. 1,19.

[23] Boreri v. Fiat S. P. A. ,763 F. 2d 17,19(1st Cir. 1985).

[24] Boyse,Crofton v. Crofton(1882)20 Ch. D. 760,at 769 Per Fry J. (1969)1 Lloyd's Rep. 49,CA.

[25] Corning Glass Works v. International Telephone&Telegraph, No. 76-0144(D. Va. 1976).

[26] Cooper Indus. v. British Aerospace,102 F. R. D. 918,920(S. D. N. Y. 1984).
[27] International Society for Krishna Consciousness,Inc. v. Lee. 105 F. R. D. 435(S. D. N. Y. 1984).
[28] Marc Rich & Co. A. G. v. United States,739 F. 2d 834(2d Cir. 1984).
[29] Philadelphia Gear Corp. v. American Pfauter Corp. ,100 F. R. D. 58,161 n. 5 (E. D. Pa. 1983).
[30] Pierburg GmbH&Co. v. Superior Court,137 Cal. APP. 3d (1982).
[31] Arcalon and Ramar B. V. v. United States Bankruptcy Court for the Southern District of California,I. L. M. ,Vol. 28,1989,p. 1578.

(三)著作

[1] AMERICAN BAR ASSOCIATION. Section of Antitrust Law[M]. 3rd ed. Chicago: Obtaining Discovery Abroad, 2005.
[2] AMERICAN LAW INSTITUTE. Restatement (third) of Foreign Relations Law of the United States[M]. Minnesota:American Law Institute Publishers,1990.
[3] BORN G B,RUTLEDGE P B. International Civil Litigation in United States Courts [M]. 4th ed. United States of America, Aspen Publishers, Kluwer Law International, 2007.
[4] MCCLEAN D. International Co-operation in Civil and Criminal Matters[M]. 3rd ed. Oxford University Press,2012.
[5] MOSES M. The Principles and Practice of International Commercial Arbitration[M]. Cambridge University Press,2008.
[6] STORSKRUBB E. Civil Procedure and EU Law:A Policy Area Uncovered[M]. Oxford University Press, 2008.
[7] NEWMAN L W,ZASLOWSKI D. Litigating International Commercial Disputes[M]. West Publishing Co. , St. Paul, Minn. ,1996.
[8] SINNOTT J P. A Practical Guide to Document Authentication: Legalization of Notarized and Certified Documents[M]. Oceana Publications Inc. , 2001.
[9] NORROS M. Judicial Cooperation in Civil Matters with Russia and Methods of Evaluation[M]. Kikimora Publications, 2010.
[10] RISTAU B. International Judicial Assistance (Civil and Commercial) [M]. International Law Institute, Georgetown University Centre,2000.
[11] GOODE R,KRONKE H,MCKENDRICK E,WOOL J. Transnational Commercial Law—International Instruments and Commentary [M]. Oxford University Press2004.

(四)论文

[1] VALDHANS J,SEHNàLEK D. The 1970 Hague Evidence Convention, the European Union and the 2001 EU Evidence Regulation—Interfaces [J]. Evidence in Contemporary Civil Procedure,2015:337-361.
[2] SINGH A. ,RAY A K. The Hague Convention on Taking of Evidence Abroad:The

Indian Experience[J]. International Litigation, 2013.

[3] PARRAARANGUREN G. Application of the 1961 Apostille Convention in Venezuelan Exequatur Proceedings[J]. 2013.

[4] ADAMS J W. The Apostille in the 21st Century: International Document Certification and Verification[J]. University of Houston College of Law Periodical Houston Journal of International Law,2012(34):519-559.

[5] BURNS M T. The Hague Convention on Taking Evidence Abroad: Conflict over pretrial discovery[J]. Michigan Journal of International Law,1985,7(1): 291.

[6] MINCH L N. U. S. obligations under the Hague Evidence Convention:More than mere good will? [J]. International Lawyer,1988,22:511.

[7] GRIFFIN J P. Procedures for civil discovery outside the United States after Aerospatiale[J]. International Business Lawyer,1987,15:350.

[8] DWYER J G,YUROW L A. Taking evidence and breaking treaties: Aérospatiale and the need for common sense[J]George Washington Journal of International Law and Economics,1988,21:439.

[9] REUFELS M,KELLY K. Transatlantic discovery:how useful is the Hague Convention on the taking of evidence abroad in civil or commercial matters? [J]. International Business Lawyer,2001,29(7):291.

[10] CLARK S S,HARRIS C. Obtaining Evidence in Australia for use in the U. S. and other Hague Convention Countries[J]. Defense Counsel Journal,2006,73(3).

[11] HENDRIX G P. The Hague Evidence Convention: How is it Really Working [J]. 2005.

[12] BUXBAUM H L. Improving Transatlantic Cooperation in the Taking of Evidence[J]. International Civil Litigation in Europe and Relations with Third States(A. Nuyts & N. Watté,eds.),2005:343.

[13] BESSO C. Taking of Evidence Abroad:From the 1970 Hague Convention to the 2001 European Regulation[J]. International Civil Litigation in Europe and Relations with Third States (A. Nuyts&N. Watté,eds.),2005:365.

[14] DAVIES M. Taking Evidence by Video-Link in International Litigation[J]. TMC Asser Press, 2004:69.

[15] ROGERS J M. On the Exclusivity of the Hague Evidence Convention[J]. Texas International Law Journal,1986,21:441.

[16] MARTENS D R. German civil procedure and the implementation of the Hague Evidence Convention[J]. International Litigation Quarterly,1985,1(2):115.

[17] MEHREN R B V. Discovery of Documentary and other Evidence in a Foreign Country [J]. American Journal of International Law,1983,77:896.

[18] MEHREN R B V. Discovery Abroad:The Perspective of the US Private Practitioner [J]. Journal of International Law and Politics,1984,16(5).

[19] MEHREN R B V. International Control of Civil Procedure: Who Benefits? [J]. Law

and Contemporary Problems, 1994, 57(3): 13.

[20] MERHIGE JR R R. Obtaining 'Foreign' Discovery and Evidence for Use in Litigation in the United States. The Westinghouse Uranium Case: Problems Encountered in Seeking Foreign Discovery and Evidence[J]. The International Lawyer, 1979, 13: 19.

[21] MYRICK R E, LOVE G R. Obtaining Evidence Abroad for Use in United States Litigation[J]. Southwestern Law Journal, 1981, 35: 585.

[22] O'KANE H, O'KANE M. Taking Depositions Abroad, The problem still remains [J]. FIC Quarterly, 1981, 4: 343.

[23] OXMAN B H. The choice between direct discovery and the other means of obtaining evidence abroad: The impact of the Hague Evidence Convention[J]. University of Miami Law Review, 1983, 37: 733.

[24] PLATTO C. Taking Evidence Abroad for Use in Civil Cases in the United States—A practical guide[J]. The International Lawyer, 1982, 16: 575.

[25] PRESCOTT D L& ALLEY E R. Effective Evidence-Taking under the Hague Convention[J]. The International Lawyer, 1988, 22: 939.

[26] RISTAU B. United States: New Federal Rules of Civil Procedure Bearing on Transnational Litigation[J]. Introductory Note, International Legal Materials, 1994, XXXIII(2): 550.

[27] SMIT H. International Control of International Litigation: Who Benefits?"[J]. Law and Contemporary Problems, 1994, 57(3): 25.

[28] SUTHERLAND P F. The Use of the Letter of Request (or Letter Rogatory) for the purpose of obtaining evidence for proceedings in England and abroad[J]. International and Comparative Law Quarterly, 1982, 31: 784.

[29] TOMS III B C. The French Response to the Extraterritorial Application of United States Antitrust Laws[J]. The International Lawyer, 1981, 15: 585.

[30] BORN G B. The Hague Evidence Convention Revisited: Reflections on Its Role in U. S. Civil Procedure[J]. Law and Contemporary Problems, 1994, 57(3): 77.

[31] BORN G B, VOLLMER A N. The Effect of the Revised Federal Rules of Civil Procedure on Personal Jurisdiction, Service and Discovery in International Cases[J]. 150 Federal Rules Decisions, 1993: 221.

[32] HARVEY W C. The United States and the Hague Convention: abolishing the requirement of legalisation for foreign public documents[J]. Harvard International Law Journal, 1970, 11: 476.

二、中文文献

(一)案例

[1] 河南省高级人民法院(2015)豫法民三终字第 00179 号裁定书。

[2] 云南省高级人民法院(2017)云民终 473 号判决书。

[3] 天津海事法院(2015)津海法商初字第 882 号判决书。

[4] 湖北省高级人民法院(2018)鄂 72 民初 725 号判决书。

[5] 山西省太原市中级人民法院(2018)晋 01 民初 921 号裁定书。

[6] 北京市第一中级人民法院(2019)京 01 民终 11046 号裁定书。

[7] 四川省成都市中级人民法院(2019)川 01 民终 9565 号判决书。

[8] 南京铁路运输法院(2019)苏 8602 民初 85 号判决书。

[9] 浙江省绍兴市上虞区人民法院(2019)浙 0604 民初 9154 号判决书。

[10] 江苏省南京市中级人民法院(2019)苏 01 民终 3127 号判决书。

[11] 最高人民法院(2015)民提字第 150 号判决书。

[12] 上海市杨浦区人民法院(2019)沪 0110 民初 8708 号判决书。

[13] 厦门海事法院(2019)闽 72 民初 404 号判决书。

(二)著作(包括译著类)

[1] 徐宏.国际民事司法协助[M].2 版.武汉:武汉大学出版社,2006.

[2] 沈达明.比较民事诉讼法初论[M].北京:中国法制出版社,2002.

[3] 吴如巧.民事诉讼证据收集制度的构建[M].北京:中国人民公安大学出版社,2011.

[4] 乔雄兵.域外取证的国际合作研究:以《海牙取证公约》为视角[M].武汉:武汉大学出版社,2010.

[5] 熊大胜.民商事域外取证法律制度比较研究[M].北京:经济科学出版社,2011.

[6] 屈广清,欧福永.国际民商事诉讼程序导论[M].北京:人民法院出版社,2004.

[7] 韩德培.国际私法问题专论[M].武汉:武汉大学出版社,2004.

[8] 赵相林.中国国际私法立法问题研究[M].北京:中国政法大学出版社,2002.

[9] 李双元.国际私法[M].3 版.北京:北京大学出版社,2011.

[10] 黄进.国际私法[M].2 版.北京:法律出版社,2005.

[11] 王克玉.国际民商事案件域外取证法律适用问题研究[M].北京:人民法院出版社,2008.

[12] 江伟.民事诉讼法学[M].2 版.北京:北京大学出版社,2014.

[13] 李永泉.民事诉讼当事人证据收集权研究[M].北京:中国法制出版社,2013.

[14] 何家弘.证据法学研究[M].北京:中国人民大学出版社,2007.

[15] 张卫平.民事证据制度研究[M].北京:清华大学出版社,2004.

[16] 韩波.民事证据开示制度研究[M].北京:中国人民大学出版社,2005.

[17] 江伟.证据法学[M].北京:法律出版社,1999.

[18] 徐伟功.美国国(区)际民事诉讼中的若干问题研究[M].武汉:湖北人民出版社,2007.

[19] 张茂.美国国际民事诉讼法[M].北京:中国政法大学出版社,1999.

[20] [美]理查德·A·波斯纳.证据法的经济分析[M].徐昕,徐昀,译.北京:中国法制出版社,2001.

[21] 李冬影.品牌形象设计[M].武汉:华中科技大学出版社,2022.

(三)期刊论文

[1] 邵文虹,于晓白.内地与澳门特别行政区法院就民商事案件司法文书送达与调取证据的安排[J].人民司法,2001(12):4-5.

[2] 黄进,郭华成.多元法律秩序与法律选择——兼谈澳门国际私法中的有关规定[J].中国海商法年刊,1996(00):203-218.
[3] 黄进.海牙国际私法公约在解决内地与澳门法律冲突中的作用[J].法学家,1995(04):78-85.
[4] 黄进,郭华成.澳门国际私法初探(上)[J].法学评论,1996(06):9-14.
[5] 郭玉军.论美国与欧盟国家域外取证领域的冲突及其解决[J].河北法学,2011,29(04):23-30.
[6] 乔雄兵.也论美国的审前证据开示制度[J].法学评论,2010,28(04):111-116.
[7] 孙珺.欧盟《关于民商事取证合作第1206/2001号条例》的法律分析[J].法学评论,2010,28(05):70-74.
[8] 曾朝晖.《关于依据国际公约和双边司法协助条约办理民商事案件司法文书送达和调查取证司法协助请求的规定》的理解与适用[J].人民司法,2013(13):28-34.
[9] 蓝冰.欧盟域外取证制度的新发展及对我国的启示[J].学海,2007(02):180-184.
[10] 乔雄兵.美国电子证据开示变革及对我国的启示[J].北京理工大学学报(社会科学版),2012,14(01):114-120.
[11] 乔雄兵.德国民商事域外取证制度研究——兼论《海牙取证公约》在德国的实施[J].河北法学,2010,28(11):177-185.
[12] 乔雄兵.《海牙取证公约》在我国的实施分析[J].政法论丛,2010(04):81-89.
[13] 陈力.海牙取证公约在我国涉外民商事审判中的适用[J].东方法学,2010(01):138-148.
[14] 辜恩臻.香港民事证据制度改革述评[J].司法改革论评,2010(00):317-327.
[15] 江保国.实践理性与制度创设:论内地与香港民商事取证中的当事人主义[J].西部法学评论,2011(04):83-87.
[16] 段东辉.海牙取证公约述评——兼论海牙《民事诉讼程序公约》的历史演变和发展[J].法学评论,1998(03):93-98.
[17] 刘竹梅.对域外调取证据真实性的认定[J].法律适用(国家法官学院学报),2002(10):43-46.
[18] 宋锡祥,王红燕.中国内地与港澳区际取证制度的成效、问题及其改进建议[J].“一国两制”研究,2012.
[19] 王俊民.内地司法机关派员在港澳地区直接取证的规范性分析[J].法学,2009(07):136-141.
[20] 韦杨,曾俊怡,刘亚玲.当事人调查取证权之程序保障的路径尝试以调查令制度的检讨及其实证量化分析为研究视点[J].法律适用,2008(03):18-22.
[21] 江保国.内地与港澳民商事取证安排比较研究:以香港安排为重点[J].河南财经政法大学学报,2017,32(05):151-158.
[22] 何其生.领事认证制度的发展与中国公文书的全球流动[J].华东政法大学学报,2018,21(01):158-169.
[23] 杜涛,杨育文.中国批准《取消认证公约》的法律问题及对策——以国际贸易行业为重

点[J].武大国际法评论,2017,1(06):130-144.

[24] 连俊雅."一带一路"背景下中国与沿线国家间简化认证要求问题研究——以《海牙取消认证公约》和欧盟第 2016/1191 号条例为参考[J].国际法研究,2017(03):71-85.

[25] 张宪初.澳门对中国民商事区际司法协助发展的贡献及其特色[J].比较法研究,2010(03):93-104.

[26] 张宪初.数点雨声风约住——香港回归以来与内地民商事司法协助进展回顾与检讨[J].人大法律评论,2011(02):3-41.

[27] 许俊强.民事诉讼域外证据证明制度之检讨——以《关于民事诉讼证据的若干规定》第十一条为中心[C]//国务院学位委员会办公室,教育部学位管理与研究生教育司.2008全国博士生学术论坛(国际法)论文集——国际公法、国际私法分册.

[28] 周洋.辩论原则下民事证据收集制度的两种进路——兼评我国《民事诉讼法》之修改[J].西部法学评论,2013(04):104-109.

[29] 史少丁.浅谈公证文书的完善[J].法制与社会,2016(20):127-128.

[30] 彭雪娟.公证文书的证据效力探析[J].法制博览,2018(19):140.

[31] 谢有成.专利案件中域外证据的公证认证之探析[J].中国发明与专利,2012(11):69-70.

[32] 尹伟民.域外证据的特别证明程序探析——兼论《最高人民法院关于民事诉讼证据的若干规定》第 11 条[J].大连海事大学学报(社会科学版),2007(01):28-32.

[33] 莫远锋.我国民事诉讼中的域外证据公证证明制度初探[J].经济与社会发展,2003(09):79-85.

[34] 李继.涉外民事诉讼中域外证据的范围和法律适用[J].政法学刊,2004(02):51-53.

[35] 郝兴辉.论专利确权案件的域外证据审查规则的重构[J].科技与法律,2012(01):73-76.

[36] 冯刚.域外证据问题[J].中国发明与专利,2007(01):52-54.

[37] 温洁.美国域外证据开示制度的利弊浅析[J].法制与社会,2007(05):731-732.

[38] 徐伟功,王育琪.美国的域外证据开示制度评析[J].河南省政法管理干部学院学报,2005(06):139-147.

[39] 戴维 J.格博,蔡彦敏.域外证据开示和诉讼制度的冲突——以德国和美国为中心[J].诉讼法论丛,2000(01):441-476.

[40] 梁淑英.中国涉外公证制度[J].政法论坛,1997(06):91-102.

[41] 邢玉仑.浅析我国领域外证据的特别证明程序——对《民诉证据规定》第 11 条第 1 款的解读与反思[J].淮北煤炭师范学院学报(哲学社会科学版),2008(02):52-55.

[42] 曾祥素.域外证据认定运用问题突出[N].中国质量报,2010-09-01(006).

[43] 占善刚.证据协力义务之比较法分析[J].法学研究,2008,30(05):86-96.

[44] 汤啸天,张进德,江晨等.调查令制度的法律属性与完善建议[J].法律适用,2008(07):74-78.

[45] 汤维建.民事诉讼中证据交换制度的确立和完善[J].法律科学(西北政法学院学报),2004(01):74-80.

[46] 姚莉，吴丹红. 证人经济补偿制度研究[J]. 中南财经政法大学学报，2004(03)：109-115.

[47] 杜焕芳.《海牙关于取消要求外国公文书认证的公约》述评(上)[J]. 中国公证，2006(03)：52-55.

[48] 杜焕芳.《海牙关于取消要求外国公文书认证的公约》述评(下)[J]. 中国公证，2006(04)：49-52.

[49] 乔雄兵."一带一路"倡议下中国的国际民商事司法协助：实践、问题及前景[J]. 西北大学学报(哲学社会科学版)，2017，47(06)：45-54.

[50] 毕海毅. 浅议证人权利及其保护制度[J]. 广西大学学报(哲学社会科学版)，2008(03)：93-97.

[51] 何佩弦. 对"证人拒绝作证"的法律思考[J]. 天中学刊，2000(03)：40.

[52] 王洪用. 误证与伪证：论民事诉讼中证人证言的可靠性[J]. 时代法学，2017，15(06)：77-86.

(四)学位论文

[1] 王克玉. 域外取证法律适用问题研究[D]. 北京：中国政法大学，2007.

[2] 张磊. 涉外保证的国际私法问题研究——以中国司法实践为视角[D]. 武汉：武汉大学，2010.

[3] 张苏媛. 论域外电子取证[D]. 上海：上海师范大学，2016.

[4] 米奇. 域外取证制度在中国法律适用的研究[D]. 长春：吉林财经大学，2015.

[5] 张舒. 论域外取证法律冲突[D]. 苏州：苏州大学，2015.

[6] 潘峰. 我国民商事域外取证制度研究——以《海牙取证公约》为视角[D]. 合肥：安徽大学，2015.

[7] 许胜男. 民商事证据域外调取中个人取证制度研究[D]. 宁波：宁波大学，2015.

[8] 廖钺铃. 域外证据的取证与应用[D]. 重庆：西南政法大学，2014.

[9] 赵蕊. 民商事域外取证冲突研究[D]. 苏州：苏州大学，2013.

[10] 金泽燕. 韩国民事证据收集制度研究——兼述对我国文书提出命令制度改革的借鉴意义[D]. 上海：华东政法大学，2016.

[11] 肖晗. 民事证据收集制度研究[D]. 重庆：西南政法大学，2008.

[12] 赵艺. 民事证据收集制度探析[D]. 保定：河北大学，2013.

[13] 齐悦. 浅议《海牙取消认证公约》项下的电子认证制度[D]. 济南：山东大学，2017.

三、网站类

[1] 香港法律参考资料系统，http://legalref. judiciary. gov. hk/lrs//common/ju/judgment. jsp

[2] 香港律政司双语法例资料系统，http://translate. legislation. gov. hk/gb/www. legislation. gov. hk/chi/home. htm

[3] 英国政府立法网，http://www. legislation. gov. uk/aboutus

[4] 北大法宝，http://en. pkulaw. cn/

[5] 中国知网，https://www. cnki. net/

[6] Westlaw, http://international. westlaw. com/

[7] Lexis Advance Hong Kong, http://www. lexisnexis. com/hk/legal/ip/

[8] Heinonline, http://home. heinonline. org/

[9] 海牙国际私法会议网站,http://www. hcch. net/index_en. php

[10] 欧盟官网,http://europa. eu/publications/official-documents/index_en. htm

[11] Australasian Legal Information Institute, http://www. austlii. edu. au/

[12] British and Irish Legal Information Institute, http://www. bailii. org/